天津市休闲农业资源调查评价与发展战略研究

李　瑾　徐　虹　李永森　主编
郭　华　执行主编

中国旅游出版社

天津市休闲农业资源调查评价与发展战略研究

编　委　会

前言

FOREWORD

为充分挖掘和整合天津市现有休闲农业资源，了解全市休闲农业景点发展情况和企业需求，加快推进全市休闲农业的健康发展，打造天津市休闲农业品牌，2017 年天津市农业农村委员会委托天津市休闲农业协会对全市休闲农业资源状况进行了全面调查分析，为全市休闲农业转型发展和编制“十四五”发展规划提供依据。天津市休闲农业协会根据委托项目合同要求，制订项目实施方案，并组织多部门、多领域专家团队，于 2018 年 1 月—2019 年 6 月对天津市各涉农区的休闲农业资源种类、性质、分布、规模、特点、模式等内容进行了较为系统的全面调查和综合分析。

考虑到休闲农业的生产、生活、生态性相结合的“三生一体性”特征，本项目将休闲农业资源大致分为休闲农业生产资源、休闲农业生活资源和休闲农业生态资源三大类。生态资源是休闲农业的自然基底和发展基础，包括土地资源、山地资源、河流水系资源、湖泊资源、湿地资源、海洋资源、地热资源和农村生物资源等。生产资源以农业生产资源为基础，包括要素资源、农产品资源以及农业基础设施资源。生活资源指人类在不同的历史时期和社会发展阶段，通过劳动实践创造的物质和精神财富的总和，包括乡村非遗资源、历史文化资源、农民生活资源等。本研究在休闲农业资源分类基础上，对天津市休闲农业资源现状及开发利用情况进行了分析与评估，据此提出未来天津市休闲农业的发展战略，包括协调发展战略、资源高效战略、跨界融合战略、转型升级战略、创意驱动战略以及绿色品牌战略，并有针对性地提出相关的政策建议。研究成果对全面掌握天津市休闲农业资源分布和空间布局具有重要的参考价值，为合理确定未来天津市休闲农业发展方向、挖掘休闲农业资源潜力、调整优化国土空间规划提供了科学依据，同时对贯彻落实乡村振兴战略、加快农村一二三产业融合发展、实施休闲农业和乡村旅游精品工程均具有重要作用。

为深入开展调查研究，本研究成立两个调查组同时开展调研工作，历经一年多时间，较好地完成了合同规定的目标任务并通过了专家评审验收。在完成过程中，得到了天津市农业农村委的悉心指导，以及评审验收专家对研究报告的最终完成贡献了智慧和力量。天津市农村经济与区划研究所、南开大学旅游与服务学院、各涉农区休闲农业主管部门在项目调查过程中给予了大力支持与积极配合，在此一并表示诚挚的谢意。

休闲农业资源调查评价工作是一项持续不断的动态过程，通过对全市调查数据的汇总统计和分析，未来将建立天津市休闲农业的资源台账（数据库管理系统），为天津市休闲农业资源更新和动态监测提供有力保障。

李　瑾

2019 年 8 月 28 日

目 录
CONTENTS

第一部分　理论篇

第二部分　资源调查篇

第三部分　资源开发篇

第四部分　发展战略篇

第五部分　郊区实践篇

附　录

第一部分

理 论 篇

一、休闲农业资源概念

长期以来，“三农”问题一直是党中央、国务院十分关心和重视的重大问题，并采取了一系列措施及政策对农业及农村产业结构进行优化，推动传统农业向现代农业转型。当前，随着“创新、协调、绿色、开放、共享”的发展理念不断深入人心，我国经济发展进入深化供给侧结构性改革新阶段，农业农村经济发展也进入培育新动能、新产业、新模式的新阶段。休闲农业作为一二三产融合发展的多功能产业，是农业生产功能、生态功能、生活功能的体现及延伸。通过综合利用农业相关资源，开发多种形式的休闲项目，以吸引消费者进行观赏体验，休闲度假的一种新型农业生产经营模式，在促进农业提质增效、带动农民就业增收、扩大居民消费需求、传承中华农耕文明、建设美丽乡村、推动城乡融合发展等方面发挥了重要作用。

休闲农业作为一种新型产业形态和消费业态，在服务居民、发展农业、繁荣农村、富裕农民、保护生态、传承文化等方面具有不可替代的地位和作用，根据农业农村部相关统计数据显示，2018 年全国休闲农业和乡村旅游蓬勃发展，接待游客超过 30 亿人次，收入超 8000 亿元，从业人员 900 万人，带动 700 万户农民受益。大力发展休闲农业与国家正在实施的乡村振兴发展战略密切关联并高度契合，是乡村地区前景广阔的朝阳产业，是未来一段时期内乡村产业振兴极具潜力的增长点。

（一）休闲农业资源概念定义

休闲农业的发展离不开资源基础，包括农业、农村在长期的历史发展过程中形成的农业生产、农村设施、农民生活、生态环境等物质和非物质要素等。具体而言，休闲农业资源是指那些能够对游客产生吸引力，并满足休闲需求的农业生产、农民生活、乡村民俗风情、农业生态环境等农业对象物，是能够吸引人们休闲体验的自然要素和社会要素的总和。

（二）休闲农业资源特征

休闲农业作为农业和旅游业相结合的产业，具有以土地为根本、以休闲服务为主要内容的产业特征。同时，资源的审美性、多样性、地域性、季节性等特性都会影响到休闲农业的开发。

1. 生产性与休闲性

休闲农业是在农业生产的基础上发展起来的，生产性作为休闲农业的第一和基础特征，可以为人类提供各种原生态农产品以及精深加工农产品。同时，依托其生产功能，还具有较强的参与体验性，可以为游客提供休闲、体验方面的享受，让其亲身参与到各类休闲农业项目当中，感受乡土文化氛围。

2. 地域差异性

地域差异主要包括自然因素和社会文化因素所造成的差异，这种差别造就了休闲农业的不同地域特色。一是自然环境因素，如不同地区的纬度、地形、地势、气候、土壤、水文等自然环境因素，造成生产条件、作物种类和技术水平的差异，由此形成差别化的农业生产习惯及土地经营方式，导致农业分布具有鲜明的地域差异性，如热带农业、亚热带农业、暖温带农业、温带农业、寒温带农业分布等；二是由政治、宗教、民族、文化、人口、经济、技术、历史等要素组成的社会环境的差异性，这往往会形成不同的乡村民俗文化，如民族服饰、民间信仰、礼仪、节日庆典、农事活动等。两者叠加，使得休闲农业所依托的地域农耕文化系统呈现出典型的空间差异。

3. 周期节律性

休闲农业资源是以整个生态系统为背景的，生产资源、生活资源均与生态环境有密切的关系。动物的生长、栖息、繁殖，各种植物的萌芽、生长、开花、结果，都具有明显的周期性特点，由此所对应的农事、农耕、教育等活动开发也必须要遵循这个规律。尊重自然、遵循自然、顺应自然，在此基础上利用自然、优化自然、享受自然。

4. 多功能整体性

休闲农业资源来源广泛，具有多功能性和多种适应性，各种资源之间相互联系、相互制约，共同形成有机整体。例如，农业生态资源在人类尚未开发和利用之前，属于自然属性，当人类对之进行利用并投入生产过程后，便具有社会经济属性，它们共同形成休闲农业的整体景观，当某一要素受到破坏时，其整体功能就会退化消失。

5. 不可逆转性

休闲农业所依托的自然资源，如果过度消耗会造成资源的退化，甚至消失，会对休闲农业开发产生破坏性的影响。对于休闲农业社会文化资源而言，如果长期过度商业化开发，则可能导致文化断层。资源在一定时期内的不可逆转性决定了休闲农业资源开发必须坚持可持续发展理念，评估资源的承载力，兼顾经济效益与生态效益、社会效益的平衡。

（三）休闲农业资源类型

基于休闲农业的生产、生活和生态三大主导功能，可以将休闲农业资源划分为生态资源、生产资源和生活资源。其中生态资源由农业自然要素（地形、地貌、水文、气候、生物）等构成，是形成休闲农业资源外部特征和内部结构的基底；生产资源主要涉及农业产业发展的基础现状；生活资源是指围绕农民生活所形成的风俗人情、历史文化等资源。三者之间相互联系、相互影响、相互制约，共同形成一个休闲农业的“地域综合体”。

1. 休闲农业生态资源

休闲农业生态资源与农业生产、农民生活紧密相关，作为生态基底，往往带有鲜明的地方特色，包括农村的土地资源、水资源、气候资源、生物资源等。

（1）土地资源

土地资源指可供休闲农业开发利用的陆地表层，包括耕地、园地、林地、草地、沿海滩涂等；地形景观有平原、山岳、丘陵、台地、洞穴、火山、草原、阶地奇石、溪涧、断崖等。

（2）水资源

水资源指可供休闲农业开发利用的地表水、土壤水、地下水，如水库、溪流、瀑布、山涧、温泉、湖泊、内海、沙滩等。

（3）气候资源

气候资源通常用具有一定农业意义的气象要素值表示，如温度、热量、降水量、光照强度等；景观气候，如云海、雾、雪、日出、日落等。

（4）生物资源

生物资源指可作为农业生产和经营对象的野生动物、植物和农业微生物种类和群落类型，包括除农作物资源之外的森林资源、草地资源、水产资源、野生生物资源、珍稀生物资源和天敌资源等。

2. 休闲农业生产资源

休闲农业生产资源以农业生产资源为基础，以农作物、农耕活动、农具、农业基础设施、养殖动物为开发来源。包括要素资源、农产品资源和基础设施资源。

（1）要素资源

要素资源主要包括技术、资金、劳动力资源，这些资源可以直接作为开发对象被游客所感知，或者作为产业发展关键要素为产业发展提供支撑。

技术资源是现代农业发展的基石，主要包括农业科技手段和农业生产过程，即无土栽培、转基因技术、现代灌溉技术、智能控温控湿控光技术、水墙技术等现代农业科技手段，以及清洁生产、循环利用等现代生态农业生产技术。

资金资源是休闲农业的资源开发和生产经营不可缺少的，这类资源尽管不能被消费者与游客所直接感知和体验，但却是一切资源开发活动的基础。

人才资源是农业的重要生产要素，农耕文化的传承和开展有赖于农业人才资源作为载体。合理地利用人才资源，促进他们不断开展创新创业，可以促进休闲农业的更快发展。

（2）农产品资源

农产品资源是农业生产的首要资源，通过为游客提供特色农产品和与之相关的其他服务，以满足游客购物和休闲的需求。特别是在发展的初级阶段，这是休闲农业经济收入的重要组成部分。与传统的农业生产相比，休闲农业所提供的农产品必须凸显其特色、优质的特征，通过体验场景的配置保证农产品的优质优价。某种程度上，休闲农庄（农业园区）可以作为农产品消费的空间体验场所，是连接农产品生产与消费的纽带。农产品资源主要包括农林牧渔生产资源，主要有地域特色农产品资源、三品一标农产品资源等。特别是在客源不足所导致的休闲服务收入较低的情况下，增加农产品的销售收入尤为重要。

（3）基础设施资源

农业基础设施资源是指为发展农村生产和保证农民生活而提供的基础设施和公共服务设施的总称，包括交通邮电、农田水利、供水供电、商业服务、园林绿化、教育、文化、卫生事业等生产和生活服务设施。人居环境整治是基础设施改善提升的重要模块。

2019 年中央一号文件提出，要抓好农村人居环境整治三年行动，推进“厕所革命”和垃圾污水治理，建设美丽乡村。建设美丽乡村的必然结果，就是休闲农业发展的硬件基础更加坚实。除了乡村卫生环境改善之外，要让休闲农业更全面地发展，卫生医疗、文化体育等公共服务也需要充分地发展，这些领域也会在休闲农业发展过程中迎来利好，不但能提升休闲农业的发展质量，还能提升农村居民日常生活的质量。

随着休闲农业和乡村旅游发展所带来的客源，这些基础设施的服务范围逐步扩大到游客，不再仅限于农业生产和农民生活。基础设施资源同时也是消费者和游客体验乡村生活、参与休闲项目的物质基础。例如，农村地区的交通物流设施一方面可以服务农民的基本生活；另一方面，当消费者购买农产品时，可以直接通过物流运送到目的地，无须亲自携带或者亲自到场购买。

3. 休闲农业生活资源

休闲农业生活资源指与农民生活密切相关的资源项目，包括农民自身即其衣食住行等日常生活特色、农村空间、农村文化、音乐及节日庆典等方面的内容。除名镇名村资源外，主要包括：

（1）乡村非遗资源

这类资源主要是指地方特色的古镇村落、住宅、服饰等文化生活资源，传统农耕劳动、生产器具、民间工艺（手工业）、交通运输等生产文化资源，曲艺、杂技等文化艺术资源，以及各地区独特的生活习惯、社会制度、礼仪习俗、信仰禁忌、民间集会和传统节庆活动等社会文化资源。

（2）历史文化资源

这类资源主要包括乡村地区发生及遗存的历史人物事件、风物传说以及遗址遗迹，包括古人类遗址、古代建筑设施、古代军事设施、古道路、古战争遗址、历史和革命纪念地等。

（3）农民生活资源

这类资源主要指与农民生活息息相关的资源项目，特别是农民的衣食住行等日常生活，是休闲农业资源系统的点睛之笔，具体包括：农耕文化、传统农用器具、农村生活习俗、农事劳动、农业节庆、宅基地、闲置房屋等都属于可开发利用的范围。这类资源不仅具有丰富的外在表现形式，而且包含深厚的历史、经济、科学、民俗、文学等文化内涵。

（四）休闲农业资源谱系表

资源作为休闲农业产业的物质和能量输入要素，在一定程度上决定着相应地区的休闲农业生产方向和模式。因此，在开发和利用休闲农业资源，大力发展休闲农业产业与项目之前，必须提前调查，摸清区域内的生态资源、生活资源和生产资源，列出资源谱系表（表 1-1），用来对休闲农业资源进行直观的对比分析，找出它们的优势和特色，基于此统筹考虑农业产品结构、休闲服务项目、景观环境、文化氛围、基础设施和运营管理等各方面的多元耦合与立体叠加，促使休闲农业资源发挥最大作用，使游客身心健康、知识增益，增强游客热爱大自然、珍惜传统文化，保护环境的意识。

表 1-1 休闲农业资源谱系

类别	亚类	子类型
休闲农业生态资源	土地资源	耕地、原地、林地、草地等。
	水资源	湖泊、水系、湿地等。
	生物资源	园艺作物（防护林、行道树、绿篱、盆景、绿化苗木）； 野生植物要素（路边野草花、湿地水生植物、野生植物资源等）； 水产、昆虫、鸟类、宠物、野生动物、微生物等。
	山地资源	山地景观、岩溶景观等，以及相关联的地形、地貌、岗丘、梯田、坡度、海拔高度等。
	地热资源	高温地热资源、中温地热资源、低温地热资源。
休闲农业生产资源	基础设施资源	交通邮电、农田水利、供水供电、商业服务、园林绿化、教育、文化、卫生事业等生产和生活服务设施。
	要素资源（科技、资本、劳动力资源）	资本资源（工商资本、政府补贴、银行贷款）； 劳动力资源（新型职业农民、人才培训交流）； 现代农业技术（农业科技手段及生态农业手段）。
	农产品资源	农作物（粮食、蔬菜、水果等）、家禽、家畜等。
休闲农业生活资源	名镇名村	国家级、省市级历史文化名镇名村。
	乡村非遗	传统建筑（古道、古桥、古井等）； 民俗文化（岁时节令、节日庆典、民谣歌曲）； 民间工艺（剪纸、石雕、木雕、藤编、织布、刺锈、蜡染、贴饰、陶艺、泥塑、豆画、绣花鞋垫等）。
	历史文化	历史遗迹（遗址、墓葬、灰坑、岩画、窑藏及人类活动所遗留下的痕迹等）； 建筑碑刻（各历史时期遗留的历史建筑和碑刻）； 风物传说（大量关于特定山川、风物、建筑、特产、民俗等知识）。
	农民生活	农村闲置资源（宅基地、院落、公共设施）； 农具要素（犁、耙、耖、耧车、辘轳、骡马大车、风车、木锨、簸箕、石磨、锄头、镐头、铲、织布机、纺线车、弹棉花机等）； 生活要素（风箱、锅台、酸菜缸、木箱、老式床、土床、土炕、活筐、拐子、小木凳、草墩、草垫、锅盖、簸萁、斗、升、馍筐、马灯、煤油灯、犁、锄头、镐头、泥缸、酒缸等）； 农事节庆活动（二十四节气）； 乡村美食（特色菜、民间小吃）。

二、休闲农业资源开发

（一）休闲农业资源开发概念

休闲农业资源开发指在一定的地域范围内，以实现地区经济、社会、生态效益为目的，以市场需求为导向，以休闲农业资源利用为核心，以发挥、改善和提高资源对游客的吸引力为切入点而进行的活动开发、品牌塑造、基础设施建设、环境营造等行为活动，使休闲农业资源所在地成为一个吸引力较强的休闲空间。游客在休闲体验、观光娱乐、生态康养的同时，可以接受农乡自然教育，传播农业科学知识，弘扬传统农耕文化，树立生态康养理念。

（二）休闲农业资源开发原则

1. 资源节约原则

由于农业资源数量的有限和资源的不可逆转性，在发展休闲农业的过程中，必须坚持休闲农业资源适度开发和合理使用。一是节约用地，要适度开发和合理使用土地，原则上不应在耕地上盖永久性建筑物，提倡开发整理荒山、荒坡、荒滩，复垦整理废弃园地、林地，盘活集体存量土地，利用现有农林果场的土地转型改造。二是节约用水，要加强管理和采用节水技术。我国是水资源相对短缺的国家，农业是用水大户，水资源供需矛盾日益突出。推进品种节水、结构节水、推进农艺节水、工程节水、推进制度节水，提高农业用水效率。三是保护和合理利用生物资源，特别是野生动植物资源。生物资源尽管是可更新资源，但在利用的时候，必须注意保护，使其能够增殖、繁衍，以满足人类对它继续利用的要求。

2. 市场导向原则

准确把握市场需求变化，开发适销对路的产品，是休闲农业资源开发成败的关键性问题。目前，大多数地区休闲农业园区的休闲产品开发单一，必然会导致游客在园区的消费单一，使得游客有钱无处花，最终导致园区的经济收入难以大幅度增长。因此，休闲农业项目的资源开发应努力做到食、住、游、购、娱休闲产品开发兼顾。为此，必须通过市场调研以摸清游客来源、客源类型、市场规模、客流规律、游客消费能力，以及规划布局项目地周边一定距离内有无竞争的同类型观光休闲农业旅游景区、景点或相关开发项目。

3. 循环生态原则

在休闲农业资源的开发和利用上，必须牢固树立“绿水青山就是金山银山”的发展思路。首先要遵循生态文明建设理念的指导，坚持自然环境、经济、社会的协调发展，做到人和自然界的和谐发展。特别是在休闲农业的生产活动中要坚持资源的循环利用，做到资源的减量化、再利用及再循环。在休闲农业的生态营造中把休闲农业园区、农庄等建设成为集乡村美丽的风景、宁静的环境、清新的空气、淳朴的生活于一体的人与自然和谐相处的农业休闲空间，把生态环保理念巧妙地融入到体验消费的产品之中，带给人们深层次的精神享受和思考，并力图更大程度地共鸣。

4. 持续深入原则

休闲农业资源开发的过程，是一个对所依托资源进行拓宽和挖掘的过程，是一个持续深入地将潜在资源转化为现实资源的过程，是从对单一资源的简单利用，到对多元化资源深度整合利用的过程。必须充分发挥农业资源空间广阔、内容丰富、参与性强等特点，不断拓宽资源可利用的深度和广度，通过农作物品种的选育、农业生态环境的重造、农耕文化挖掘等手段，设计出融参与性、知识性、趣味性于一体的农业休闲活动项目，可以使游客广泛深入地参与到农业生产、农村生活的方方面面，多层面地体验到农业生产及农村生活的情趣，享受原汁原味、丰富多彩的乡村氛围。

（三）休闲农业资源开发影响因素

休闲农业是农业和旅游业融合发展的产物，其发展是农业和旅游业的共同作用，需要农业农村、文化与旅游、规划与自然资源、发展和改革、科学技术等多部门相互协作，休闲农业资源开发利用受多种因素影响，归纳起来主要有以下因素：

1. 资源禀赋

资源基础在很大程度上可以决定休闲农业的发展方向。资源基础是发展休闲农业的基本物质条件，其资源的审美性、多样性、地域性、季节性等特性影响到区域休闲农业开发。例如，生态优势显著的地区，可以凭借其特殊的生态资源，借助生态旅游发展，开发森林康养、运动健身等项目组合；民俗活动突出的地区，可以凭借其特殊的资源，开发各种民俗体验、民间节庆活动等。

2. 政府引导

休闲农业资源的开发离不开政府的引导。政府可以从基础设施和生态环境建设方面切入，从经济上通过各种方式进行直接投资以引导投资方向的调整，从政策上制订社会发展规划、改革社会的管理体制、对企业整合活动进行引导等，影响资源开发整合的进行。良好的体制、计划、政策和政府行为，使休闲农业产业布局、结构优化而趋于合理。一些地区在休闲农业资源开发方面缺乏专门的协调管理机构进行统一管理，导致容易出现“多头管理，相互推诿”的情况，并出现利益纠纷；同时，地方政府在休闲农业资源开发规划引导方面的工作落实不到位，存在区域发展失衡、资源开发形式过于单一的情况，存在项目重复建设频繁的现象，在一定程度上造成了资源浪费，无法挖掘出资源的真正潜力与价值。

3. 土地政策

休闲农业资源开发不仅需要依赖乡村原真的自然环境和农业产业基础，而且需要房屋等餐饮住宿设施和旅游基础设施，这些共同指向了目前休闲农业发展中的土地需求。农民有土地承包经营权、宅基地的使用权和集体收益分配权三大权益，涉及土地的主要有土地承包经营权和宅基地的使用权。

（1）土地流转

1995 年《国务院批转农业部〈关于稳定和完善土地承包关系的意见〉的通知》（国发〔1995〕7 号）中明确提出“建立土地承包经营权流转机制”，指出通过承包取得的土地承包经营权可以依法采取转包、出租、互换、转让或者其他方式流转。土地流转为农村土地资源整合提供了一条现实路径，但在土地流转的过程中，会遇到土地流转合理模式、农村建设用地供应、农民利益保障等新问题。为此，自 2002 年起，国家出台了多项政策，稳定现有的土地流转方式，保障农民的土地流转权益，提高了农民土地流转的积极性和土地流转效率。详见表 1–2。

表 1-2 土地承包权、经营权的政策总结

序号	时间	具体内容
1	2002 年	《农村土地承包法》把土地承包经营权流转政策上升为法律
2	2007 年	《物权法》进一步完善了土地承包经营权流转的有关规定
3	2007 年	《中华人民共和国农民专业合作社法》正式从法律上确认了农村土地流转的合法性
4	2008 年	中央十七届三中全会《中共中央关于推进农村改革发展若干重大问题的决定》，从政策上确立了农村土地流转这一核心问题的基本原则，即“依法、自愿、有偿”
5	2013 年	中央十八届三中全会通过《中共中央关于全面深化改革若干重大问题的决定》，再次强调“鼓励承包经营权在公开市场上向专业大户、家庭农场、农民合作社、农业企业流转，发展多种形式规模经营”，并明确提出“赋予农民对承包地占有、使用、收益、流转及承包经营权抵押、担保权能，允许农民以承包经营权入股发展农业产业化经营”
6	2017 年	党的十九大再次做出决议，保持土地承包关系稳定并长久不变，第二轮土地承包到期后再延长三十年

（2）建设用地

从 2018 年 8 月以来，“大棚房”问题专项清理整治行动在全国范围内如火如荼地进行，据农业农村部统计截至 2019 年 3 月 17 日，全国共排查发现“大棚房”问题 16.8 万个左右，涉及占用耕地 13 万亩，拆除面积约为 10.4 万亩。曾经处于法律的“模糊地带”或违规建设的休闲农业观光和接待设施直接影响了休闲农业的进一步发展，被相关部门责令拆除。

2019 年中央一号文件提出探索宅基地所有权、资格权、使用权“三权分置”，落实宅基地集体所有权，保障宅基地农户资格权和农民房屋财产权，适度放活宅基地和农民房屋使用权。适度放活宅基地使用权就是允许农户通过转让、互换、赠予、继承、出租、抵押、入股等方式流转宅基地使用权。据中国社会科学院发布[①]的报告称，2018 年，农村宅基地空置率为 10.7%，样本村庄宅基地空置率最高达 71.5%，全国约有 2.3 亿套农村房屋，10.7% 就是 2500 万套住房空置，这是今后发展休闲农业和乡村旅游最大的土地红利空间。习近平总书记讲过，农村闲置农房放在那里任其破败是一个大浪费，但是利用起来却是一笔大资源。日益趋紧的土地政策对休闲农业的发展形成了约束，面临如此困局，休闲农业企业要成功实现“破局”，就应当着眼于乡村闲置宅基地以及闲置农房等资源，与村集体形成新型产业化联合体，农民通过土地入股、宅基地入股等方式享受休闲农业带来的红利，企业也以这种方式解决自身接待设施不足、未来发展受限等问题。同时，土地作为休闲农业发展中不可或缺的资源，在愈发严厉的土地政策下，可供休闲农业使用的经营性建设用地供给日益紧缩，土地获得成本也将相应上升，不论是现有休闲农业企业进一步发展还是潜在企业进入市场，其开展休闲农业经营的进入壁垒提高，势必影响其适应消费升级趋势进行产品品质提升。

① 中国社会科学院农村发展研究所、社会科学文献出版社，《农村绿皮书：中国农村经济形势分析与预测（2018—2019）》。

4. 市场要素

休闲农业项目的资源开发成功与否，取决于市场的认可与否。对于休闲农业项目的开发，很多地方往往是就资源论资源，不重视市场调查研究，对顾客的年龄、收入、心理、旅游目的等了解不够，既不能对旅游产品作出正确的商业价值判断，又难以根据顾客的需求变化和产品的生命周期，对产品进行升级换代，造成游客重游率低、经济效益不佳。

目前，我国发展休闲农业的条件日渐成熟，观光需求作为基本需求得到满足之后，其他多元化的休闲旅游需求开始强烈，表现在：注重亲身的体验和参与，很多“体验旅游”“生态旅游”项目融入农业旅游项目之中，极大地丰富了农业旅游产品的内容；注重绿色消费，休闲农业项目的开发逐渐与绿色、环保、健康、科技等主题紧密结合；注重文化内涵和科技知识性，农耕文化和农业科技性旅游项目开始融入休闲农业园区（农庄）；休闲农业的功能由单一观光拓宽为观光、休闲、娱乐、度假、体验、学习、健康等综合发展。在这种市场需求导向下，应开发能够满足游客娱乐、参与需求，具有时尚性的多层次系列休闲农业产品，对目标市场进行调研，分析其市场规模、时空距离、交通便捷程度、城市居民的收入水平及其旅游消费偏好等因素，因时因地而异对资源进行充分挖掘，提供适销对路产品，有效占领和扩大自己的市场领域。

综上所述，休闲农业资源开发整合的影响因素包括资源、市场、社会经济、开发者、区位交通、公共政策等，内容十分复杂。不同因素对休闲农业开发整合影响的性质和程度不同，各因素的影响作用可能随时间、地点的改变而改变，各个因素的影响往往相互交织在一起共同发挥作用。因此，在进行区域休闲农业开发整合影响因素分析时，要具体问题具体分析，要从整体性、联系性的角度去认识各种因素，以保证资源开发整合的科学性、正确性。

（四）休闲农业资源开发步骤及注意事项

1. 休闲农业资源开发步骤

每一个休闲农业项目的开发，都是对现有休闲农业资源的规整、创设和加工。从内容、形式上说，不仅是对尚未利用的休闲农业资源的初次开发，也是对已经利用了的休闲农业资源吸引物的深度开发或进一步的功能挖掘。从性质来看，既可以以开发建设为主，也可以以保持维护为主，并且这种开发建设活动的内容、性质是一个发展变化的动态过程，在休闲农业园区（农庄）的生命周期的不同阶段，呈现出不同的侧重点。

（1）分析资源禀赋

休闲农业发展的起步阶段多是以资源为导向的，在空间上形成以农业旅游资源为指向的产业发展区。恬静优美的田园风光，健康质朴的生活方式，特色鲜明的民俗文化以及各种农业生产活动都是休闲农业的资源，但不一定所有的资源都可以被开发。在这种情况下，首先要确定哪些资源可作为休闲农业资源进行产品开发，哪些资源不适合进行开发，哪些资源可以作为主体资源开发，哪些资源可以作为辅助资源进行开发。必须坚持因地制宜和实事求是的原则，对居民收入、消费水平、市场需求和基础设施状况等因素进行综合考虑，切忌盲目大规模投资，造成经营困难和资源浪费。

（2）定位目标市场

休闲农业资源的开发是以市场需求为导向进行的，准确的市场定位可以避免以后一系列开发措施出现重大失误。休闲农业的主要客源是附近的城市居民，他们对走马观花式的旅游感到厌烦，而体验式、休闲式的活动对他们的吸引力较强，如果紧邻着风景名胜区，则可以考虑作为旅游的配套设施。

（3）选择合适区位

任何农业资源丰富、植被覆盖多样的地区都可以开发休闲农业，但事实上在选址时，首先要考虑布局和区位。第一，要与客源中心地距离适中，缩减游客的路途时间，保证充裕的游玩时间；第二，要考虑交通的通达性，包括同外界的交通联系、内部交通运输的通畅和便利程度、道路基础设施的建设、各种交通运输工具的运营安排；第三，要考虑区位是否有开展休闲农业活动的经济基础。因此，休闲农业项目区位定位一般是在大城市周边的地带，之后再向交通便利、农业基础较好的地带延伸；在丘陵多平地少的地方，有利于巧妙地进行景观、景物的组合和空间布局，尽量少占耕地，不与国家有关土地政策相冲突。这样做可节省征地费用，未来应更多地鼓励休闲农业园区（农庄）由城市近郊向山区转移，利用农村闲置资源发展民宿产业。

（4）确定合理规模

环境承载力是有一定限度的，不能超过其最大阈值，特别是在生态环境较为脆弱的地域，如果开发强度超过其承载力，必将导致环境设施的破坏及游客体验质量的下降，生态环境一旦遭到破坏就难以恢复。在进行资源开发时，必须对开发强度及其可能引起的环境负荷加以考虑，并确定合适的开发规模。开发规模的大小往往与投入紧密相关，切不可盲目圈地，要充分考虑资金的回收期、资金回报率等问题，从而确保休闲农业资源的可持续开发利用。

（5）配套服务建设

休闲农业项目多在农村地区，当前农村与城市之间的交通、通信以及休闲农业园区（农庄）之内的交通、食宿、安全等基础设施都存在一定的问题，接待设施的卫生标准较差、公共设施还不完善、旅游基础配套服务的滞后现象得不到改善，无法满足市场的需求。休闲农业除了农业生产功能之外，也必须注重其休闲旅游功能，为游客设计的各项休闲体验活动配套必须是必要且完善的服务设施。特别值得注意的是，休闲农业项目多位于乡村地区，休闲农业园区（农庄）与农村社区是一个不可分割的整体，园区（农庄）开发建设也应与乡村振兴战略相结合，与农村居民点、村庄道路、土地开发、村庄其他基础设施充分融合和联动发展，与周边乡村地区实现基础设施的共建共享，避免设施的浪费与重建。

（6）持续经营管理

任何休闲农业园区（农庄）都离不开持续有效的管理，特别是在资源开发之后，更要加强休闲农业发展的环境管理，包括强化环境意识、妥善处理各种生产生活废弃物、协调游客工作、协调村民与企业的关系等。要妥善解决这些问题，必须综合考虑生产经营模式和农业生产设施装备，以及休闲娱乐体验、产业从业者素质、信息化需求和综合效益等多方面的因素，深入挖掘和充分利用现有景观特色和文化内涵，剔除不利因素，不断开发新产品，设计新项目，呈现出良性循环的持续发展态势。

休闲农业资源开发建设是一个复杂的系统工程，具有很强的整体性特点。首先，必须纳入区域休闲农业发展布局的系统工程中去，必须服从区域高层次的发展战略。注重在区际间突出自己的特色，在市场导向前提下立足于自身资源和产品特色优势，开发出明显区别于周边地区而具有绝对竞争优势的观光、休闲、度假产品。其次，休闲农业园区（农庄）内部既要顾及各大功能区的整体协调，又要考虑到市场调研和预测、优势分析、产品设计和开发、基础设施及其相关农业生产设施、生态环境建设、产品经营和管理等旅游全过程，环环相套，关联性极强，需要通盘考虑、整体优化。

2. 休闲农业资源开发注意事项

（1）加大对休闲农业资源的开发和保护力度

通过强化和加大对休闲农业资源的保护和开发力度，保持休闲农业资源的多样性和绿色产业特征，其目的是为发展休闲农业提供必要的基础和资源。首先，应针对具有休闲农业发展潜力的地区进行资源摸底调查和顶层设计，综合分析其开发潜力和开发方式，制定地域特点突出、操作性和实用性较强的区域发展规划并提出建议，具体指导本地区休闲农业的发展。其次，对已经开发的休闲农业资源要实行严格的保护机制，重点关注土地、景观、民居、农作物等休闲农业资源的保护，加大对投资开发企业的监管，避免基础设施建设和商业建筑对休闲农业资源构成破坏，特别是环保部门要严格按照法定排污标准对企业实行定期检查、随时抽查、样品检测，保证休闲农业的开发建立在资源科学性保护的基础之上，避免对乡村环境造成不可逆的破坏。

（2）构建基于休闲农业资源科学配置的协调机制

休闲农业的发展需要农业农村、文化旅游、财政金融、规划资源、发展改革等多部门的协同合作，形成良性发展机制，科学有效地配置各方面资源，实现休闲农业的可持续发展。首先，继续深入区域乡镇、乡村开展休闲农业资源优势调研，挖掘其生态景观资源和乡村文化资源，发挥交通区位优势和其他基础设施优势等，将当地休闲农业资源进行统筹整合和重新配置，确保休闲农业资源与资本、技术、管理等经营要素相契合，以提高休闲农业资源的开发利用效率。其次，在开发过程中，要采取聚集区的规模发展模式，将临近的村庄（农庄）或大型景点附近的几个村庄以休闲农业聚集区或者休闲农业精品带的形式联系起来，共同开发当地休闲农业资源，实现协调发展。最后，地方政府应鼓励自发经营的农户将土地和宅基地资源交由村集体统一进行配置，协调不同的利益相关者之间的矛盾与冲突，促进本地居民与外来投资企业形成合力，完善休闲农业的组织运营架构。

（3）以产业化理念指导休闲农业资源开发

休闲农业是农村一二三产业融合的综合性产业，产业化是休闲农业资源开发的必由之路。以市场为导向，以休闲农业企业等新型农业经营主体为中心，通过专业化、一体化、集约化经营，推进休闲农业产品市场化、产业一体化、经营集约化、企业规模化的市场化进程。首先，开发休闲农业资源时要顺应市场需求，立足于当地资源情况，重点打造有本地特色的休闲农业体验活动，有机地融合当地特色农业与休闲农业、独特生产方式与农产品消费等多方面元素，将传统农业转变为多功能现代农业，把资源优势转换为经济优势和产业优势。其次，通过产业链中各主体间合理利用各种资源，优化资源配置，提高资源要素的综合利用率，力促休闲农业产业的转型升级。休闲农业资源的价值不能仅停留于餐饮、住宿、赏玩等表层，还要结合农耕生活体验、有机蔬果采摘与销售、无公害农作物品牌打造等深层次的服务升级，将休闲农业聚集区打造为观光、体验、休闲、康养于一体的特色区域。最后，基于不同地区的个性化休闲农业资源优势，打造不可替代的休闲农业品牌。各乡村旅游区要根据自身情况，不遗余力地进行休闲农业资源的开发及科学化配置，政府也要及时地进行指导和帮助。同时，根据不同地区的资源特点，有针对性地开展特色产业的培育，避免休闲农业产品与服务的同质化，要从品牌意识的角度致力于休闲农业品牌辐射力的打造，从而不断扩大休闲旅游市场，吸引外来游客，增加企业和农民收入。

（4）以乡村振兴为统领推进休闲农业资源提质增效

2017 年年底，中央农村工作会议明确提出走中国特色社会主义乡村振兴道路，我国即将如期实现第一个百年奋斗目标并向第二个百年奋斗目标迈进，最艰巨、最繁重的任务在农村，最广泛、最深厚的基础在农村，最大的潜力和后劲也在农村。目前，我国面临三大矛盾，必须提出三大解决方案。一是中国最大的发展不充分，是农村发展不充分；必须促进乡村产业振兴，解决农村发展不充分问题。二是中国最大的发展不平衡，是城乡发展不平衡；必须推动城乡融合发展，解决中国城乡发展不平衡问题。三是中国最大的发展不同步，是农业农村现代化滞后于工业化、城镇化、信息化，这是中国现代化进程中的最大短板，最大的发展不同步；必须推进四化同步，解决中国农业农村发展不同步问题。2019 年《中共中央 国务院关于坚持农业农村优先发展做好“三农”工作的若干意见》提出：发展乡村新型服务业。充分发挥乡村资源、生态和文化优势，发展适应城乡居民需要的休闲旅游、餐饮民宿、文化体验、健康养生、养老服务等产业。加强乡村旅游基础设施建设，改善卫生、交通、信息、邮政等公共服务设施。大力发展休闲农业和乡村旅游是推进实施乡村振兴战略的具体行动和重要途径。当前我国农业仍然以产业能级不高、经济效益不明显的一产化、二产化农业为主导，以三产为主要特征的休闲农业具有连接城乡要素资源、贯穿农村一二三产业融合发展的天然属性，是新时代推进乡村产业兴旺的必然选择，应引导、促进、发展一二三产融合，吃、住、行、玩、购一体化，发展农业 4.0 产业，显著提升休闲农业产业附加值和综合竞争力。紧紧抓住历史机遇，积极拓展农业多功能，创新业态类型，完善体验功能，优化产业布局，引导和推动更多资本、技术、人才等要素投向休闲农业产业，推动形成产业兴旺的新型产业体系，为乡村振兴提供有力支撑。

执笔人：郭华，李瑾

第二部分

资源调查篇

天津市地处华北平原东北部，海河流域下游，东临渤海，北依燕山，是海河五大支流（南运河、子牙河、大清河、永定河、北运河）的汇合处和入海口，素有“九河下梢”“河海要冲”之称。辖区介于北纬 38°34′~40°15′、东经 116°43′~118°04′；北起蓟州区黄崖关，与河北省兴隆县、北京市平谷区相邻，南至滨海新区翟庄子沧浪渠，与河北省黄骅市和青县接壤，南北长 189 公里；西起静海区子牙河王进庄以西滩德干渠，与北京市通州区，河北省三河、廊坊、霸州三市及文安、大城、香河三地交界，东至滨海新区洒金坨以东陡河西干渠，与河北省丰南、丰润、玉田三地和遵化市毗邻，东西宽 117 公里，总面积 11916.8 平方公里，海岸线北起涧河口、南至歧口，全长 153 公里。

一、休闲农业生态资源状况调查分析

天津市地域范围虽然不广，但其独特的自然条件使天津市的自然资源具有一定程度的丰富性和多样性，因而该区域自然资源开发利用的潜力巨大，开发前景广阔。天津市有 600 多年的建城历史，在其形成、演化和发展的诸多影响因素中有着深刻的自然因素和背景。依山傍海，地理环境多样，山、河、湖、海、泉兼备，地貌资源、土壤资源、土地资源、矿产资源、气象资源、水资源、生物资源、旅游资源、海洋资源等自然资源类型齐全，丰富多样，使天津在中国的城市中独具特色。本研究从休闲农业资源利用和产业发展的角度出发，重点在山地、水系河流、湖泊、海洋、地热、湿地和旅游景观资源方面，从能够公开发布的生态资源状况方面，对天津市的自然资源进行调查分析。

（一）休闲农业土地资源

1. 土地利用现状分析

据《2018 年天津统计年鉴》显示，截至 2017 年年底，全市土地总面积 11966.45 平方公里，其中农用地 6921.39 平方公里（1038.21 万亩），占全市土地总面积的 57.8%。在农用地中，耕地 4367.55 平方公里（655.13 万亩），占全市土地总面积的 36.5%；园地 296.11 平方公里（44.42 万亩），占全市土地总面积的 2.5%；林地 547.34 平方公里（82.10万亩），占全市土地总面积的4.6%；其他农用地 1710.39平方公里（256.56万亩），占全市土地总面积的 14.3%。详见表 2–1、图 2–1、图 2–2。

表 2–1　2016~2017 年天津市农用地面积一览

项　目	面积（平方公里）		占全市土地总面积比重（%）	
	2016 年	2017 年	2016 年	2017 年
全市土地总面积	11916.85	11966.45	100.0	100.0
农用地	6943.34	6921.39	58.3	57.8
耕　地	4369.24	4367.55	36.7	36.5

续表

项　目	面积（平方公里）		占全市土地总面积比重（%）	
	2016 年	2017 年	2016 年	2017 年
园　地	297.25	296.11	2.5	2.5
林　地	548.14	547.34	4.6	4.6
其他农用地	1728.71	1710.39	14.5	14.3
建设用地	4143.87	4173.39	34.8	34.9
居民点及工矿用地	3309.26	3332.85	27.8	27.9
交通用地	300.29	303.44	2.5	2.5
水利设施用地	534.31	537.10	4.5	4.5
未利用地	829.65	871.67	7.0	7.3
未利用土地	157.56	156.58	1.3	1.3
其他土地	672.09	715.09	5.6	6.0

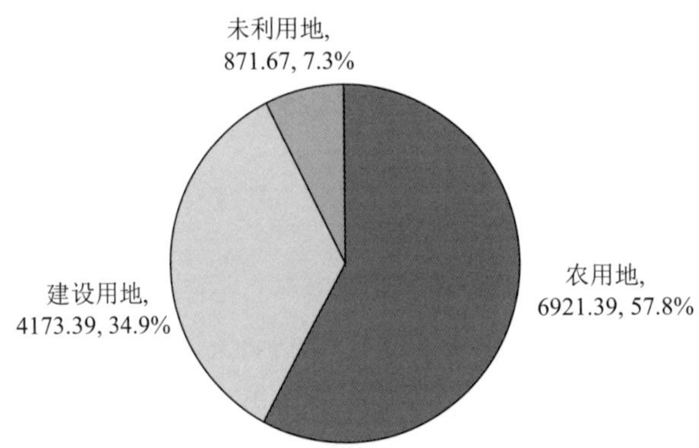

图 2-1　2017 年天津土地利用现状分类（单位：平方公里）

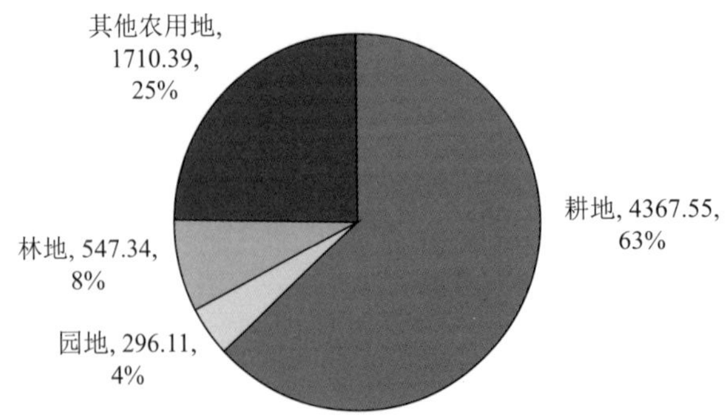

图 2-2　2017 年天津农用地利用现状分类（单位：平方公里）

根据天津市第二次土地调查主要数据成果的公报显示，全市耕地 447166.4 公顷（670.7 万亩）占 38%；园地 31639.4 公顷（47.5 万亩）占 3%；林地 56551.3 公顷（84.8 万亩）占 5%；草地 14157.2 公顷（21.2 万亩）占 1%；城镇村庄及工矿用地 305764.1 公顷（458.6 万亩）占 26%；交通运输用地 40295.2 公顷（60.4 万亩）占 3%；水域及水利设施用地 284700.7 公顷（427.1 万亩）占 24%。详见图 2-3。

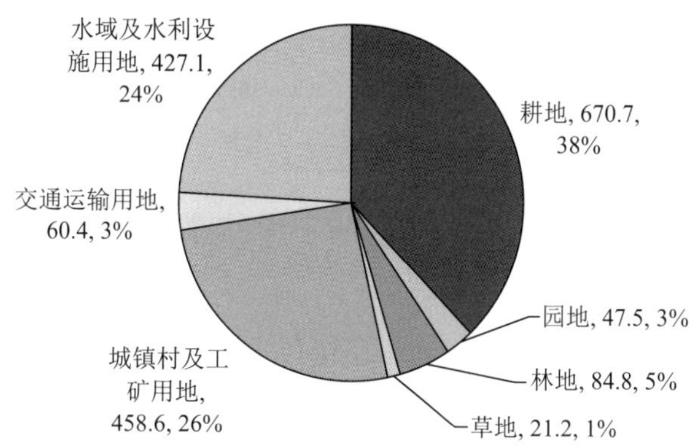

图 2-3　2015 年天津二调土地利用分类（单位：万亩）

全市耕地中，水田 14339.2 公顷（21.5 万亩），比重为 3.2%；水浇地 346010.3 公顷（519.0 万亩），比重为 77.4%；旱地 86816.9 公顷（130.2 万亩），比重为 19.4%。详见图 2-4。

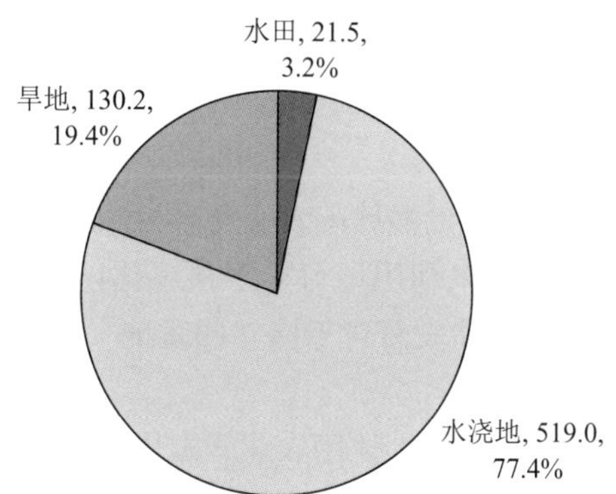

图 2-4　2015 年天津二调耕地分类（单位：万亩）

从耕地分布看，天津市耕地按地区划分，滨海新区耕地 24690.9 公顷（37.0 万亩），占 5.5%；环城四区西青、东丽、津南、北辰耕地 49325.4 公顷（74.0 万亩），占 11.1%；其他涉农区静海、宝坻、武清、蓟州、宁河耕地 373150.1 公顷（559.7 万亩），占 83.4%。详见图 2-5。

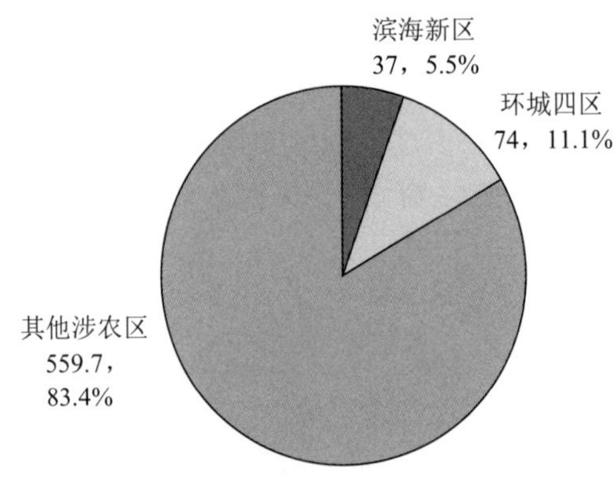

图 2–5　2015 年天津二调耕地区域分布构成（单位：万亩）

2. 休闲农业的用地类型

休闲农业项目不仅包括了生产活动，还包括了在此基础上的休闲体验、科普教育、餐饮住宿接待、农产品初加工、采摘垂钓、健康养老、电子商务、节庆会展等活动。因此在具体的土地利用上，表现为一种土地综合利用方式，不仅涉及生产设施附属用地，还涉及休闲服务、加工储藏等配套设施用地（如停车场、展销设施、初级整理加工、餐饮住宿、休闲娱乐等用地形态）。在土地性质上，休闲农业主要利用的是集体所有的土地。根据《土地管理法》（2004 年 8 月 28 日修订，主席令第二十八号）第四条，集体所有的土地又可依据其用途分为集体所有的农用地、集体所有的建设用地和集体所有的未利用地。

农用地：总体而言，农用地可以用作休闲农业和乡村旅游的投资开发。但是，投资主体应当按照农用地的用途，将其用于从事与休闲农业相关的种植业、林业、畜牧业和渔业生产活动。

建设用地：集体建设用地也是发展休闲农业及乡村旅游投资开发的重要用地形式。

未利用地：根据现行政策，未利用地可用于从事休闲农业和乡村旅游相关的种植业、林业、畜牧业和渔业生产活动。而对于以"四荒地"发展休闲农业和乡村旅游的，相关文件则多持鼓励和支持态度。

从天津市休闲农业发展现状来看，休闲农业开发用地以农用地为主，投资者通过租赁土地经营权等土地流转方式，取得土地的经营使用权，并在流转土地上建设休闲农业项目。因此，休闲农业的土地资源着重以农用地为主。

3. 农用地

（1）农用地变化趋势

根据《天津统计年鉴（1995~2015 年）》数据显示，天津农用地面积保持在 1039 万~1081 万亩，耕地面积从 1995 年的 733.9 万亩减少到 2015 年的 655.8 万亩，在 2004 年降幅最大。园地面积 2004 年最高为 55.9 万亩，2009 年降幅最大，降至 47.5 万亩，2015 年园地面积最低为 45.4 万亩。林地面积从 1995 年的 45.6 万亩到 2009 年增幅最大，面积最高为 84.8 万亩，而后逐年下降至 2015 年的 82.6 万亩。其他农用地面积保持在

257 万亩到 283 万亩。详见表 2-2、图 2-6。

表 2-2　1995~2015 年天津市农用地面积一览

年份	耕地		园地		林地		其他农用地		农用地	
	平方公里	万亩	平方公里	万亩	平方公里	万亩	平方公里	万亩	平方公里	万亩
1995	4892.94	733.9	360.10	54.0	304.28	45.6				
1996	4856.09	728.4	373.24	56.0	342.27	51.3				
1997	4844.05	726.6	370.91	55.6	340.89	51.1				
1998	4844.08	726.6	368.86	55.3	340.05	51.0				
1999	4844.58	726.7	367.23	55.1	339.60	50.9				
2000	4834.28	725.1	371.57	55.7	339.13	50.9				
2001	4811.86	721.8	370.30	55.5	339.54	50.9				
2002	4785.16	717.8	369.54	55.4	340.29	51.0	1714.86	257.2	7209.85	1081.5
2003	4754.8	713.2	368.17	55.2	359.43	53.9	1719.07	257.9	7201.47	1080.2
2004	4456.41	668.5	372.63	55.9	365.83	54.9	1887.64	283.1	7082.51	1062.4
2005	4455.14	668.3	371.01	55.7	366.31	54.9	1882.54	282.4	7075	1061.2
2006	4452.55	667.9	371.23	55.7	367.17	55.1	1876.23	281.4	7067.18	1060.1
2007	4436.9	665.5	363.00	54.4	363.00	54.4	1829.2	274.4	6992.1	1048.8
2008	4410.9	661.6	354.30	53.1	360.70	54.1	1800.8	270.1	6926.7	1039.0
2009	4471.77	670.8	316.40	47.5	565.53	84.8	1866.46	280.0	7220.16	1083.0
2010	4437.04	665.6	312.28	46.8	561.80	84.3	1842.17	276.3	7153.29	1073.0
2011	4407.46	661.1	308.77	46.3	558.17	83.7	1823.25	273.5	7097.65	1064.6
2012	4392.78	658.9	306.71	46.0	555.86	83.4	1806.39	271.0	7061.73	1059.3
2013	4392.78	658.9	306.71	46.0	555.86	83.4	1806.39	271.0	7061.73	1059.3
2014	4383.1	657.5	303.98	45.6	552.62	82.9	1769.86	265.5	7009.56	1051.4
2015	4371.82	655.8	302.43	45.4	550.95	82.6	1757.09	263.6	6982.29	1047.3

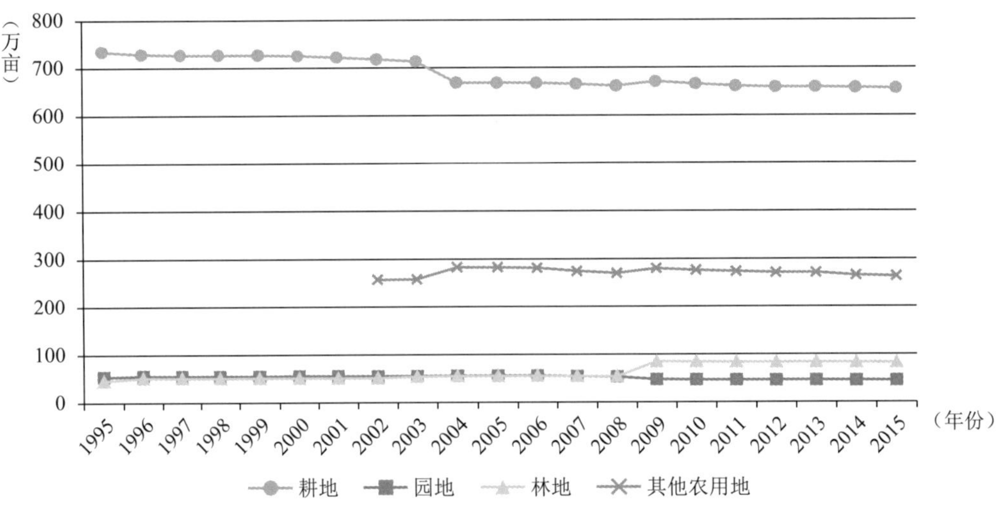

图 2–6　1995~2015 年天津农用地面积变化

（2）农用地空间利用规划

2012 年天津市主体功能区规划明确提出，根据国家对天津城市定位和主体功能区定位的要求，到 2020 年在市域层面形成合理的主体功能区空间结构。经济布局和人口分布更趋集中均衡，空间发展对经济发展的支撑作用增强。全市国土空间开发强度控制在 33.8%，城市空间适度扩大，城镇工矿占地控制在 1750 平方公里以内，农村居民点占地面积减少到 750 平方公里。耕地保有量不低于 4373 平方公里，其中基本农田保护面积不低于 3567 平方公里。

（3）耕地后备资源条件

按照国土资源部办公厅《关于开展全国耕地后备资源调查评价工作的通知》（国土资厅发〔2014〕13 号）要求，以 2012 年变更调查成果为基础，天津市国土部门组织开展并完成了天津市耕地后备资源调查评价工作。根据调查评价成果，天津市满足宜耕条件的土地共 10250 公顷。结合 2013 年、2014 年变更调查成果、批地数据和土地整治项目数据并考虑土地利用总体规划等制约因素后，天津市实际可开发耕地后备资源为 1652 公顷。

4. 建设用地和未利用地

我国人口数量庞大，对粮食和耕地的需求量十分巨大，在目前建设用地出让利益较大的情况下，非法改变土地用途、侵占农业用地的现象时有发生。因而，确保耕地充足、严守耕地红线成为我国土地政策的重中之重。随着土地政策改革的进一步推进，针对过去违法违规利用土地、建设建筑的行为，国家开始执行严格的土地保护政策，以切实加强耕地资源保护。

《国土资源部 农业部关于进一步支持设施农业健康发展的通知》（国土资发〔2014〕127 号）规定，根据现代农业生产特点，从有利于支持设施农业和规模化粮食生产发展、规范用地管理出发，将设施农用地具体划分为生产设施用地、附属设施用地以及配套设施用地。进行工厂化作物栽培的，附属设施用地和配套设施用地规模原则上控制在项目用地规模的 5% 以内，但最多不超过 10 亩。一般情况下，北方的生产性农业园区都能通过 10 亩附属设施用地和配套设施用地解决附属和配套设施的建设问题。而休闲农业和乡村旅游的发展不仅需要农业产业和乡村环境，而且特别需要房屋等餐饮住宿设施和旅游基础设施，建设加工厂房，修建餐饮、住宿、停车场、会议等各种建筑以及开发各种室内经营设施项目，通常都需要建设用地。10 亩附属设施用地和配套设施用地的规模，在一定程度上很难满足各类服务和旅游设施的用地需求，尤其是以设施农业为主的天津，严格的土地政策的推行对休闲农业和乡村旅游产生了较大的影响。

随着农村土地、宅基地“三权分置”的推进以及国家对休闲农业的重视和扶持，拿地条件有更加灵活和宽松的趋势。2016 年中央一号文件明确：支持有条件的地方通过盘活农村闲置房屋、集体建设用地、“四荒地”、可用林场和水面等资产资源发展休闲农业和乡村旅游。将休闲农业和乡村旅游项目建设用地纳入土地利用总体规划和年度计划合理安排。2017 年中央一号文件提出：统筹协调推进农村土地征收、集体经营性建设用地入市、宅基地制度改革试点。全面加快“房地一体”的农村宅基地和集体建设用地确权登记颁证工作。认真总结农村宅基地制度改革试点经验，在充分保障农户宅基地用益物权，防止外部资本侵占控制的前提下，落实宅基地集体所有权，维护农户依法取得的宅基地占有和使用权，探索农村集体组织以出租、合作等方式盘活利用空闲农房及宅基地，增加农民财产性收入。2018 年中央一号文件提出：在符合土地利用总体规划前提下，允许县级政府通过村土地利用规划，调整优化村庄用地布局，有效利用农村零星分散的存量建设用地；预留部分规划建设用地指标用于单独选址的农业设施和休闲旅游设施等建设；对利用收储农村闲置建设用地发展农村新产业新业态的，给予新增建设用地指标奖励。2019 年中央一号文件提出：充分发挥乡村资源、生态和文化优势，发展适应城乡居民需要的休闲旅游、餐饮民宿、文化体验、健康养生、养老服务等产业。根据近年来的中央一号文件和提及休闲农业相关的文件，政府招商用地、农民宅基地、村集体经营性建设用地、“四荒地”（荒山、荒沟、荒丘、荒滩）及国家政策支持的土地、城乡建设用地增减挂钩、旅游设施用地等，都可以用来作为休闲农业的建设用地。

（1）农民自有住宅、闲置宅基地

城镇化的快速发展，使得大量农民进城买房，农村房屋闲置。党的十九大后，国家开始推出宅基地所有权、资格权、使用权“三权分置”。实行宅基地“三权分置”，农户宅基地可以在集体经济组织内部有偿退出和转让，宅基地使用权可以在更大范围内有限期流转（以往流转范围限定在本集体经济组织内部），有利于盘活利用闲置、空闲土地，扩大休闲农业和乡村旅游的土地来源。《农业部等 11 部门关于积极开发农业多种功能大力促进休闲农业发展的通知》中明确规定支持农民发展农家乐，闲置宅基地整理结余的建设用地可用于休闲农业。因此，在进行休闲农业开发建设中要充分利用农民自有住宅、闲置宅基地。

（2）农村集体经营性建设用地

农村集体经营性建设用地，是指具有生产经营性质的农村建设用地，包括农村集体经济组织使用乡（镇）土地利用总体规划确定的建设用地兴办企业或与其他单位、个人以土地使用权入股、联营等形式共同兴办企业、商业所使用的农村集体建设用地。农村集体经营性建设用地出让、租赁、入股，实行与国有土地同等入市、同权同价。

（3）“四荒地”和国家政策支持的土地

2016 年中央一号文件以及《农业部等 11 部门关于积极开发农业多种功能大力促进休闲农业发展的通知》中鼓励利用“四荒地”（荒山、荒沟、荒丘、荒滩）发展休闲农业，对中西部少数民族地区和集中连片特困地区利用“四荒地”发展休闲农业和乡村旅游，其建设用地指标给予倾斜。

“四荒地”是农村较丰富的土地资源，包括依法归我国农民集体使用的“四荒地”和农民集体经济组织所有的“四荒地”，具体为荒山、荒沟、荒丘、荒滩等，属于现行经济环境中未得到充分、合理、有效利用的土地。

（4）城乡建设用地增减挂钩

城乡建设用地增减挂钩是指休闲农业项目建设确有必要占用耕地时先行在异地垦地，数量和质量验收合格后，再用作建设用地。以城乡建设用地增减挂钩获得建设用地的方式，前期审批程序烦琐。而且由于建设用地成本太高，往往会成倍增加休闲农业项目的时间和资金成本，提高项目经营难度和风险，增加休闲农业项目在土地使用及建设开发过程中的复杂性，严重制约了休闲农业的可持续发展。

（二）休闲农业山地资源

天津市山地资源集中分布在蓟州区北部，属于构造侵蚀中低山，面积 651 平方公里，占全市总土地面积（不包括潮间带）的 5.75%。由于各种岩石的岩性软硬程度不一，受风化侵蚀程度不同，再加上地质构造的影响，造成了这里的山势高低错落，山脉大体呈东西走向，自北向南呈阶梯状下降。从地理特征分析，山地本身具有一定的景观资源，比如地形、林相、谷地等。随着地形变化，原有自然山地也随着视点变化产生不同的景观面。山地多具有本身的生态系统，并包括构建此系统的自然基础：肥沃的谷地、易风化的分水岭、自然地表径流等。在与遵化、兴隆县接壤处主要为中山，海拔高度在 800 米以上，山势陡峻，切割较深；向南部以低山为主，海拔多在 200~800 米，山势略为低缓，沟谷变浅。山体主要由中上元古界碳酸盐岩和碎屑岩构成，常形成岩层产状与地形坡向一致的单面山，并可见干谷、溶洞等碳酸盐岩岩溶地貌，但溶洞规模不大，表明以白云岩为主的现代岩溶地貌不发育，多以常态山为主。蓟州区历史悠久，许多名山、大山都有其特有的山地文化，在开发过程中应注重山地人文景观与自然景观的相互映衬，让山地的名人墨迹、传说典故以及宗教寺庙、政治遗址等成为山地休闲旅游的亮点。

蓟州区山地资源有盘山、八仙山、九山顶、梨木台、黄花山和府君山，具体见表 2–3。众多的山地资源形成了盘山、八仙山等一批以山地自然景观为主的旅游景区，吸引了大批游客，旅游业持续发展。同时，正是由于众多的山地资源的正向外部性，促进了蓟州区特色旅游村和民宿农家乐的不断发展，2017 年蓟州区已有特色旅游村 120 个，休闲农业园区 24 个，经营户 2583 家，这些景区与周边的特色旅游村、休闲农业园区、民宿农家乐等旅游资源组合在一起，发挥出了资源的组合优势和最大价值。

表 2–3　天津市重点山地资源明细

名称	内容
盘山	位于蓟州区城区西北 15 公里处，海拔在 400~600 米，主峰挂月峰海拔高度 864.4 米，核心区面积约 20 平方公里。盘山山峰具有典型“球状风化”特点，形成了奇峰林立、怪石嵯峨的独特景观，山内植被茂密，有植物 419 种，有成林松树 50 余万株，橡子树 60 余万株，并有数十株千年古松、古柏、古银杏树，尤为珍贵
八仙山	位于蓟州区北部山区，是天津市地势最高、群峰汇集的地方，900 米以上的山峰有 19 座，主峰“聚仙峰”海拔 1052 米，是天津市第二高峰。八仙山是距今 18 亿 ~14 亿年间古海沉积的工城系石英岩，8 亿年前海退成陆，1 亿年前“燕山运动”断裂、褶皱、隆起，呈现出山地风貌
九山顶	位于蓟州区北部下营镇常州村境内，面积 624 公顷，森林覆盖率 90% 以上。主峰九山顶海拔 1078.5 米，是天津市最高峰。据记载，清顺治十五年，顺治皇帝在金星山上眺望，见一座山峰风光最美，便亲自带人游历此山。见九顶攒簇，为龙脉所系，为表示皇家九五之尊和九九归一之意，亲赐名“九山顶”，并封为清东陵的太祖山
九龙山	位于蓟州区东部穿芳峪境内，因在万丈深谷中连绵耸立着九条山脊，恰似九龙聚首，故名九龙山，主峰黄花岭海拔 558.4 米。九龙山的山峰可以概括为险、峻、秀、奇。最突出的是峰峦景观，山峰连绵起伏，气势磅礴，蔚为壮观
梨木台	地处天津最北端，被称为“天津北极”，最高峰海拔 997 米。这里地质景观奇特，是蓟州区国家地质公园典型的石英岩峰林峡谷地貌，自然形成了岩画岭、登天缝、五指山、万卷天书等景观
黄花山	位于蓟州区东部穿芳峪境内，因遍地黄花而得名，主峰会仙峰海拔 741 米。黄花山由距今 36 亿年的变质岩和距今 18 亿年的沉积岩构成，山体形成于 1.8 亿年前的中生代“燕山造山运动”。黄花山孤峰突兀，林海苍茫，森林植物垂直分布带明显，森林覆盖率 90% 以上
府君山	位于蓟州区城北 1500 米处，最高峰海拔 302 米。明代以前叫崆峒山，山中多洞，其中穿云洞、山顶洞、白大洞等较为有名，崆峒积雪为古代“渔阳八景”之一。明代以后，山上建有崔府君庙，故改称为府君山。府君山由于是地质历史中著名的“蓟县运动”和下寒武统“府君山组”的命名地，因而蜚声国内外地质学界，尤其是逆掩断层形成的飞来峰地貌是景区的显著特点

资料来源：根据网络公开报道资料编辑整理。

依托地貌景观资源和地质构造、地质遗迹和地层景观资源，游客可以饱览山峦叠翠、山清水秀的优美景色，如盘山、九山顶、八仙山、府君山、翠屏山、九龙山、黄崖关、蓟州溶洞、中上远古界标准地层剖面和地质遗迹等。详见表 2–4。

表 2–4　天津市重点地文景观类旅游资源明细

名称	所在地	内容
蓟县国家地质公园	蓟州区	面积 342 平方公里，区内包括中上元古界地质自然保护区等 7 个景区，共计 87 个景点，科研价值、环境价值、旅游价值很高
盘山风景区	蓟州区	中国历史文化国家级风景名胜区，天津市市级自然保护区，集秀水、奇松、怪石于一身，有 5 大景区，130 余处景点，总面积 106 平方公里，既是风景佳境，又是佛教圣地，可以欣赏津门十景之一“三盘暮雨”

续表

名称	所在地	内容
八仙山风景区	蓟州区	国家级自然保护区，面积 1049 公顷，是天津市地势最高、群峰汇集的地方，900 米以上的山峰有 19 座。区内生物资源丰富多样，自然风光魅力迷人，核心区外围开发了 4 大景区和 60 多个精品景点
中上远古界标准地层	蓟州区	面积 900 公顷，区内有蜿蜒起伏的黄崖关长城和巍峨壮观的九山顶，以及峰峦叠翠的八仙山国家级自然保护区和九龙山国家森林公园等著名风景区，是科学考察基地，也是游览观光胜地
蓟州溶洞	蓟州区	已开发 3 万平方米，全长 1200 米，形成连通三级水平溶洞系统。洞内景观有 28 处之多，景观晶莹剔透，千姿百态，绚丽多姿
九山顶自然风景区	蓟州区	面积 624 公顷，景区内雄奇险峻，别有洞天，以山、水、林、洞为主体，具有雄、奇、幽、秀的特色，有 68 处天然景观和众多景点，还保留有抗日战场、明长城十多处历史人文景观
九龙山风景区	蓟州区	面积 2126 公顷，集古洞、幽林、奇峰、秀水为一体，是京东独具特色的森林旅游区，下辖九龙山、梨木台、黄花山 3 大景区
黄崖关风景区	蓟州区	属断崖地貌景观。依托断崖险峻地形兴建的黄崖关长城，始建于北齐，明代重修，全长 42 公里
府君山公园	蓟州区	府君山明代以前叫崆峒山，崆峒积雪为古代“渔阳八景”之一，后改称为府君山，总面积 333 公顷，是天津蓟县国家地质公园的重要组成部分
翠屏山景区	蓟州区	即于桥水库——翠屏湖南岸，山势低缓，山色郁葱苍翠，连画如屏，故名翠屏山。山上曾建东岳天齐庙，遗址尚存一块承露台，山下有岳飞庙遗址
龙泉山游乐园	蓟州区	占地 8 平方公里，分四区三园，有 50 余个自然景点、十多个人文景观，是都市人休闲度假的理想去处
毛家峪长寿度假村	蓟州区	度假村群山环抱，安宁幽静，风光秀美，是天津市唯一一家以长寿为主题的度假村。已开辟龙凤岑元古奇石林风景区和情人谷生态旅游区两个景区

资料来源：根据网络公开报道资料编辑整理。

（三）休闲农业水系河流资源

1. 水系流域图

天津全境处于海河河系内，位于海河流域尾闾，海河河系除漳卫河外，蓟运河、潮白河、北运河、永定河、大清河、子牙河和海河干流都从天津入海。海河流域由蓟运河、潮白河、北运河、永定河（以上河系称为海河北系）、大清河、子牙河、漳卫南运河、黑龙港河系和海河干流（以上河系称为海河南系）组成。详见图 2–7。

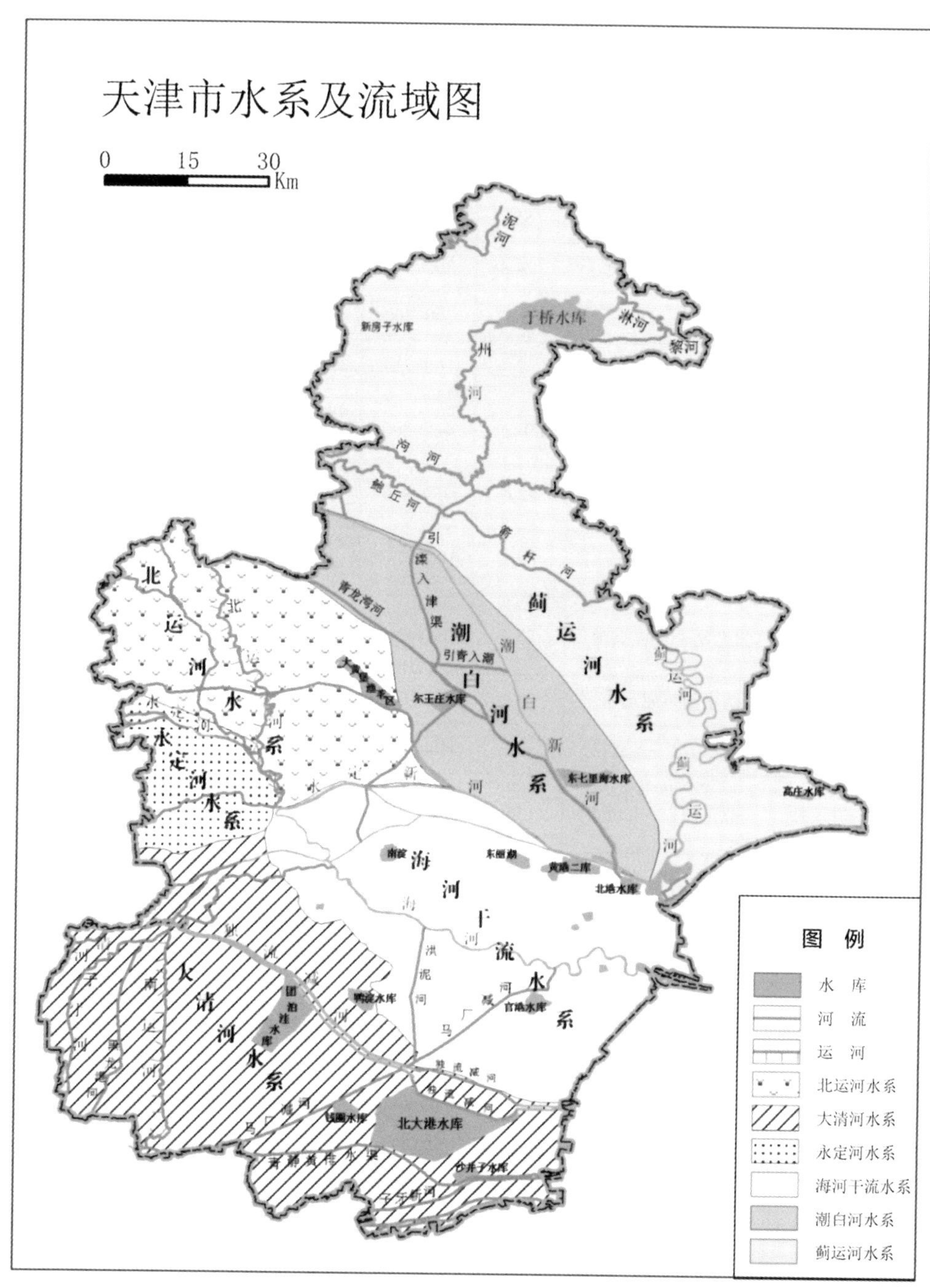

图 2-7　天津市流域水系（马振兴：中国自然资源通典天津卷）

2. 主要河流

天津位于海河流域下游，是海河五大支流南运河、北运河、子牙河、大清河、永定河的汇合处和入海口，素有“九河下梢”“河海要冲”之称。全市境内有一级河道 19 条（详见表 2-5），二级河道 109 条，各河相通，没有明显的流域界线。

表 2-5　天津市一级河道情况

河流名称	起止地点	长度（公里）	宽度（米）	主导功能
州河	山下屯闸—张古庄	48.5	62~250	行洪、排涝、灌溉、生态景观廊道
泃河	红旗庄闸—九王庄	55	90~160	行洪、排涝、灌溉、生态廊道
蓟运河	九王庄—防潮闸	174.8	300~500	行洪、排涝、灌溉、生态廊道、生活休闲
还乡新河	九丈窝—闫庄	31.5	200~300	行洪、排涝、灌溉、生态廊道
引泃入潮	辛撞闸—郭庄	7	200~214	行洪、排涝、生态廊道
潮白新河	张甲庄—宁车沽闸	4.9-81	420~800	行洪、排涝、灌溉、生态景观、廊道、生活休闲
青龙湾减河	大门楼—大刘坡	52.4	250~450	行洪、排涝、灌溉、生态廊道
北运河	西王庄—子北汇流口	89.8	100~2746	行洪、排涝、灌溉、生态景观、生活休闲、备用水源地
龙凤河	里老闸—东堤头闸	73.7	100~650	行洪、排涝、灌溉、生态景观、廊道、生活休闲
永定河	落垡闸—屈家店	29	1000~6000	行洪、排涝、灌溉、生态景观廊道
永定新河	屈家店闸—入海口	62	500~700	行洪、排涝、输水、生态景观廊道
海河干流	子北汇流口—二道闸	36	100~350	行洪、排涝、备用水源地、生活休闲、航运
新开河—金钟河	耳闸—金钟河	35.9	90~180	行洪、排涝、灌溉、生态景观廊道
子牙河	小河村—子北汇流口	76.1	180~2150	行洪、排涝、灌溉、生态廊道、备用水源地、生活休闲
独流减河	进洪闸—工农兵闸	67.4	850~5000	行洪、排涝、调水河道、灌溉、生态廊道
大清河	台头西—进洪闸	15.3	415~910	行洪、排涝、灌溉、生态廊道
南运河	九宣闸—上改道闸	44	45~200	排涝、输水、灌溉、生态廊道、生活休闲
马厂减河	九宣闸—南台尾闸	40	70~112	行洪、排涝、输水、灌溉、生态廊道
子牙河	蔡庄子—海口闸	29	2200~3600	行洪、排涝、生态廊道

资料来源：天津市水系规划（2008~2020 年）

近年来，天津市依托河流资源，如北运河、潮白河等重点河段积极打造旅游观光景观带，使其日益成为全市重要的休闲农业景观资源。在众多河流中，与休闲农业和乡村旅游相关最密切的河道有三条：南运河、北运河和潮白河。

（1）南运河

南运河又称“御河”，原为古老河道，后经人工开凿，为京杭运河的北段。南运河由青县入天津静海区，又经西青区入红桥区，流经红桥区南部，至三岔河口与子牙河汇合后入海河。其中，静海区段以农林景观为主，有奥卡利谷物种植家庭农场等 6 个采摘观光园，春光休闲园区等 10 个市级休闲农业示范园区（村点），围绕生态观光、采摘体验等开展乡村休闲旅游活动；西青区段有东淀、莲花淀等湿地苇塘景观，石家大院、普亮宝塔等文物建筑，水高庄园沙窝萝卜精品产业园、第六埠高新科技农业示范园等多功能现代化园区，以及农家乐、城市菜园、创意农庄等综合体验类项目，构建起多元化的休闲农业发展格局。

（2）北运河

北运河古称“御河”，历史上是一条通向北京的重要漕运河道，是天津重要的一级河道，北起北京市通州区，流经天津市武清区、北辰区、红桥区，至三岔河口与南运河汇合后入海河。其中，武清区段从南至北分布着休闲旅游驿站、运河小镇、潞水樱花园、湿地百草园、津北森林公园、南辛庄特色村等一批旅游节点和 100 余户特色农家院，实施了北运河郊野公园、中药文化园和三处生态湿地，形成了“旅游 + 农业”的生态农业观光新模式；北辰区段以北运河沿岸村镇为主线，开通运河文化主题游，建设龙顺庄园、双街都市农业园区、北运河郊野公园等重点景区景点，发展乡村会展和休闲度假中心，并举办双街葡萄旅游文化节，打造沿河休闲游憩发展带。

（3）潮白河

在宝坻人的心目中，潮白河既是母亲河，也是最大的资源河。因此，宝坻区委、区政府十分关注潮白河的生态环境保护和合理利用问题，重点规划建设“两带一轴”：一是打造潮白河生态带，投资 5.6 亿元建成了潮白河国家湿地公园一期，形成了以潮白河为主轴，以两岸生态廊道为绿脉的潮白河生态布局；二是打造潮白河观光带，在加强环境保护的基础上，沿潮白河两岸打造了 10 个旅游特色村，运作重点休闲旅游项目，着力形成集湿地体验、滨水游憩等多种功能于一体的京津冀居民重要休闲旅游场所；三是打造潮白河发展轴，以潮白河为轴线，建设“一河两岸、跨河发展”的城市空间布局。

（四）休闲农业湖泊资源

天津市平原地区的形成与渤海湾几次大的海侵和海退过程有关，特别是黄河历史上曾经三次在天津入海，其迁徙过程中，在天津平原地区留下了星罗密布的湖泊洼淀。湖泊洼淀较多是天津的区域特色，天津市地处海河流域的下游，地势低平，市域范围内坑塘星罗，洼淀棋布，河流纵横，库泊遍及，是华北地区的“江南水乡”。值得一提的是，天津市众多的湖泊多以人工水库或湿地湖泊的形式存在，如全市 14 座大、中型水库中的翠屏湖、东丽湖、团泊湖、天嘉湖等，其共同特点是水源丰沛、水面辽阔、水生态资源丰富。具体详见表 2–6。

表 2-6　天津市重点湖泊资源明细

名称	所在地	内容
翠屏湖	蓟州区	于桥水库的另一称呼，因南依翠屏山而得名，翠屏湖水面宽阔，东西长 30 公里，南北最宽处 15 公里，湖面烟波浩渺，水天一色，荡舟湖上，鸥浮上下，湖内盛产鱼虾，尤以金翅鲤鱼闻名天下。冬季严寒，形成“翠屏湖雾凇”奇观
东丽湖	东丽区	原为新地河水库，水域总面积 5.14 平方公里，水系发达，植被茂盛，地热资源丰富，环境宜人，素有“淡水小海洋”之称。以东丽湖为核心形成的东丽湖温泉度假旅游区，已成为天津市八大旅游景区和七大自然保护区之一，先后被命名为国家级水利风景区、中国温泉之乡、国家生态旅游示范区，是东丽区旅游板块中的一颗明珠
团泊湖	静海区	即团泊洼水库，总长 33.56 公里，是著名的鸟类自然保护区，水域辽阔，环境清幽，水产资源及水生物蕴含极广，盛产鱼虾，栖息着 40 多种珍禽，为各种鸟类的栖息繁衍提供了优越的自然条件。团泊洼水库是联合国野生珍禽保护区之一，天津市十大旅游景区之一
天嘉湖	津南区	地上人工湖，原为津南水库，水域面积 7.05 平方公里，是天津南部重要的生态湖区，也是天津市风景与自然保护区。其中，以天嘉湖为核心开发的天嘉湖生态风景区，已成为天津市重点旅游景区之一
鸭淀湖	西青区	即鸭淀水库，因建库占地是个洼淀，人称鸭淀，故称鸭淀水库，是一座以调蓄沥水和再生水资源进行灌溉为主，兼顾水产养殖、排水除涝的综合性平原水库
滨海湖	滨海新区	即黄港水库，上游依托潮白河、蓟运河，水域面积 23.35 平方公里，是一个历史悠久、半天然半人工的大型水库，由黄港一库和黄港二库组成
环秀湖	蓟州区	即杨庄水库，控制流域面积 296 平方公里，总库容 2700 万立方米。以环秀湖为核心的环秀湖风景区，交通便捷，视野开阔，群山簇拥，溪谷遍布，山水景观有机组合，自然原味浓郁，具有得天独厚的天然生态旅游环境
北大港水库	滨海新区	华北地区最大的人工平原水库，总库容 5 亿立方米，库区面积 152 平方公里，可容蓄大清河、子牙河、南运河等来水，对引黄济津和南北水调的水源调蓄有重要作用
七里海水库	宁河区	海退过程在天津平原残留下来的众多泻湖之一，一直保持着滨海湖泊、沼泽的湿地自然景观，区域内河道纵横、洼地广布、草木竞秀、百鸟云集，被誉为京津地区的“天然氧吧”和“绿色肺叶”
北塘水库	滨海新区	是一座中型平原水库，由滨海洼淀围堤封闭而成，潮白新河汛期水为其主要水源，该区由海侵和现代河流冲击而成，地貌特征为滨海低地、泻湖洼地
营城水库	滨海新区	以灌溉为主的平原型水库，由低洼浅水人工改造而成，水库面积 7.7 平方公里，丰水期时水域面积约 3 万亩，水库中心有成片芦苇塘
上马台水库	武清区	占地面积 8872 亩，总库容 2680 万立方米，控制灌溉面积 13 万亩，下游保护区域 20 平方公里，是一座以蓄代排、灌溉为主、兼顾排涝及水产养殖等综合功能的中型平原水库
尔王庄水库	宝坻区	中型平原水库，引滦输水的重要组成部分，始建于 1982 年，占地 13.03 平方公里，设计库容 4530 万立方米

资料来源：根据网络公开报道资料编辑整理。

（五）休闲农业海洋资源

天津地处渤海湾西岸，海岸线南起歧口，北至涧河口，长达 153 公里，海洋资源极为丰富。渤海湾海洋生物有 170 种以上，其中近海底栖动物 142 种，素有“天然鱼池”之称，盛产多种鱼、虾、贝类等水产品，其中天津海域已鉴明的渔业资源有 80 多种，主要渔获种类有 30 多种；渤海湾拥有丰富的油气资源，目前已发现 45 个含油构造，石油探明储量 40 亿吨，天然气探明储量 1300 亿立方米，十分可观；海水成盐量高，自古以来就是中国传统的海盐生产基地，原盐年产量达 200 多万吨，为海洋化工业发展提供了原料来源；由于特殊的地理区位，天津海域腹地广阔，有较好的岸线资源、港口资源等优势，是华北、西北广大地区最近的出海口，天津港是世界上等级最高的人工深水港之一，也是中国最大的人工海港，拥有 99 个万吨级以上泊位和 23 个内陆无水港，是中国北方最大的综合性港口。

此外，天津市还拥有丰富的海洋旅游资源。有以大沽炮台遗址、泰达航母主题公园为代表的海洋军事文化资源；有潮音寺、北塘古镇、妈祖民俗文化园等悠久的海洋历史人文资源；有外滩公园、东疆湾沙滩景区、方特欢乐世界、欢乐水魔方、极地海洋世界等海洋主题景区资源；有东疆国际商品展销中心、东疆进口商品直营中心、于家堡商业街、国际邮轮母港等海洋休闲购物资源；有贝壳堤、古海岸等海洋自然景观资源；还有北塘渔港、东沽渔港、中心渔港、唐家河渔港等海洋渔港资源（具体详见表 2–7），并依托这些海洋渔港，开发了丰富多彩的休闲渔业游。总之，依托人文积淀、岸线渔港等特色海洋资源，天津形成了丰富的滨海旅游项目，滨海新区也已成为京津冀游客向往的海洋旅游目的地。

表 2–7　天津市重点海洋旅游资源明细

类别	名称	所在区	详细
军事文化	大沽炮台遗址	滨海新区	俗称“津门之屏”，为北方军事要地，后被确定为全国重点文物保护单位，又以“海门古塞”之誉评为“津门十景”之一，并确定为天津市爱国主义教育基地
	滨海航母主题公园	滨海新区	是集航母观光、武备展示、主题演出、会务会展、拓展训练、国防教育、娱乐休闲、影视拍摄八大板块为一体的大型军事主题公园，国家 4A 级旅游景区
历史人文	潮音寺	滨海新区	建于明永乐二年，600 余年来，潮音寺福佑一方，是滨海新区历史人文地标和祈福胜地，在滨海地区人们心目中有着极为重要的地位，每年观世音菩萨圣诞日，逾 20 万人前来礼佛祈福
	北塘古镇	滨海新区	由凤凰街、沽酒巷、观澜书院建筑组团组成，采取文化、旅游、商业、人居四位一体的模式进行发展，重现民间绝活、传统美食、民俗表演等历史风貌，重点展示中国北方传统文化、天津地域特色和北塘地区民俗风情
	妈祖民俗文化园	滨海新区	是海峡两岸乃至天津与“海上丝路”沿线国家经贸文化交流合作的新载体和新平台，津门妈祖民俗信仰至今已有近 700 年的历史，是天津历史文化的重要组成部分

续表

类别	名称	所在区	详细
主题景区	外滩公园	滨海新区	有“碧海帆影”、临水沙滩、水上喷泉等景观亮点，著名的“东方公主”号邮轮也落位在外滩公园对岸，彼此间遥相呼应
	东疆湾金沙滩	滨海新区	天津滨海新区首个人工海滩，南北全长约 2000 米，由入水沙滩、卵石沙滩、住宅区沙滩组成，主要游乐设施有水上休闲娱乐区、沙滩亲水区、沙滩游泳休闲区、水上运动训练中心等
	极地海洋世界	滨海新区	面积 18.7 万平方米，国家级 4A 旅游景区。由极地海洋馆、阳光海游城、酒店式公寓、城市旅游大道及嘉年华板道街五大功能区构成
休闲购物	东疆国际商品展销中心	滨海新区	占地约 8.6 万平方米，总建筑面积 13 万平方米，分为地下 1 层、地上 4 层，是一座集国际商品展示、展销、休闲、娱乐为一体的现代化商业综合体
	于家堡商业街	滨海新区	是中国（天津）自由贸易试验区滨海中心商务片区的重要组成部分，汇集时尚购物、特色餐饮、休闲娱乐、文化创意、展览展示等多种业态，是京津冀地区的新型商业中心
	国际邮轮母港	滨海新区	位于天津港东疆片区最南端，作为亚洲邮轮旅游体系中的重要节点，2017 年接待国际邮轮数量 175 艘次，全年的旅客量达到 94.2 万人次
自然景观	贝壳堤	滨海新区	是“天津古海岸与湿地国家级自然保护区”的一部分，整个保护区由贝壳堤、牡蛎滩和七里海湿地生态系统组成，是古海岸变迁极其珍贵的海洋遗迹
	古海岸	滨海新区	是国家级自然保护区，拥有世界著名的天津贝壳堤和牡蛎滩
海洋渔港	北塘渔港	滨海新区	北塘渔港历史悠久，被誉为“金邦玉带”，已形成海产品买卖、观海大排档、海上游、渔业科普四位一体发展模式，集渔业生产、旅游观光、停泊避风、鱼货装卸、物资补给、船舶维修等功能于一体
	东沽渔港	滨海新区	位于渤海之滨，是天津市重点群众渔港，又是水产供销基地，渔港航道全长 16.6 公里，渔船通过渔船闸可以进出海河，也是渔船安全停泊的良好港池
	中心渔港	滨海新区	集水产品集散加工、港口物流、游艇制造展示、休闲旅游于一体的现代化“渔港新城”，是以水产品加工集散、游艇产业为主，港口物流和休闲旅游相关产业竞相发展的现代化主题经济区
	唐家河渔港	滨海新区	天津市群众渔港之一

资料来源：根据网络公开报道资料汇编。

（六）休闲农业地热资源

天津市蕴藏着丰富的地热资源，属于非火山沉积盆地中、低温热水型地热，主要分布在宝坻断层以南约 9638 平方公里的范围内。根据地质构造和地势场分析，分为新生界热储层和基岩热储层两大类。依据以温梯度 3.5℃ /100 米的等值线为底界在天津地区划分出 10 个地热异常区（详见图 2–8），探明面积 2434 平方公里，水温在 30~90℃。

已探明的中低温地热资源总量及开发利用程度居全国前列。

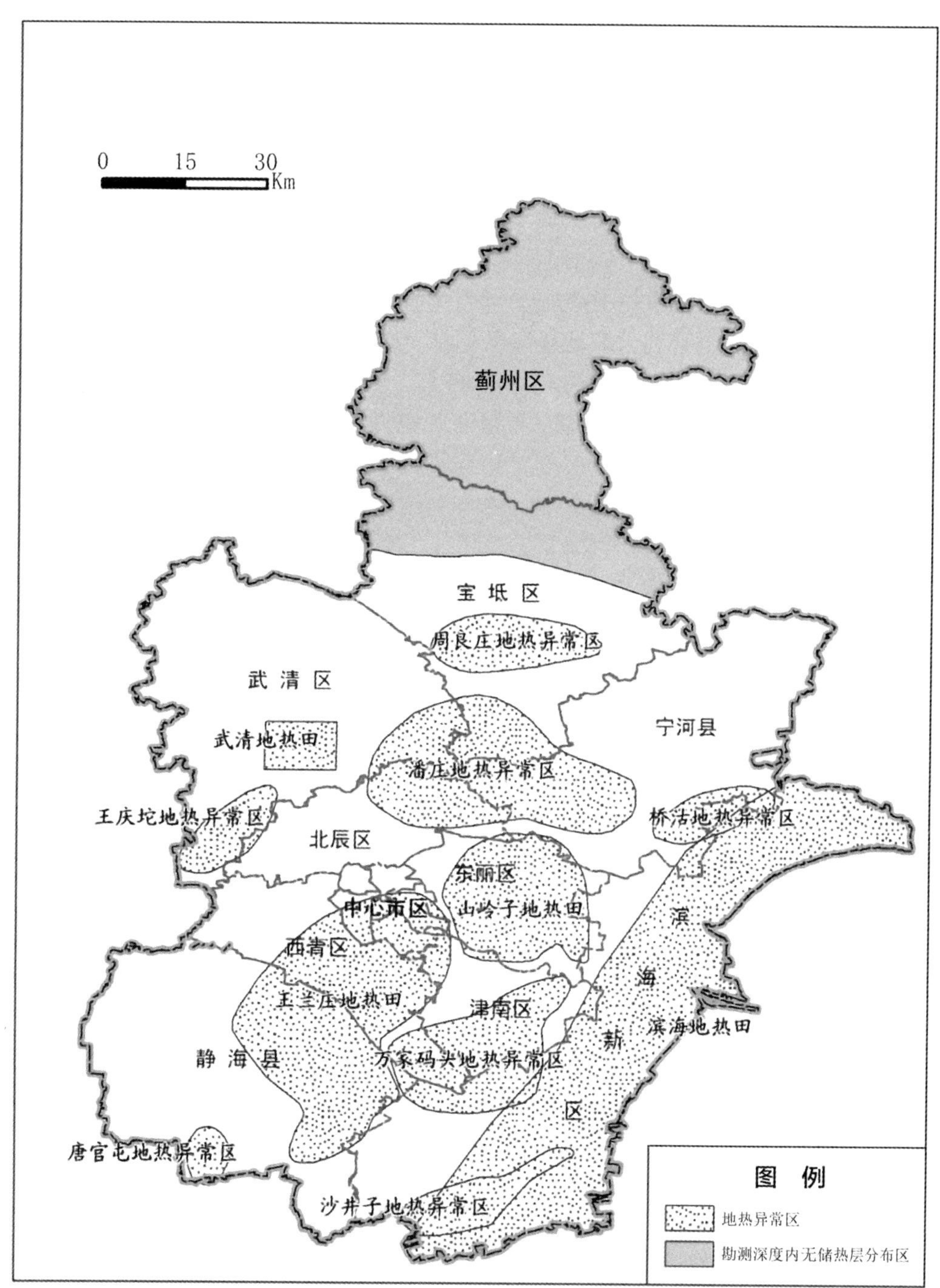

图 2-8　天津地热资源分布示意（马振兴：中国自然资源通典天津卷）

天津市地热资源广泛分布于各个涉农区，在利用方面，除采暖外，还用于矿泉水生产、洗浴、纺织、印染、养殖、温室大棚、游泳、科研等。

——东丽区地热资源十分丰富。地热面积达337平方公里，地热梯度值高达5℃/100米，开采模式为地热梯级循环利用，群井联动集约开发模式。东丽区利用地热井作为供热源，广泛应用到农业、建筑、采暖、旅游和医疗保健、制冷项目等领域。其中，如无瑕生态园、华泰农业园等农业园区，利用地热资源进行农业生产和淡水养殖；东丽湖温泉度假区，利用地热资源开展温泉旅游。

——北辰区境内有地热井3眼。一眼在果园新村新华里，1987年开凿，井深1300米，水温51℃，水量80吨/小时，未启用；一眼在辛侯庄，1989年开凿，井深1840米，水温72℃，水量30吨/小时，未启用；一眼在温泉花园住宅小区，1997年12月开凿，井深1300米、水温63℃，水量100吨/小时，为小区居民及附近部分机关单位供应非饮用地热水。此外，东赵庄村开发地热温泉资源，打造了泉水湾温泉度假项目。

——滨海新区地热丰富。沙井子、万家码头、桥沽、看财庄为地热异常区，埋藏浅、温度高、水源足，开发前景广阔。滨海新区地热资源主要用于供暖、种植、养殖、生活用水、康乐旅游等领域。其中，如龙达温泉城、四季田园等休闲农业园区，均利用地热资源进行农业生产和温泉旅游。

——静海区地热资源也有广泛分布。地热水在城区东部团泊、孟家房子、四党口和唐官屯一带，埋藏350~450米深度，有30~96℃的热水，呈近南北向及北东向至西南向条带状分布。全区地热资源主要用于种植、养殖、生活用水、康乐旅游等领域。如团泊湖温泉、光合谷等休闲园区，均利用地热资源进行农业生产和温泉旅游。

——宝坻区地热资源开发程度高。周良庄地热田和尔王庄为地热异常区。周良庄地热田位于宝坻区中南部，面积120平方公里，地热储量层厚度300~700米，最高出水温度98~105℃；尔王庄地热异常区位于宝坻区南端，出水温度72℃，影响面积280平方公里。宝坻区地热资源开发程度高，主要用于农业生产和温泉旅游，如晶宝温泉农庄、帝景温泉度假村等，均为集旅游、休闲、餐饮、购物、住宿、娱乐于一体的温泉休闲度假景区。

——武清区境内有王庆坨地热异常区和武清地热田，有着丰富的地热资源。全区地热资源主要用于供暖、农业生产、生活用水、温泉旅游等领域，如天鹅湖温泉度假村、君利温泉等。

——宁河区地热异常区有西南部潘庄地热异常区及桥沽地热异常区等。从中元古界到新生界沉积形成了一系列热储层，热储层呈层状分布，构成相互独立的地下热水系统。全区地热开发主要用于供暖、洗浴、生活、蔬菜种植、水产养殖生产等方面。

——西青区地热资源较为丰富。全区境内有两个地热异常区，面积约为127平方公里，水温55~77℃，为低矿度钠水，矿化度在1.5~1.8g/L。目前，地热资源应用于冬季蔬菜栽培、鱼苗越冬、孵化、纺织、印染、制药、食品加工等方面。

（七）休闲农业湿地资源

湿地较多是天津的区域特色。按照湿地所处地貌单元，可将天津湿地划分为近海与海岸滩涂湿地、河流湿地、湖泊库区湿地、沼泽和沼泽化草甸湿地、盐田湿地和水稻田湿地六种。天津所有涉农区都有湿地分布，这些湿地具有直接供给城市居民用水、蓄洪防涝、净化水质、降解环境污染、促淤造陆、调节气候等多种改善城市人民生活质量和生态环境的功能，有的还蕴藏有丰富的石油、天然气、地热、盐等珍贵资源。全市湿地将以古海岸与湿地国家级自然保护区（七里海湿地）、大黄堡湿地自然保护区、北大港湿地自然保护区和团泊鸟类自然保护区共 4 个湿地自然保护区为核心，建设“一南一北”两片生态湿地连绵带，将津城“绿肺”进一步保护和扩容。湿地以其独特的芦苇沼泽湿地生态景观和多样珍贵的野生生物资源，展现出独具魅力的自然景观。

——七里海湿地。位于宁河区境内，被国务院列为国家级古海岸和湿地自然保护区，是世界上仅有的三处具有古海岸性质的湿地资源之一，该湿地面积辽阔、苇草茂盛、空气清新，素有“天然氧吧”“津京肺叶”之称。七里海湿地保护区面积 233.49 平方公里，其中核心区面积 44.85 平方公里、缓冲区面积 42.27 平方公里、实验区面积 146.37 平方公里。七里海湿地通过潮白河、蓟运河与上游于桥水库相连，永定新河、北京排污河与之相通，内部河道纵横、沟汊交织、沼泽遍地、洼地广布、芦苇丛生、草木竞秀、百鸟云集、鱼美蟹肥。

——大黄堡湿地。全称大黄堡湿地自然保护区，位于武清区东部，面积 112 平方公里，是一个由草甸、沼泽、水体、野生动植物等多种生态要素组成的湿地生态系统。保护区内资源丰富、水网密布、芦苇茂密、气候凉爽、空气清新、动植物种类繁多，有植物 400 余种，鸟类 230 多种，是我国北方地区为数不多的、原始地貌保持较为完好的典型芦苇湿地。大黄堡湿地历史文化底蕴深厚，有丰富的历史、人文景观，知名的燕王湖、张勋堤及抗日遗迹坐落其中。

——北大港湿地。位于滨海新区东南部，面积为 348.9 平方公里，其中核心区 115.7 平方公里，缓冲区 91.96 平方公里，实验区 141.2 平方公里，是天津市面积最大的“湿地自然保护区”。这片面积约占滨海新区面积 1/7 的湿地每年都是亚洲东部候鸟南北迁徙中的重要一站。目前，北大港湿地保护区内每年春秋两季迁徙鸟类数量可达到数十万只以上，各种鸟类达 140 余种，全部种类能够占到全国鸟类资源的 1/3。

——团泊鸟类自然保护区。即团泊洼水库，位于静海区城区东部，总面积为 61.5 平方公里。其中陆地面积为 9.5 平方公里，水库水域面积达 52 平方公里，是著名的鸟类自然保护区。区内芦苇、水草丛生，地热资源丰富，鸟类众多，各种鸟类多达 38 科 164 种，是联合国野生珍禽保护区之一，也是天津市 10 大旅游景区之一。近年来，已初步成为天津市现代农业种植、畜牧水产养殖、食品加工及旅游度假的基地。

——黄庄洼湿地。黄庄洼位于宝坻区东南部，域内河道纵横、林网交错、稻海渔歌、满目苍翠，水资源极为丰富。历史上，黄庄洼地区由于地势较低，经常遭受洪涝灾害。近年来，水利部门加强农田水利建设，提高土地蓄排能力，发展优质水稻田 10 万亩，成为天津市近年来面积最大的稻田湿地，是京津地区的水稻主产区，名副其实的“米粮仓”。依托稻田湿地，小辛码头村等一批旅游特色村逐步发展，形成了了凡文化、稻事文化、漕运文化、农耕文化等文化旅游主题，通过水稻产业带动旅游，再通过旅游带动水稻产业进一步提升。

（八）休闲农业生物资源

在天津市这块肥沃的土地上及其广阔的水域里，蕴藏着相当可观的生物资源。

1. 植物资源

天津市的植物资源主要分布情况如下：栽培农作物主要分布在适宜进行农耕的地区，如水稻主要分布在宁河、津南、宝坻等地；旱地作物如棉花、玉米、高粱、辣椒、土豆等，主要分布在武清、宝坻、西青、宁河、静海和蓟州的低山区域。果树主要分布在蓟州、宁河的部分乡镇、滨海新区汉沽地区境内等。苗圃类主要分布在市内六区和邻近的区如武清、宝坻等，蓟州也有部分苗圃分布。

除了栽培的农作物、果树和苗圃外，无论是山区或平原都蕴藏有大量的植物资源，药用植物为本市最为重要的植物资源之一，种类异常丰富，如桔梗科的党参、沙参、桔梗等，伞形科的柴胡、防风等，玄参科的地黄等，芸香科的黄檗、臭檀吴萸等，蔷薇科的地榆、龙牙草等。此外，还有百合科、天南星科、马兜铃科、禾本科的诸多著名药材植物。油料植物资源也较为丰富，如核桃、花椒、榛子、臭椿、蒺藜和苍耳等；淀粉植物有壳斗科栎属的几种植物、百合科的黄精、玉竹等，豆科的葛，薯蓣科的薯蓣等；纤维植物也较为丰富，如禾本科的多种植物，椴树、野亚麻、马蔺、罗布麻、大麻、苘麻、荆条等；香料植物有唇形科的几种植物，菊科蒿属的多种植物等；饲料植物主要是禾本科的野古草、白羊草、鹅观草和豆科的苜蓿、黄香草木樨等，壳斗科的槲树也可以作为柞蚕的食料。

2. 动物资源

天津市的野生动物在中国动物地理区划中属于古北界东北亚界华北区，动物区系组成具有明显的过渡性，以古北界华北型为主。拥有各类动物约 1180 种，包括陆栖、海生哺乳类动物、鸟类、两栖类、爬行类、鱼类、底栖动物、浮游动物等。从整体上看，天津市的动物资源分布呈现出山地丘陵地区多、沿海地区多、平原地区少的格局。由于人类活动的长期影响，野生动物资源受到严重的破坏，目前只能见到有限的种类，有些种属正濒临消失。

天津市滨海地区具有发展海洋捕捞和海水养殖的优越条件。据考察，渤海鱼产有 200 余种，附近海域有 68 种，主要有小黄鱼、梭鱼、鲈鱼、鲙鱼、带鱼、鲅鱼、黄姑、瓶子鱼（银鲳）、棘头鱼、青鱼等。对虾、海蟹、毛蚶、蛏和各种贝类等水产品也是天津海洋捕捞及海水养殖的主要产品。天津市陆地上的各种水域面积较为广阔，具有发展淡水养殖的良好基础，现有淡水鱼类 60 余种。

3. 自然景观类旅游资源

生物类旅游资源是自然景观旅游资源中最富特色的类型，它们是最富生命活力的自然景观旅游资源，以其自身生命节律周期性所表现出的变化多端的形态构成风景景观的实体，具有多种旅游功能，如观赏、狩猎、垂钓、美化、求知等，可以满足旅游者的多种旅游需求。天津市生物旅游资源按类型主要可划分为两类，一是自然保护区；二是城郊公园。其中，自然保护区是生物旅游资源的主要集中区域之一。天津市已建成 8 个自然保护区，其中，国家级 3 个，分别是天津市蓟县中上元古界国家自然保护区、天津古海岸与湿地国家级自然保护区、天津八仙山国家级自然保护区；市级 5 个，即天津市盘山风景名胜古迹自然保护区、天津市团泊鸟类自然保护区、天津市北大港湿地自然保护区、天津市大黄堡湿地自然保护区、天津市宝坻区青龙湾固沙林自然保护区。详见表 2–8。

表 2–8 天津市重点生物类旅游资源明细

类型	名称	所在地	内容
自然保护区	古海岸与湿地国家级自然保护区	津南等 4 个涉农区	涉及津南、东丽、宁河、滨海新区，总面积约 9.9 万公顷，是中国唯一的以贝壳堤、牡蛎礁珍稀古海岸遗迹和湿地自然环境及其生态系统为主要保护和管理对象的国家级海洋类型自然保护区
	中上元古界自然保护区	蓟州区	中国第一个国家级地质剖面自然保护区，展布于山峦重叠的燕山南脉，自黄崖关附近常山村向南延伸，至蓟州区城北府君山，长 20 余公里，面积 900 公顷，主要保护对象为中上元古界标准剖面
	八仙山自然保护区	蓟州区	总面积 1049 公顷，国家级自然保护区，主要用于保护天然次生落叶阔叶林，区内森林覆盖率 95% 以上，生物种类丰富，种群结构完整
	盘山风景名胜古迹自然保护区	蓟州区	市级自然保护区，主要保护对象为名胜古迹和森林生态系统。盘山风景区目前为国家重点风景名胜区、国家 5A 级旅游景区
	团泊洼鸟类自然保护区	静海区	市级自然保护区，总面积为 6040 公顷，保护对象为湿地珍禽、候鸟及水生野生动植物，保护区为各种鸟类的栖息繁衍提供了优越的自然条件
	北大港湿地自然保护区	滨海新区	天津市面积最大的“湿地自然保护区”，总面积 34887.13 公顷，区域内湿地生态系统保存完整，还有丰富的野生动物和植物资源，为生物多样性研究，生态保护教育，开展生态旅游和湿地国际合作提供场所
	大黄堡湿地自然保护区	武清区	面积 11200 公顷，主要保护对象为芦苇沼泽湿地生态系统及珍稀鸟类栖息地，区内环境优美，景色宜人，有鸟类 230 多种，植物约 400 种，是我国北方地区原始地貌保存最好的典型芦苇湿地
	青龙湾固沙林自然保护区	宝坻区	总面积 416 公顷，是以保护人工林和天然次生林为代表的固沙林及丰富的生物多样性以及典型的沙地生态系统为目的的自然保护区
城郊公园	九龙山国家森林公园	蓟州区	面积 2126 公顷，集古洞、幽林、奇峰、秀水为一体，是京东独具特色的森林旅游区，下辖九龙山、梨木台、黄花山 3 大景区
	七里海国家湿地公园	宁河区	区内河道纵横，洼地广布，沼泽遍地，芦苇丛生，百鸟云集，鱼美蟹肥，是天津古海岸与湿地国家级自然保护区，是华北地区生物物种多样的基因库，蕴藏着丰富的古地质遗迹
	港北森林公园	武清区	总面积 733 公顷，造林 533 公顷，是华北地区最大的人工森林公园，园内根据自然地段功能划分为 14 个风景区，是以森林环境为主体、集度假休闲为一体的生态旅游区
	杨柳青森林公园	西青区	占地近 200 公顷，园内森林成片，并设有垂钓区、烧烤区、采摘区等各类服务休闲设施，是人们休闲、观光的绝好场所

续表

类型	名称	所在地	内容
城郊公园	塘沽森林公园	滨海新区	面积 460 公顷，是滨海新区建设规模最大的生态绿化工程。园内共规划了9 个功能区，累计植树 100 多万株，形成了多样性植物共生共存的景观
	热带植物观光园	西青区	目前亚洲室内建筑面积最大的热带植物观光园，拥有国内外 3000 余种各式各样的热带植物。2004 年被原国家旅游局授予国家 4A 级旅游景区，国家级科普教育基地
	官港生态游乐园	津南区、滨海新区	前身为天津官港森林公园，总面积 2285 公顷，园区定位为环渤海地区国际旅游度假中心，以休闲娱乐、旅游观光、会议商务、旅游地产等为主要内容的生态景区
	大港湿地公园	滨海新区	占地面积 310 万平方米，分为南部防护林带、中部湿地型绿地、北部滨河风景带，宛如一道绿色长城，古典建筑群、水景和绿化相得益彰，为市民休闲、游憩、健身的好去处
	城市郊野公园	各涉农区	位于城市郊区，风景优美，以自然景观和乡村景观为主体，生态系统结构稳定，可供周边城镇居民开展户外活动、生态旅游观光、休闲娱乐、科普教育、农业生产等活动的郊野公园，主要包括武清郊野公园、北辰郊野公园、西青郊野公园、津南郊野公园等

资料来源：根据网络公开报道资料整理编辑。

天津市地处华北平原东北部，东临渤海，北依燕山，依山傍海、平原广阔、河流与湿地纵横交错，复杂多样的地理环境使天津市的旅游资源丰富多彩而特色鲜明。盘山、九山顶、八仙山、黄崖关、中上元古界标准地层剖面和地质遗迹，与海河及其下游平原、七里海古海岸与湿地保护区、滨海旅游区均在这里巧妙融汇，构成奇异的自然景观。渔盐之利、舟楫之便造就的 600 多年建城历史和襟河枕海的地域优势，促成了近百年的历史发展缩影，留下了大量珍贵的人文资源，为天津市旅游开发奠定了深厚的资源基础。

综上所述，自然地理环境的复杂多样和依山傍海、平原广阔、河流湿地纵横交错的自然景观，以及独特的历史文化，使天津市旅游资源丰富而多彩。这些自然资源、生态环境和旅游景观资源的综合开发利用，为天津市休闲农业和乡村旅游的发展提供了重要的自然资源保障和生态景观背景。

二、休闲农业生产资源调查分析

（一）特色农产品资源

1. 天津地理标志农产品资源

地理标志农产品是休闲农业的重要基础资源，也是满足消费需求、提升知名度和美誉度的主要体现。目前，天津已经形成众多具有地域特色的地理标志农产品资源。详见表 2-9。

表 2-9　天津市地理标志农产品名录

序号	区镇	产品名	注册商标	规模
一	**西青区**			
1	辛口镇	青萝卜	沙窝萝卜	面积 5000 亩
二	**北辰区**			
1	双口镇	大枣	徐堡大枣	面积 1500 亩
三	**武清区**			
1	大良镇	青萝卜	田水铺萝卜	面积 3500 亩
2	东马圈镇	打瓜	西马房打瓜	面积 600 亩
3	白古屯镇	豆腐丝	东马坊豆腐丝	
4	大黄堡镇	野生鲤鱼	大黄堡淡水鱼	面积 3.3 万亩
5	大黄堡镇	野生草鱼	大黄堡淡水鱼	面积 3.4 万亩
6	大黄堡镇	野生鲢鱼	大黄堡淡水鱼	面积 3.5 万亩
7	大黄堡镇	野生鲫鱼	大黄堡淡水鱼	面积 3.6 万亩
8	大黄堡镇	野生虾	大黄堡淡水虾	面积 3.7 万亩
9	大黄堡镇	野生河蟹	大黄堡河蟹	面积 3.8 万亩
四	**静海区**			
1	西翟庄镇、唐官屯镇、中旺镇等 11 镇	小枣	静海金丝小枣	面积 8.8 万亩
2	台头镇、独流镇、梁头镇、大王口镇、良王庄乡 5 个乡镇	西瓜	弘历福西瓜	面积 1.5 万亩
五	**蓟州区**			
1	北部山区	板栗	天津板栗	面积 3 万亩
2	北部山区	磨盘柿	盘山磨盘柿	面积 6.9 万亩
3	孙各庄、下营镇 2 个乡镇	核桃	黄花山核桃	面积 1 万亩
4	别山镇	桑葚	红花峪桑葚	面积 1500 亩
5	桑梓镇	西瓜	桑梓西瓜	面积近万亩
6	于桥水库	野生鲤鱼	州河鲤	面积 10 万亩
六	**滨海新区**			
1	茶淀街茶东村、茶西村在内的 3 个乡镇（街道）33 个行政村	玫瑰香葡萄	茶淀玫瑰香葡萄	面积 4 万亩

续表

序号	区镇	产品名	注册商标	规模
2	大港中塘、小王庄、太平镇	冬枣	崔庄冬枣	面积 5.3 万亩
3	杨家泊镇	对虾	杨家泊对虾	面积 6600 亩
七	宝坻区			
1	王卜庄镇、大钟镇、林亭口镇	五叶齐大葱	宝坻大葱	面积 6 万亩
2	林亭口、大钟镇	大蒜	宝坻大蒜	面积 5000 亩
3	王卜庄镇	辣椒	宝坻天鹰椒	面积 3.5 万亩
4	八门城镇、林亭口镇	黄板泥鳅	宝坻黄板泥鳅	面积 8000 亩
5	大唐庄镇	野生鲫鱼	潮白河鲫鱼	潮白河流域
6	八门城镇、林亭口镇	大米	黄庄大米	面积 25 万亩
八	宁河区			
1	七里海周边 5 个镇	河蟹	七里海河蟹	面积 1.5 万亩
九	津南区			
1	葛沽、小站、八里台、北闸口	水稻	津沽牌、日思牌小站稻	面积 3.1 万亩

资料来源：根据中国特产网地理标志产品天津地标产品整理。

2. 天津涉农区特色优势农产品资源

天津市各涉农区特色优势农产品资源潜力和分布状况对区域休闲农业特色化、差异化发展产生了重要影响。各涉农区主要特色农产品资源见表 2–10~ 表 2–19。

（1）西青区特色农产品资源

表 2–10　西青区主要特色农产品资源

序号	名称	产地及规模	品牌商标	经营主体
一	水果			
1	葡萄	西青区张家窝镇，650 亩，连栋大棚 97000 平方米，21 个新品种葡萄	毕先生	九百禾设施葡萄种植园
2	冬枣	西青区张家窝镇，5000 亩，年产量达上千吨	百维	天津市百维现代农业技术开发有限公司
3	早酥梨	杨柳青镇大柳滩村，面积 5000 亩，年产 1000 万千克	大柳滩	大柳滩村委会
二	蔬菜			
1	卫青萝卜	辛口镇大沙窝、小沙窝村，面积 5000 亩，年产量 2000 万千克，年销售 6000 万元	SHAWOSHUGUANG，地理标志产品	辛口镇组织成立了天津市西青区辛口镇沙窝萝卜产销协会，现有曙光等数十家沙窝萝卜合作社

续表

序号	名称	产地及规模	品牌商标	经营主体
2	冬瓜	辛口镇毕家村，面积达 700 亩，年产冬瓜 630 万千克，总收入 965 万元	沁美	天津市西青区顺子蔬菜专业合作社，社员 167 人
3	西红柿	辛口镇水高庄，面积5000亩，年产西红柿 5000 千克，年销售收入 7000 万	淀绿	天津市东淀都市型现代农业核心区有限公司，天津市淀绿蔬菜专业合作社
4	食用菌	张家窝镇、大寺镇，闽中双孢菇栽培车间 47000 平方米，年产蘑菇 7140 吨。凯润食用菌大棚 10 万平方米	闽中、金三农	天津市闽中生态农业开发有限公司，天津凯润农畜产品产业集团公司
5	脱毒种薯	张家窝镇农业产业园区，500 亩，年产马铃薯脱毒试管苗 1000 万株，脱毒微型种薯 8000 万粒，脱毒马铃薯原种 2 万余吨	天兴佳业	天津市天兴佳业科技有限公司
三	**花卉**			
1	花卉	中北镇曹庄村、李七庄街，曹庄花卉市场面积 6 万平方米和梨园花卉市场总建筑面积 2.1 万平方米	曹庄、梨园	天津市西青区梨园花卉市场有限公司
四	**水产**			
1	观赏鱼	精武镇，养殖池塘近 1000 亩，养殖设施 3.6 万平方米，传统品种包括锦鲤、红草、鹦鹉、罗汉、金鱼等 30 余种	精武	精武集团、隆鑫发畜禽养殖合作社
五	**畜禽**			
1	生猪	杨柳青镇，2160 亩，年产种猪 3000 头，商品猪 7000 头，特色香猪 3200 头	益利来	天津市益利来养殖有限公司
2	香猪	精武镇小南河村南	津沽精武	天津市经武肉类食品有限公司
六	**蜂产品**			
1	蜜蜂养殖	张家窝镇房甸路 98–1 号	蜜老头	天津市蜜老头养蜂专业合作社
2	蜂产品	张家窝镇农业产业园房甸路	正达	天津市正达蜂业有限公司

资料来源：根据西青区调研资料以及中国特产网地理标志产品天津地标产品整理。

(2)东丽区特色农产品资源

表 2-11　东丽区主要特色农产品资源

序号	名称	产地及规模	品牌商标	经营主体(合作社、企业)
一	花卉			
1	盆栽花卉	大顺国际花卉(2000 亩)	大顺 Dashine	天津大顺园林集团有限公司
2	蝴蝶兰	华泰农业园区(500 亩)	华泰蝴蝶兰	天津市华泰现代农业开发有限公司
二	水产			
1	宽达水产	东丽湖度假区宽达生态农业科技园区(600 亩)	宽达水产	天津市宽达水产食品有限公司

资料来源:根据东丽区调研资料以及中国特产网地理标志产品天津地标产品整理。

(3)津南区特色农产品资源

表 2-12　津南区主要特色农产品资源

序号	名称	产地及规模	品牌商标	经营主体(合作社、企业)
一	粮食			
1	小站稻	小站镇、北闸口镇(3.1 万亩)	小站稻,地理标志产品	天津龙溪农业种植专业合作社、天津安平顺达粮食种植专业合作社、天津市小站稻开发公司
2	葛沽稻	葛沽镇(1600 亩)	葛沽稻	天津跃进农业种植专业合作社
二	蔬菜			
1	葛沽萝卜	葛沽镇(1340 亩)	葛沽萝卜	天津跃进农业种植专业合作社

资料来源:根据津南区调研资料以及中国特产网地理标志产品天津地标产品整理。

(4)北辰区特色农产品资源

表 2-13　北辰区主要特色农产品资源

序号	名称	产地及规模	品牌商标	经营主体
一	水果			
1	大枣	双口镇徐堡村,种植面积 1500 亩,社员 128 人,带动农户 500 余户	徐堡牌,地理标志产品	天津市徐堡枣种植专业合作社
2	巨峰葡萄	双口镇,线河一村、线河二村,种植面积 2000 亩		线河一村、线河二村村集体

续表

序号	名称	产地及规模	品牌商标	经营主体
二	**蔬菜**			
1	青萝卜	东堤头村，1000 亩设施大棚	东堤头	东堤头村村集体
2	山药	双口镇岔房子村，种植面积 1800 亩	岔房子	岔房子农产品保鲜专业合作
三	**畜禽**			
1	奶牛	双口镇立新园林场内，占地 700 亩，年出售良种商品奶牛 800 头，年产优质牛奶 1.4 万吨，淘汰牛 240 头，有机肥 5000 吨	梦得	梦得牧业发展有限公司

资料来源：根据北辰区调研资料以及中国特产网地理标志产品天津地标产品整理。

（5）宁河区特色农产品资源

表 2-14　宁河区主要特色农产品资源

序号	名称	产地及规模	品牌商标	经营主体（合作社、企业）
一	**蔬菜**			
1	西红柿	廉庄镇杨拨村	骄杨西红柿	天津市联星蔬菜种植专业合作社
2	西红柿	岳龙镇小闫庄村	龙闫西红柿	天津福兴、兴远蔬菜种植产业合作社、天津宁河兴达、天津宁河奥实蔬菜种植产业合作社
3	西红柿	板桥镇赵学村	赵学西红柿	赵学村众富蔬菜种植合作社
二	**水果**			
1	西瓜	东棘坨镇艾林村	志田西瓜	天津市宁河县润田蔬菜种植专业合作社
三	**食用菌**			
1	双孢菇	廉庄镇岳道口村	岳道口双孢菇	天津市兴岳食用菌种植专业合作社
2	凤尾菇	潘庄镇齐心村	齐心	天津市齐心菌类种植有限公司
四	**水产**			
1	七里海河蟹	七里海周边等 5 个乡镇（1.5 万亩）	七里海河蟹，地理标志产品	蟹源水产养殖有限公司
2	黄金鲫	大北涧沽镇、芦台、东棘坨（1300 亩）	黄金鲫	宁河换新水产良种场

资料来源：根据宁河区调研资料以及中国特产网地理标志产品天津地标产品整理。

（6）静海区特色农产品资源

表 2–15　静海区主要特色农产品资源

序号	名称	产地及规模	品牌商标	经营主体
一	水果			
1	台头西瓜	台头镇、独流镇、梁头镇、王口镇、良王庄乡等5个乡镇。台头镇西瓜种植规模达到1.5万亩，主要涉及麒麟、双星、京欣等六大类十多个品种。	弘历福，地理标志产品	五合顺西瓜种植专业合作社等5家
2	金丝小枣	西翟庄镇、唐官屯镇、中旺镇、陈官屯镇、蔡公庄镇、大丰堆镇、梁头镇、王口镇、静海镇、双塘镇、独流镇。种植面积达8.8万亩，枣树728.9万株，年产量达6727吨。	西翟庄，地理标志产品	西翟庄小枣协会4家合作社
二	果蔬、花卉			
1	西红柿	西翟庄镇中翟庄村村北200米，面积300亩。	禾鑫晟	天津市禾晟蔬菜种植专业合作社
2	西红柿	大丰堆镇齐小王村东南500米处，	易丰源	天津市易丰源谷物种植专业合作社
3	富硒蛋	团泊洼生活基地	凤铭园	天津五谷香农业发展有限公司
4	蔬菜、水果、花卉	S6津沧高速辅路附	盛福源	天津盛福源有机农业发展有限公司
5	黄瓜	大邱庄镇三间房村村委会南500米	垚情	天津市生宝谷物种植农民专业合作社
6	蔬菜、水果	大邱庄镇陈大公路南300米	渤美	津美蔬菜种植专业合作社
三	畜禽			
1	生猪	大邱庄镇三间房村	生宝	天津市生宝种猪繁育有限公司

资料来源：根据静海区调研资料以及中国特产网地理标志产品天津地标产品整理。

（7）宝坻区特色农产品资源

表 2–16　宝坻区主要特色农产品资源

序号	名称	产地及规模	品牌商标	经营主体（合作社、企业）
一	粮食			
1	黄庄大米	八门城镇、林亭口镇（25万亩）	“八门城” “津宝欢喜”	天津市宝坻区黄庄生态米业协会 天津黄庄洼米业有限公司 清水思源合作社

续表

序号	名称	产地及规模	品牌商标	经营主体（合作社、企业）
二	蔬菜			
1	宝坻大蒜	林亭口、大钟庄、大口屯、八门城镇等	一兰梓（普通商标）、林亭口，地理标志产品	天津市百姓一兰梓农作物种植专业合作社 天津一久一六科技发展有限公司
2	牛道口山药	牛道口镇（1000 亩）	牛道口山药	天津贾良庄山药种植专业合作社
3	庞湾萝卜	大口屯镇庞家湾村	庞湾歪把青（集体商标）	天津市宝坻区庞湾果蔬产销专业合作社
4	宝坻大葱	王卜庄镇、大钟镇、林亭口镇（6 万亩）	地理标志产品	天津市宝坻区种植业发展服务中心 天津市宝坻区高明蔬菜种植专业合作社
5	宝坻天鹰椒	王卜庄镇（3.5 万亩）	天鹰、学雨，地理标志产品	天津市宝坻区种植业发展服务中心 天津市宝坻区高明蔬菜种植专业合作社
6	西红柿	方家庄北马营村（300 亩）	绿野西红柿	天津市宝坻区绿野蔬菜产销合作社
三	水果			
1	西瓜	大钟西瓜	志田西瓜	润田蔬菜种植专业合作社
四	养殖水产			
1	宝坻黄板泥鳅	八门城镇、林亭口镇（2000 亩）	宝坻黄板泥鳅，地理标志产品	天津市宝坻区泥鳅养殖业协会 天津鸿腾水产科技有限公司
2	潮白河鲫鱼	大唐庄镇	潮白河鲫鱼，地理标志产品	宝坻区大唐庄镇水产养殖业协会
3	黄庄洼河蟹	八门城、林亭口镇（6000 亩）	黄庄洼河蟹	八门城镇清水思源农业合作社
4	宝坻宽体金线蛭	八门城镇、林亭口镇（2000 亩）	宝坻宽体金线蛭，地理标志产品	天津市宝坻区泥鳅养殖业协会 天津鸿腾水产科技有限公司
5	宝坻土猪	宝坻区新开口镇（2000 亩）	天蓬土猪肉	天津市宝坻区越亿土猪养殖有限公司

资料来源：根据宝坻区调研资料以及中国特产网地理标志产品天津地标产品整理。

（8）蓟州区特色农产品资源

表 2–17　蓟州区主要特色农产品资源

序号	名称	产地及规模	品牌商标	经营主体
一	干鲜果			
1	黄花山核桃	孙各庄满族自治乡、下营镇 2 个乡镇，种植面积 1 万亩，年产量 1500 吨	黄花山核桃，地理标志产品	蓟州区人民政府

续表

序号	名称	产地及规模	品牌商标	经营主体
2	盘山磨盘柿	盘山山区，面积6.9万亩，年产量近3万吨	盘山磨盘柿，地理标志产品	蓟州区人民政府
3	天津板栗	长城沿线、盘山山区为最多，面积3万亩，年产量5000吨	天津板栗，地理标志产品	蓟州区人民政府
4	桑梓西瓜	桑梓、马坊、河村、红旗庄、金水屯一带，近万亩	桑梓西瓜，地理标志产品	天津市蓟县农业蔬菜技术服务站
5	甘栗仁	西龙虎峪镇燕各庄村	燕都	天津燕都甘栗食品有限公司
6	蓝莓	马伸桥镇，面积4000亩，年产蓝莓150万千克	地之蓝	天津市恒丰蓝莓种植专业合作社
7	红花峪桑葚	于桥水库南岸别山镇东西史各庄界内，栽植面积1500亩，年产量600多吨	红花峪桑葚，地理标志产品	天津市蓟县红花峪桑葚种植专业合作社、天津红花峪农业科技有限公司
8	有机苹果	别山镇东侧	鑫鸿通	天津市鸿通果品种植专业合作社
二	**蔬菜**			
1	果蔬	东施古镇咀吧庄仓桑路南侧，面积375亩	一见如故	天津市蓟县绿普生蔬菜种植有限公司
2	绿色食品	京津州河科技产业园蓟运河大街32号	蓟州农品	天津蓟州绿色食品集团有限公司
3	白灵菇	出头岭中峪村，种植食用菌3300亩，种植社员1068户，年产鲜菇14000吨	中亿白灵	天津市蓟县中亿建良食用菌种植专业合作社
4	糖醋蒜	官庄镇肘各庄村西30米	蓟州八姐	天津维康健达农业科技发展有限公司
5	农副产品	上仓镇花窝村西1500米	那年头	天津那年头农业科技发展有限公司
三	**畜禽**			
1	鹊山鸡	下营镇东山村，3000余亩，养殖规模达到5万只	花人羽	天津东山鹊山鸡养殖专业合作社
四	**药材**			
1	北虫草	上仓镇，351亩，年产北虫草子实体60万千克	中滨蛹虫草	天津市东方中滨农业科技有限公司
五	**水产**			
1	州河鲤	于桥水库，面积10万亩，1500吨	州河鲤，地理标志产品	天津市水产业发展服务中心

资料来源：根据蓟州区调研资料以及中国特产网地理标志产品天津地标产品整理。

（9）武清区特色农产品资源

表 2-18　武清区主要特色农产品资源

序号	名称	产地及规模	商标及品牌	经营主体
一	粮食			
1	黑白薯、黑花生、黑绿豆	城关镇	小佳元	天津小佳元薯业专业合作社
2	紫薯，黑（紫）系列产品	汉沽港镇西肖庄，面积 3750 亩，主要种植黑薯、黑花生、黑土豆、黑糯玉米、黑小米等	学清公社	天津市学清农产品专业合作社
3	鲜食玉米	陈咀镇，普通系列、糯系列、甜系列、甜糯系列四大系列 30 多个品种，面积达到 3 万亩	陈咀	天津市兴顺青玉米种植专业合作社
二	果蔬			
1	青萝卜	大良镇田水铺村，面积 3500 亩	田水铺、小兔拔拔，地理标志产品	大良镇田水铺村村委会
2	西红柿 1	大良镇后赶庄村，面积 500 亩	大良后赶庄	创园蔬菜专业合作社
3	西红柿 2	黄花店镇包营村、甄营村，面积 1 万亩	黄花店	天津市武清区黄花店镇月牙河蔬菜种植基地
4	西红柿 3	河北屯镇肖赶庄村，1000 亩	农情缘	天津市农情缘农业科技发展有限公司
5	蔬菜、水果、大豆等产品	大孟庄镇后幼庄村，种植面积 15000 亩	黑马	天津市黑马农产品销售专业合作社联合社、天津市黑马工贸有限公司
6	莴笋、芹菜、香菜、黄瓜	下伍旗镇齐庄村，面积 2000 亩	品源	天津品源农产品有限公司
7	彩椒、生菜、西红柿	河北屯镇艾家庄村，种植面积 1000 亩	君健	天津市绿春源农业技术开发有限公司、天津市君健蔬菜专业合作社
8	打瓜	东马圈镇，面积 600 亩	西马房，地理标志产品	天津市武清区东马圈镇打瓜协会
9	西瓜	高村镇，面积 1 万亩，年产量达 3000 多万千克	高村	高村镇政府
10	荷兰豆	高村镇中汉村，种植面积超过 750 亩	中汉	天津市武清区中汉瓜菜专业合作社、丰农瓜菜专业合作社
11	食用菌液体菌种	汉沽港镇葛马线	香艳	天津市俊华食用菌种植专业合作社

续表

序号	名称	产地及规模	商标及品牌	经营主体
三	水果			
1	葡萄	梅厂镇灰锅口村金锅生态园	曙春	天津市曙春蔬果专业合作社
2	豆腐丝	白古屯镇东马坊村	东马坊，地理标志产品	天津凯耀科技发展有限公司
四	畜禽			
1	生猪	城关镇五里店村	益捷	天津市武清区益捷养猪有限公司
2	白条鸡	大孟庄镇小孟庄村	绿翅	天津市绿翅工贸有限公司
五	水产			
1	淡水鱼虾蟹	大黄堡水产养殖面积3.3万亩，鲤鱼、草鱼、鲢鱼、虾、河蟹、鲫鱼	大黄堡，地理标志产品	天津市武清区大黄堡水产养殖协会

资料来源：根据武清区调研资料以及中国特产网地理标志产品天津地标产品整理。

（10）滨海新区特色农产品资源

表2–19　滨海新区主要特色农产品资源

序号	名称	产地及规模	商标及品牌	经营主体
一	水果			
1	葡萄	茶淀镇、汉沽街、杨家泊（2.46万亩）	茶淀玫瑰香葡萄	茶淀葡萄科技园
2	冬枣	大港中塘、小王庄、太平镇（5.3万亩）	皇家枣园、大港冬枣	皇家枣园、四季田园
二	食用菌			
1	茶树菇	马圈村	津典、胜世佳肴、大港马圈	宏盛源食用菌科技发展有限公司
2	白灵菇	大港小王庄镇（2092亩）	和顺福	天津市绿色坐标生态科技有限公司
3	蔬菜	汉沽街大马杓沽村	滨润永丰	天津滨海新区永丰蔬菜合作社
三	水产			
1	杨家泊对虾	汉沽杨家泊（6600亩）	天海源	天津乾海源水产养殖有限公司
2	滨海海珍品	100万平方米	海发、立达	新区海发、诺恩、立达、兴盛等公司
四	花卉			
1	蝴蝶兰	蝴蝶兰	龙达蝴蝶兰	天津滨城天龙农业科技有限公司

资料来源：根据滨海新区调研资料以及中国特产网地理标志产品天津地标产品整理。

（二）农业基础设施资源

休闲农业基础设施包括交通、水利、农村电力和农村能源、农业产业、农村市场、环境生态设施、文教卫建设、广播电视建设以及村级组织基础设施建设等内容，见表2-20。休闲农业资源开发过程中，需要充分考虑并利用这类资源，融入周边基础设施建设网络，避免重复和单独建设，与农业、农村的基础设施资源共生发展。

表 2-20　农业生产资源基础设施

序号	类型	内容
1	交通	主要有村庄内的道路硬化（水泥路），通村道路的建设，多数建为三级、四级公路
2	水利	主要有农田灌溉水利建设，地头水柜建设，蓄水池，水库大坝及河道防洪堤等
3	农村电力和农村能源	主要有农村沼气池建设和农村电网改造等
4	农业产业和农村市场	主要有各种农业产业基地（各种瓜果蔬菜、牲畜生产基地）玻璃温室、塑料大棚、鱼塘，各乡镇的农贸市场建设，农村电商中心
5	环境生态设施	主要有农业防护林、村内的垃圾处理设施、污水处理中心等
6	文教卫建设	村庄文化阅览室、体育运动场所（篮球场、乒乓球台、健身器械等）、卫生建设主要有乡村卫生院、卫生室的建设，教育建设主要是为乡村小学建设教学楼和宿舍楼等
7	广播电视建设	主要是农村广播电视村村通的建设
8	村级组织基础设施建设	主要指乡镇里各村的办公楼建设，以及农事村办服务点的建设

（三）要素资源

党的十九大报告从全局和战略高度，明确提出“产业兴旺、生态宜居、乡风文明、治理有效、生活富裕”的乡村振兴战略，加快推进农业农村现代化，全面实现农业强、农村美、农民富，是决胜全面建成小康社会的重中之重，也是实现中华民族伟大复兴和全面建设社会主义现代化国家的一项基础性工程。实现农业农村现代化，就是要引导和促进更多的技术、资金和人才等关键要素，由城市向乡村地区不断流动。关键要素的持续转移，将激励农业农村迅速发展，紧紧围绕促进产业发展、提升农村生态环境，形成现代化农业产业体系，促进农村一二三产业融合发展，提升农民生活水平和收入水平，保持农业农村发展的旺盛活力。

1. 技术要素

科技创新能力是产业实力的最关键体现，技术变革促进生产力不断提升，焕发产业新动能、孕育产业新业态、引领产业新发展，科技创新和技术升级已成为推动经济社会发展的强大动力。农业农村农民问题是关系国计民生的根本性问题，没有农业农村现代化，就没有整个国家现代化，农业农村的持续发展离不开科技支撑。创新驱动是实现农业农村现代化的重要保障，是推动乡村产业振兴、提高产业链价值链的主要推动力。农业科技成果通过技术转化，能够直接推动农业升级、焕发农村活力，成为农业农村现代化的催化剂、加速器和放大器，真正地服务于“三农”发展。

（1）农业科技

相关统计显示，我国每年有6000多项农业科技成果面世，但农业科技成果的转化率仅占30%左右，实际产生的经济效益较少，而世界发达国家的农业科技成果转化率平均为70%~90%，相比之下还有很大差距。近年来，为推进农业产业化建设，天津市采取了一系列提高科技成果转化与推广成效的措施，如实施农业科技成果转化与推广、建设基层农技推广体系、创新信息网络服务体系、开展职业农民教育培训等，在良种培育、设施农业、农业技术推广网络、培育科技示范等方面取得了良好的成绩，尤其是蔬菜、水稻、黄瓜、奶牛、水产、生猪养殖等方面的科技成果位于全国领先水平。

据不完全统计，天津市在“十二五”期间登记的农业科技成果数有443个，详细情况见表2-21。在所有科技成果中，种植新技术、保鲜与加工领域的科技成果数量最多，其总数占到成果总数的32%；其次分别为畜牧兽医、育种技术、水产养殖和作物新品种，成果数均在50%~59%；农业信息技术、农村生态环境治理、农产品质量安全、农业微生物、盐碱地改良等方面的研究，在“十二五”期间属于新兴研究领域，科技成果不多。尤其是在质量兴农、绿色兴农、融合发展、创新发展等方面还存在着诸多技术瓶颈。质量兴农、绿色兴农是乡村振兴战略的核心，促进农村一二三产业融合发展是新时代做好“三农”工作的重要任务，改革创新是壮大乡村发展的新动能，天津市未来的农业科技发展方向重点是向质量兴农、绿色兴农、品牌强农、产业融合等方面延伸。

表2-21 “十二五”期间天津市农业科技成果数量

技术领域	2011年	2012年	2013年	2014年	2015年	合计
种植新技术	20	12	8	18	15	73
保鲜与加工	25	12	9	13	10	69
畜牧兽医	9	16	10	9	15	59
育种技术	12	6	9	12	15	54
水产养殖	13	9	11	8	11	52
作物新品种	14	13	10	5	8	50
农业信息技术	4	4	1	7	5	21
农村生态环境治理	2	1	3	13	2	21
农产品质量安全	1	1	6	1	7	16

续表

技术领域	2011 年	2012 年	2013 年	2014 年	2015 年	合计
农业微生物	4	4	2	2	3	15
盐碱地改良	3	2	1	2	1	9
其他（农机等）	3	0	0	1	0	4
合计	110	80	70	91	92	443

对于休闲农业而言，必须以有特色的农业产业作为依托。在北方季节因素和天津市现代都市型农业不断升级的大背景下，天津市的休闲农业多以设施种植业为依托，其设施种植业的优势与否，直接关系到整个项目盈利以及可持续发展。因此，天津市拥有较好的种植业基础，设施化、园区化、标准化种植发展时间长，尤其是在设施基础上的特色种植取得了显著成效。种植业集成技术水平明显领先保鲜与加工、畜牧兽医、现代种业等其他领域。种植业中，作物育种优势突出，科技成果明显多于作物栽培、营养施肥与植保技术研究。"十二五"期间，通过天津市审定或登记的农作物品种共有 350 个，其中，蔬菜作物 252 个，占到了总数的 72.0%，详见表 2–22。蔬菜育种领域具有明显的学科优势，取得了大量科技成果，其中天津市黄瓜研究所培育的 42 个黄瓜品种，成果转化率达 100%。如津研、津优系列等，品种适应性极强，在全国广为推广，全国 80% 以上的黄瓜品种来自天津。

表 2–22 "十二五"期间天津市审定和登记的农作物品种

作物品种	2011 年	2012 年	2013 年	2014 年	2015 年	合计
蔬菜	42	32	32	80	66	252
玉米	9	4	10	10	0	33
西甜瓜	12	0	2	2	12	28
经济作物	6	4	2	2	1	15
水稻	2	3	2	3	1	11
小麦	0	1	1	4	4	10
其他	0	0	0	1	0	1
合计	71	44	49	102	84	350

（2）信息技术

随着科技的进步，信息技术在社会生活中的作用越来越重要，同时给休闲农业和乡村旅游开发带来了深刻的影响。互联网科技飞速发展，许多产业进入新业态爆发的迭代升级时代。依托于互联网工具，借助电子商务网站等线上平台，构建多元宣传推介渠道，确保宣传效果最大化，提供实时预订、信息搜索等功能服务，满足消费者在线购买和线下消费的多重需求。同时，成熟的互联网环境有利于休闲农业经营主体进行市场推广和内部管理提升等服务，既能方便消费者寻找休闲场所，也能弥补休闲农业经营主体缺乏推广能力、宣传平台和客源的不足。

2. 人才要素

乡村与城市在公共服务和文化生活等方面的差距，致使农村内部人才流失、农业产业日益凋敝、人口“空心化”严重，难以吸引并留住优秀人才，在很大程度上制约了乡村振兴，尤其对于休闲农业，在经营与管理方面普遍存在经验缺乏、从业人员服务素质低下等问题。为构建人才活力激发的新格局，天津市高度关注土专家、田秀才等乡土带头人才的挖掘，重视新型职业农民的培育培训，强调从业人员的交流合作，从人才挖掘、人才培养和人才交流等方面，孵化本土人才，为人才更好地在乡村发挥技能、带动产业、引领致富铺路架桥。2016 年 11 月，国务院办公厅发布《国务院办公厅关于支持返乡下乡人员创业创新促进农村一二三产业融合发展的意见》，进一步细化和完善扶持政策措施，鼓励和支持返乡下乡人员创业创新。根据监测数据显示，目前，全国返乡下乡创业创新人员达 780 万人，广泛涵盖加工流通、休闲旅游、电子商务等农村一二三产业融合领域，为农业发展注入新要素，为农村繁荣注入新动能，为农民增收开辟新渠道，为城乡融合发展增添新途径，已经成为新时代促进乡村振兴的生力军。

（1）人群分析

第一类人群：房地产及其关联产业商、矿产老板和实业制造商。在面临房地产下行压力、国家对能源的控制、新技术和高科技门槛太高，他们不约而同地选择了农业这个资本洼地，开始投资农业，图谋转型。

第二类人群：资本市场，VC、PE、基金和机构。它们看重的是农业经济长远升值的潜力，而且农业题材在政策和金融上也有短期运作空间，大宗交易、农产品期货、农业设施租赁、企业并购重组和上市融资的运作规则已经建立。

第三类人群：返乡创业的农民。这些人带着资金、经验、资源和成功的光环回来接手同村人大片抛荒的土地，搞起家庭农场，自己当家做主。

第四类人群：有“传统乡村情怀”的艺术家、建筑师、规划师等群体甚至还有在华生活的“老外”，他们拥有较高的文化素养，是支持休闲农业产业发展的智库力量。

（2）人才挖掘

随着市场经济的发展和城市化进程的加快，大批农民外出打工，农村大量青壮年劳动力和人才生力军外流，而留守农村的多是妇女、儿童和老年人，乡村人力资本严重短缺，不仅各类管理人才、经营人才、专业技术人才缺乏，甚至连种田能手和青壮年劳动力都缺乏。2016 年末全国农村实用人才总量已接近 1900 万，但占乡村就业人员总数的比例还不足 5%。新型职业农民总量不足，年轻后备力量缺乏，文化程度普遍偏低。“招人难、留人更难”的情况还较为突出，人才状况不能满足现代休闲农业产业发展的需要。因此，推动休闲农业产业发展的一个重要着力点，就是要加快培育与休闲农业产业发展内在要求相适应的各种人才。

以蓟州区为例，蓟州区科协积极整合挖掘更接地气、更了解当地实际的“乡贤”

“田秀才”等实用人才，给他们搭建平台，从政策、项目、资金多方面进行扶持，效果良好，创出了一条乡村振兴的人才新路。通过成立基层科协，用专项经费预算安排制度，让他们在学术研究、项目申请、业务提升活动等方面有保障，每年定期组织外出考察，学习取经，拓展视野。同时，以农校为阵地，邀请市级专家前来做讲座，聘请当地“乡贤”“田秀才”定期给农民提供技术培训。这些举措取得了非常显著的成果：穿芳峪镇草莓采摘园依托当地多名“乡贤”“田秀才”的支持，草莓内在质量和口感大幅提高，经济效益大幅提高，并成为当地亲子体验、休闲采摘的旅游示范点；罗庄子镇红香酥梨产业在镇党委、政府和“乡贤”“田秀才”的共同带动下，2018 年全镇红香酥梨种植面积达到 8000 亩，总产量达到 150 万千克，总产值达到 1200 万元，在此基础上全镇建成采摘园 26 个，组织开展丰富多彩的文化活动，每年吸引各地游客 3 万多人次，采摘收入近 300 万元。

（3）人才培训

大力培育新型职业农民，是深化农村改革、增强农村发展活力的重大举措，也是发展现代农业、保障重要农产品有效供给的关键环节。推进农民职业化，开展职业农民培训，将新型职业农民分为生产经营型、专业技能型和社会服务型三种类型，通过明确新型农民的职业定位，培养“有文化、懂技术、会经营”的高素质的新型农民，促进劳动力资源在更大范围内的优化配置，是新农村建设的重要基础，是统筹城乡经济社会发展的必然要求，也是增加农民收入的重要途径。

2017 年，天津市农委制定了《市农委关于促进休闲农业加快发展的指导意见》，强调：广泛开展从业人员技能培训，丰富农业技术、旅游服务、接待礼仪、乡村文化等知识，提高相关技能。大力开展创业创新培训，积极组织具备条件、有从业意愿的农户和经营者，从基础理论、政策支撑、资源特色、经营管理、典型经验和创业培养等方面开展专项培训，培养一批示范带动作用明显的休闲农业创业致富带头人。为进一步推进天津市休闲农业和乡村旅游快速发展，提高经营者的综合素质和管理水平，强化服务者的服务礼仪和从业技能，按照市农委、市财政局关于下达的天津市农民教育培训计划的要求，2014~2018 年，天津市休闲农业协会举办了 10 期休闲农业从业人员培训班，包括面向管理人员的高级研修班、面向基层工作人员的服务技能培训班，培训人次达 1200 余人次。

为贯彻落实市农委、市财政局下达的关于天津市农民教育培训计划的通知和部署，2018 年，天津市休闲农业协会围绕休闲农业盈利模式、亲子教育、企业如何尽快收回投资、京津冀协同发展等不同主题，自筹经费共举办 4 期休闲农业企业高管人员高级研修班（每季度一期），深受企业欢迎，收到良好效果。协会注重不断完善具有天津特色的休闲农业培训方案，明确培训理念、培训重点、培训方向和培训目标定位，推动天津市休闲农业职业教育和产业转型发展。同时，不断创新培训内容和培训形式，增加考察实训，提高培训效果，调动受训人员积极性。组织专家编写《休闲农业活动策划》《休闲农业市场营销概览》《休闲农业创意开发》和《休闲农庄经营之道》4 本培训教材，作为教师教学和学员学习的主要依据及考核标准。

（4）人才交流

在人才挖掘、人才培训的基础上，天津市农业农村委员会依托天津市休闲农业协会，打造智力支撑平台和产业交流平台，为休闲农业企业提供业务咨询与指导的同时，加强天津市休闲农业企业与其他省市企业的互动交流，促进彼此合作，共赢发展，实现人才市场同其他要素市场的相互贯通。

2016 年，经天津市农村工作委员会批准，在全国各省市率先组建成立由京津两地 11 名专家组成的天津市休闲农业专家咨询指导委员会，为天津市休闲农业创新发展提供人才智力支撑，初步形成了协会智库品牌，通过各类休闲农业品牌认定和授牌，促进了理事会员单位互比互学互看，推动更多的休闲农业与乡村旅游园区（企业）走出津门、走向全国。专家咨询指导委员会先后为多家休闲农业企业出谋划策、提供调研材料等，极力在资金、土地、政策等企业发展瓶颈问题上提出意见建议，受到企业的赞扬和好评，特别是在 2018 年大棚房整治背景下，协会积极组织力量，发出行业声音，向市农委等部门提出《关于落实农村设施农业和产业融合发展用地保障政策的实施方案（初稿）》，帮助经营主体摆脱困境。此外，协会以良好的精神状态，配合主管部门起草天津市农村一二三产业融合发展、加快休闲农业发展等方面的实施方案及指导意见，为政府推动工作提供智力支持。

为搭建休闲农业高级经营管理人员学习先进经验、感受先进理念、提高管理水平、加强沟通交流的平台，促进天津市休闲农业发展，加强与外省市休闲农业协会的交流互动，2014 年，天津市休闲农业协会组织休闲农业考察团访问台湾，并与台湾乡村旅游协会签订《台湾乡村旅游协会、天津市休闲农业协会合作框架协议》，建立津台合作机制，创新合作共赢平台；同年，与北京观光休闲农业行业协会签订《北京观光休闲农业行业协会、天津市休闲农业协会合作框架协议》，通过信息交流、市场对接、线路推介、项目策划及规划协调广泛开展全方位、多层次、宽领域的交流与合作，建立长期稳定的合作共赢机制。2017 年 3 月，协会组织天津市休闲农业学习考察团赴四川成都参观考察和学习交流，津川两地协会签署《天津市休闲农业协会　四川省休闲农业协会友好合作协议书》，确定建立双方沟通、互访机制。2018 年 3 月，协会邀请湖南省休闲农业协会会长来津授课交流，津湘两地协会签署友好合作协议书。四川、湖南是我国休闲农业发展的先行地区，天津与川湘两省达成多项共识，共同参加各类休闲农业高峰论坛、商贸交易会、展览展销会等，提高天津市休闲农业企业的知名度和美誉度。

自 2014 年以来，天津市休闲农业协会先后组织 3 期天津市休闲农业和乡村旅游赴台研习班，取得了良好效果，逐步形成津台合作交流品牌。2016 年组织一期天津市休闲农业和乡村旅游赴日研习班。此外，组织理事会员到北京、四川、浙江、湖南等发展较好的省市参观考察，相互学习交流，以启发彼此之间的发展思路和经营理念。特别是先后组织部分理事积极参与北京、河北组织的多项活动，如北京农园节、北京田妈妈农教文旅融合主题训练营活动、北京国际设计周休闲农业主题展、北京国际社区支持农业（CSA）大会、廊坊风筝节、休闲农业与乡村旅游跨年演讲会等，有力地促进了京津冀三地休闲农业的合作交流和共赢发展。

3. 资本要素

随着乡村振兴战略的全面实施以及全国旅游业的快速发展，休闲农业和乡村旅游成为实现乡村振兴的重要力量、重要途径、重要引擎，发展态势十分迅猛。据统计，2012~2018 年我国休闲农业与乡村旅游人数不断增加，从 2012 年的 7.2 亿人次增至 2018 年的 30 亿人次（2018 年营业收入超过 8000 亿元），年均复合增长率超过 30%。现代农业是资本农业，休闲农业尤其如此。作为一个综合型产业，休闲农业必须要有农业产业和生态环境作为依托，涉及“食、住、行、游、购、娱、育、美”等方方面面，前期开发和后期运营、维护，都离不开资金的支持。无论是农渔家乐、采摘园、特色民宿、家庭农场，还是休闲农庄、旅游村、产业园区、田园综合体、特色小镇，从前期筹备、规划和选址、项目设计到项目落地建设直至对外经营，每一步都需要资金作为保障。但休闲农业作为农业的一种形式，其产业链长、涉及面广、内涵多样，投资金额大、见效周期长、回报效率低，比起互联网、制造、地产等其他行业，资金来源渠道少，融资难度系数大。

休闲农业是资本需求量较高的产业，农户、农村集体等经营主体投资能力较弱，单纯依靠自身力量很难完成资本积累过程，需要借助适当的融资模式进行融资。目前，休闲农业经营规模较小，经营管理不规范，发行股票与债券等模式的制度环境尚不成熟，应采用项目融资和基金融资模式筹措资金；项目融资是以项目本身拥有的资金及其收益作为还款来源，基金融资则是利用资本市场扩大融资渠道，发挥政府的引导作用，由政府、企业与个人联合投资，形成休闲农业融资平台，吸引和支持更多民营企业投资介入。目前，天津市休闲农业资金来源主要分为三种：第一种是工商资本投入；第二种是银行贷款；第三种是来自政府的补贴和扶持。

（1）工商资本投入

由于农业农村发展总体上投资大、周期长、见效慢、回报低的固有特性，民间对农业农村的投资积极性不高，天津市休闲农业资金来源还是以“工商资本投资者占主导地位”的传统投资模式为主。根据相关调研资料显示，天津市 90% 以上的休闲农业项目资金来源为工商业主的自有资金投入，多采取“工商资本—土地经营权—休闲农业”的模式，这种模式是指工商资本投资者通过买断或租赁农户土地经营权等土地流转方式，取得土地的使用和经营权，并在流转土地上建设休闲农业项目，从事经营。经营主体多为工商企业，企业主为转型发展或回报家乡，通过自有资金建设休闲农业的项目，其特点是农业并非企业主营业务，需要用其主营业务的盈利来贴补休闲农业开发经营。需要说明的是，农家乐、渔家乐等小规模的休闲农业和乡村旅游类型多为农民自筹资金建设，不包含在上文所说的休闲农业开发建设项目。尽管工商资本进入农业领域特别是休闲农业领域的现象已存在多年，但以下三方面的问题一直存在：

①部分资本进入具有一定的盲目性

进入农业领域的企业身份复杂，包括房地产、建筑、纺织业、电子产品、医药、商贸物流、加油站、食品加工、运输等。这些企业多数对农业并不了解，部分看中国家对农业的财政扶持，部分认为农业可获高收益，部分企业是基于朴素的农业情结（情怀），甚至有的企业想到农村“跑马圈地”。一些企业在项目选择上仓促盲目，看到别人赚钱就跟风搞项目等，对自身经营农业的能力、投资农业的回报周期长和存在的“双重”风险估计不足。

②缺乏对工商资本的引导和服务

随着国家对农业补贴的条目越来越多，不少工商资本进入农业正是看中这点，抱着对政府扶持政策的期待而来，但实际情况是相关政策扶持与引导不到位，在融资、保险、税费、财政扶持等方面企业能得到的真正实惠不多，在附属设施建设用地、企业用水用电等方面也存在诸多困难，经营步履艰难，影响了企业做大做强，削弱了带动能力。

③不同程度出现非农化倾向

工商资本进入休闲农业领域的主要目的是追求利润，由于农业的产出效益相对较低，因此他们主要是投资农业之外的其他休闲项目、建设项目，甚至假借休闲农业项目，搞房地产项目的开发，以此攫取更大的利润空间，由此导致了一些行业乱象，这也是大棚房现象出现的根源。如果政府在加强土地用途管制、严格执法的同时，能够区别不同产业制定相应的引导和扶持政策，控制耕地资源的非粮化和非农化倾向并不难。

（2）银行贷款

一直以来，银行信贷等金融机构都是企业解决资金来源的主要途径，休闲农业企业也不例外。银行贷款离不开担保，农业项目融资可通过保证、抵押、质押组合等担保形式，优化担保方案。但大多数休闲农业企业获得银行贷款具有一定的难度，休闲农业企业的农业属性大多属于中小企业，一方面其抵押资产相对较少；另一方面，担保信贷手续繁杂，企业还要付出担保费、抵押资产评估费等相关费用，贷款成本较高。现代农业需要现代金融的支撑，建立由财政支持的农业信贷担保体系，既是引导推动金融资本投入农业，解决农业“融资难”“融资贵”问题的重要手段，也是新常态下创新财政支农机制，放大财政支农政策效应，提高财政支农资金使用效益的重要举措，不仅有利于加快转变农业发展方式，促进现代农业发展，而且对于稳增长、促改革、调结构、惠民生也具有积极意义。

目前，天津市休闲农业项目贷款方式主要有：商业银行信用贷款、抵押贷款、贴息贷款等。但长期以来，因抵押资产有限、现代企业制度不健全、金融部门贷款设定条件与休闲农业实际脱节、缺乏相关优惠政策等，造成贷款难、融资成本高，缺乏资金支持。为化解农业农村“融资难”“融资贵”问题，天津市于 2014 年 9 月，成立了农业担保公司。该公司是由天津市农委发起设立，津郊 9 个涉农区县具有政府背景的企事业单位共同出资组建，以服务“三农”为主的国有专业化融资担保机构，可以为天津市新型农业经营主体和符合产业政策的中小企业提供多品种、各阶段、全方位的担保服务。2018 年 12 月，天津市相关部门先后制定了《天津市人民政府办公厅关于开展农村土地承包经营权林权农业设施等确权登记和抵押融资工作的意见》《天津市财政局等四部门关于规范和完善天津市农业信贷担保工作的通知》《天津市农业融资担保财政补贴资金管理办法》等一系列农业融资担保政策，健全农村金融体系，拓宽融资渠道，扩大涉农担保品范围，创新金融服务方式，切实提升了全市金融服务乡村振兴的效率和水平，降低了企业贷款难度。

（3）政府补贴和扶持

当前，国家农业农村部、文化和旅游部、发展和改革委员会、国务院扶贫开发领导小组等部门，对农村基础设施建设、农业加工物流、农业科技转化、农机装备升级、现代种业研发、返乡人员创新创业、一二三产业融合和新产业新业态发展等，特别是对困难村产业帮扶项目，都有对口的资金支持。项目的公益部分，如道路、桥梁、农田水利、农业设施、园区公厕、标示标牌等由政府出资同步配套建设，或是先建后补、以奖代补等。此外，政府对休闲农业与乡村旅游项目贷款还有贴息、免息等优惠政策。

根据相关调研结果显示，天津市各涉农区，除宝坻区外均未设立固定的休闲农业与乡村旅游的基金，但是对具体的休闲农业项目（休闲农庄、农业园区）会有金额不等的补贴，补贴金额视项目而定，主要有农资补贴、农机补贴、基础设施补贴以及示范基地补贴等。由于农业生产是休闲活动开展的基础和依托，这些补贴也在客观上保证了休闲农业活动的开展。但事实上，政府的资金补贴只是锦上添花，一是政府资金有限，根据市农业农村委休闲农业项目的往年立项结果，企业获得的政府扶持资金在 50 万 ~100 万元，重点项目达到 500 万元，而休闲农业项目投资动辄上亿元，这些补贴对企业整体经营状况改善的作用较为有限，企业还是要依靠自身的力量走出经营困境；二是政府资金的使用有着较多的限制与要求，审核较为严格，对企业而言，使用资金的成本较高。

4. 政策要素

休闲农业是以农业为基础，以观光休闲为目的，以服务多样化需求为目标，农业和旅游业相结合，跨越第一、二、三产业的新型业态，是社会经济发展进入新阶段的产物，日益成为乡村振兴的最大亮点和经济增长点。近年来，连续多年在中央一号文件中提及休闲农业和乡村旅游，并在相关的产业文件和规划中鼓励发展休闲农业和乡村旅游，拓展农业多种功能、培育新产业新业态、推进产业深度融合。2016 年 3 月，农业部等八部门关于印发《京津冀现代农业协同发展规划（2016—2020 年）》明确：要稳步发展休闲农业、传承农耕文明，满足居民健康生活需求。依托现有休闲农业发展基础，建设一批集聚连片的休闲农业示范区，重点打造一批基础设施完善、环境景观优美、文化主题突出的休闲观光农业园，推进美丽田园建设；依托山地、湿地、河流、水库、海滨等自然资源特色，开发集休闲观光、科教体验、展示展销为一体风格独特的休闲农业和乡村旅游产品，打造创意精品，提高农民收入；依托景观特色明显、历史文化浓厚的自然村落，打造一批为市民提供休闲体验场所、宣传农耕文化、传承农耕文明的高水平民俗旅游村；加大休闲观光农业线路推介力度，增强游客接待能力，打造京津市民 1 日休闲农业圈、2 日休闲农业深度体验圈、3 日休闲农业旅游度假圈。

良好的农业政策促进农业农村经济的发展和进步，对三农发展具有正向的导向影响、调控影响和激励效能。多年来，天津市立足推进休闲农业创新发展，创新工作思路，从休闲农业项目扶持、一二三产业融合发展、提升休闲农业整体发展水平、田园综合体创建、推进乡村振兴战略等多个方面，出台了一系列政策措施，挖掘农业农村新动能，有效地推进了全市休闲农业的快速发展。

第一，在休闲农业项目扶持方面，2015 年天津市农委制定了《天津市休闲农业项目申报指南》，通过贷款贴息、财政资金补助等方式，为农（渔）家乐提升改造、休闲农业精品培育、休闲农业服务体系建设、休闲农业推介活动等建设项目提供资金支持，以推进休闲农业和乡村旅游规范经营、促进产业升级、增加农民收入为主线，通过基础设施、休闲设施和接待服务内容的提升，发挥财政项目资金的引导和示范带动，拓宽社会化融资渠道、创新发展模式、改善接待环境、完善配套能力、丰富产品内容，做优做亮各级层面的示范典型；大力培育“大美津郊，乐活休闲”的品牌形象，最大限度地满足广大人民群众的休闲观光和乡村旅游需求。2019 年天津市委办公厅、市政府办公厅印发《关于加快构建政策体系培育新型农业经营主体的实施意见》的通知：引导新型农业经营主体集群集聚发展，支持一村一品等特色优势产业发展和乡村旅游基地、农业示范服务组织建设，提高产业整体规模效益；建立健全支持新型农业经营主体发展政策体系，统筹整合现有财政支农相关资金，支持新型农业经营主体完善农业基础设施，发展加工流通、直供直销、休闲农业等，促进农村一二三产业融合发展。

第二，一二三产业融合发展方面，2017 年 2 月，天津市农委印发《关于加快推进农村一二三产业融合发展的实施方案》要求：拓展农业多种功能，推进农业与旅游、教育、文化、健康养老等产业深度融合，发掘和保护一批重要农业文化遗产，打造一批形式多样、特色鲜明、国际知名的乡村旅游休闲产品，建成一批生态旅游、休闲度假、养生养老等具有历史、地域、文化特色的旅游村镇。做实“四个全覆盖”，筑牢产业融合发展基础，以农业种养殖规模化、规范化经营“全覆盖”为统领，发展多功能业态，打造产业融合田园综合体，以规模新型农业经营主体产品网上销售“全覆盖”为统领，大力发展“三品一标”农产品、土特产品、乡村旅游和休闲农业等电子商务；创新融合方式，发展产业融合新型业态，大力发展休闲农业、景观农业、养生养老农业、教育农业以及众筹农业、定制农业等新型业态，建设 30 个跨界融合产业基地；强化精准培育，壮大产业融合经营主体，做强做大龙头企业，鼓励企业以多种形式延长产业链、发展新业态，提升农民专业合作社，支持服务型农民合作社延伸产业链条，提升产业融合发展水平，壮大家庭农场，鼓励家庭农场发展订单式、定制化服务以及农业旅游等新业态；开展试点示范，打造产业融合发展引擎，重点实施“3412”工程，利用 3 年时间围绕延伸融合、集聚融合、循环融合、跨界融合 4 种融合方式，重点打造 10 个农业特色镇和 20 个特色村点，特色镇积极推进育繁推、种养加、农文旅深度融合，培育和打造农村一二三产业融合综合载体，特色村点因地制宜推进农业与其他产业融合发展，建成“名优特”产业融合示范综合体。

第三，提升休闲农业整体发展水平方面，2017 年 4 月天津市农委发布《关于促进休闲农业加快发展的指导意见》明确：要优化产业布局，突出农业各类资源和特色优势，形成“三廊道三板块”空间布局，规划建设一批休闲农业集聚区，逐步建成京津冀休闲农业协同发展综合示范基地；完善产业体系，开发新型产品、拓展服务功能、延伸产业链条，推进农业、林业与旅游、教育、文化、康养等产业深度融合，拓展各产业的生态休闲、旅游观光、度假养生、文化教育等功能，创新服务手段，打造一二三产业融合的高端休闲农业产业体系；强化基础设施，改善服务设施，完善配套设施，建立载体设施，兴建配套服务设施，提升消费者可参与度和满意度，实现特色农业加速发展、村容环境净化美化和休闲服务能力同步提升，满足多样化的市场消费需求；打造精品样板，重点实施“1322”载体建设目标，打造一批休闲农业精品样板；培育知名品牌，开展品牌创建，实施品牌提升，强化品牌推介，对现有品牌进行升级改造，培育一批市场信誉度高、影响力大的区域公用品牌、企业品牌、产品品牌和服务品牌，扩大休闲农业和乡村旅游产业的影响力；加大公共服务，强化体系建设、研发服务和信息服务，建立健全休闲农业公共服务体系和管理体系，建立一批设计研究中心、规划中心、创意中心，构建网络信息服务平台，引导休闲农业有序发展和规范经营，为产业发展提供智力支撑，完善监测统计系统；强化人才支撑，组织休闲农业发展论坛和休闲农业管理人员培训班，开展从业人员技能培训和创业创新培训，提高经营管理水平和相关技能，培养一批示范带动作用明显的休闲农业创业致富带头人；推进区域合作，加强京津冀休闲农业协同发展的顶层设计，推进区域休闲农业实现共赢发展，实现资源的互补、互通与融合，延伸各自休闲农业资源的辐射范围，形成地区间联合的资源共享平台。

第四，田园综合体的创建方面，2018 年 7 月天津市农委、天津市财政局印发《天津市田园综合体创建导则》要求：在农业特色镇和特色村点建设工作基础上，创建一批集循环农业、创意农业、农事体验为一体的田园综合体，示范引领全市现代都市型农业发展和美丽乡村建设。要完善生产体系，调整农产品种养结构，广泛应用智能技术、高新装备，完善“田园 + 村居”的游客集散等基础设施配套，筑牢田园综合体创建的特色农业生产基础；完善产业体系，促进“一村一品、一镇一业”主导产业集聚，延伸产业链条，“农业 +”模式得到广泛应用，拓展农业功能，挖掘农业自身资源，鼓励农业与旅游、教育、文化、康养等各新兴业态相结合，实现功能互补，提高田园综合体的农业文化内涵和产业增加值；完善经营体系，创新农村土地制度，提高规模经营水平，农业社会化服务深入各个领域，提高整体辐射带动力和价值创造力；完善生态体系，深度挖掘农业生态价值，优化配置田园景观，保障绿色发展，建立绿色生产方式；完善公共服务体系，推进产城融合和一体化建设，发挥主导产业带动优势，改造乡村风貌，实现农村产业融合与新型城镇化联动发展，培育田园综合体，形成宜居宜业宜游宜教的乡村社区和美丽村居；完善运行体系，促进人才培养，扶持农民工和大学生返乡创业，培育一批创业带头人，开辟创新创业渠道，打造“有文化说头、有休闲玩头、有再来念头、有发展奔头”的多元复合产业。

第五，推进乡村振兴战略方面，天津市农委提出，重点实施休闲农业和乡村旅游精品工程。着力推介山野林趣休闲游、潮白生态休闲游、都市现代农业游、温泉度假体验游、山海风情度假游五条京津冀一体化休闲农业精品旅游线路，推动京津冀休闲农业一体化发展取得新的更大进展。瞄准京津冀生活服务圈，整合各区优势资源，依托东线湿地、南线濒海、中线运河三条生态观光廊道和北部山水、中部大田、东南沿海三大休闲养生板块，进一步培育市级休闲农业示范园区和示范村（点），使总数达到 300 个以上。支持有条件的镇，强化基础设施、景观设施建设，发展多元产品业态，打造 10 个田园综合体，围绕“一村一特、一村一品”打造产业项目，培育一批“高颜值”农文旅结合的特色小镇。做足海洋文章，大力开发渔家游、渔家乐、渔家宴等特色项目，创建全国精品休闲渔业示范基地。按照设施景观化、产业融合化的发展路径，完善休闲旅游产业功能，实现道路、供电、供水、停车场、观景台、游客接待中心等配套设施整体上水平。引入“旅游 +”“生态 +”“互联网 +”等新理念，因地制宜发展休闲农庄、乡村酒店、特色民宿、房车营地等多种业态，开发农业观光、休闲度假、养生养老、农耕文明、渔事体验、户外运动等多种产品，挖掘资源的品牌价值和文化内涵，加快实现由资源依赖型向文化创新型的转变。

2019 年 3 月，天津市发布《天津市乡村振兴战略规划（2018—2022 年）》强调：要拓展农村产业融合新空间。发掘新功能、新价值，积极拓展农业多种功能，大力发展“农业 + 旅游”“农业 + 文化”“农业 + 健康养老”等新兴产业，深入开发改造农村民居，规划创建美丽村镇，完善休闲农业和乡村旅游发展环境，吸引市民下乡休闲旅游、创新创业、养生养老，依托适合条件的农村居住区建设农村文化体验区和城乡消费亮点区；培育新产业新业态，大力发展休闲农业，打造形式多样、特色鲜明的农家乐、休闲农庄、休闲农业园区等休闲产品；打造新载体、新模式，打造农村一二三产业融合发展的现代农业综合体，支持有条件的乡村建设田园综合体，培育一批“农字号”特色小镇，以农产品区域品牌为纽带，打造专业化和区域品牌化产业集群。同时，《天津市乡村振兴战略规划（2018—2022 年）》结合现代乡村产业发展体系，在农村一二三产业融合发展工程中具体提出了与休闲农业相关的 3 大重点任务。详情见表 2–23。

表 2–23　天津市农村一二三产业融合发展工程（与休闲农业相关的 3 大重点任务）

重点任务名称	2018~2020 年重点建设内容	2021~2022 年重点建设内容
休闲农业和乡村旅游精品工程	依托现代农业设施和旅游特色村发展休闲农业和乡村旅游，开展“四个一批”工程，即打造一批主导产业强、生态环境美、农耕文化深、农旅结合紧、支撑体系完善的田园综合体，培育一批农旅结合特色小镇，提升一批市级休闲农业示范村（点）的旅游产业功能，发展一批功能齐全、产业集聚的休闲农业精品园区。2020 年，全市休闲农业综合收入达到 125 亿元，与农业总产值的比例达到 2.5∶10。	依托宝坻区、宁河区湿地资源，滨海新区濒海资源，武清区、北辰区、西青区、静海区运河资源，滨海新区和中心城区之间的绿色生态屏障，打造四条生态廊道。围绕北部山水、中部大田、东南沿海打造三大休闲养生板块，实施休闲农业和乡村旅游精品工程，培育 10 个以休闲农业与乡村旅游为引领的多业态融合发展的领军企业。开展品牌创建工作，打造蓟州生态休闲游、滨海休闲游等一批特色品牌。2022 年，全市休闲农业综合收入突破 150 亿元，与农业总产值的比例达到 3∶10，成为拓展农业、繁荣农村、富裕农民的支柱产业。

续表

重点任务名称	2018~2020 年重点建设内容	2021~2022 年重点建设内容
农村一二三产业融合发展示范园创建计划	通过项目引领，引导各涉农区高标准建设、高水平运营，打造一批“规模化生产、景观化建设、标准化管理、品牌化运营”，让农民分享二三产业增值收益的农文旅项目，带动全市农村一二三产业融合发展上水平。借助国家农村一二三产业融合发展政策，打造一批以循环农业、创意农业、农事体验为主要特征，以农文旅“三位一体”、一二三产深度融合、生产生活生态同步改善的有机统一的田园综合体，力争每个区培育 1 个生产功能突出、产业特色鲜明、要素高度集聚、设施装备先进、生产方式绿色、经济效益显著、辐射带动有力的现代农业产业园。	建设一批农村产业融合发展示范区。用足国家整体推进农村一二三产业融合发展相关政策，通过项目引领、引导各涉农区高标准建设、高水平运营，打造一批“规模化生产、景观化建设、标准化管理、品牌化运营”，让农民分享二三产业增值收益的农文旅项目，带动全市农村一二三产业融合发展上水平。通过集聚要素资源、壮大特色产业、延伸产业链条、拓展农业功能、培育景区景点等措施，打造 10 个以循环农业、创意农业、农事体验为主要特征，以农文旅“三位一体”、一二三产深度融合、生产生活生态同步改善的有机统一的田园综合体。
产业兴村强区行动	结合新一轮结对帮扶困难村产业发展工作，按照“区负总责、镇域统筹、镇村联动、一村一策”和“宜工则工、宜农则农、宜商则商”的原则，发展特色产业，持续推进困难村集体经济发展壮大和农民增收。重点发展与互联网电商平台结合的特色种养业，走高端、优质、高效路线；通过龙头企业引领，提升农产品加工业发展水平，发展产地初加工、精深加工和主食加工，提高农产品附加值；发展流通配送业，搭建供应链平台，增强农产品流通交易水平；发展休闲农业与乡村旅游业，拓展农业功能，发展休闲文创产业；发展生产性服务业，通过合作经营，为农业生产提供相关服务；发展生活性服务业，通过多元经营，保障农村劳动力稳定就业增收；发展多业态复合产业，结合现代商业模式推进农村产业融合与转型升级。全市 1000 个困难村集体经济经营收入达到 20 万元以上，农民人均可支配收入达到全市农民平均水平。	通过推行规模化、标准化生产，培育农产品品牌，保护地理标志农产品，发展“一村一品”，增强农产品竞争力；通过深化一二三产业融合发展，引导和带动特色优势主导产业做大做强，大力发展农产品产地初加工、精深加工、主食加工、综合利用加工等产业业态，延伸产业链、提升价值链、完善利益链；通过拓展农业多功能性，发展休闲农业与乡村旅游，挖掘农业文化遗产，培育新产业、新业态、新模式，提升农村产业综合实力；通过发展“互联网＋农业”，提升农产品仓储、物流、配送水平，实现“从田间到餐桌”的全产业链发展，推进农产品定制化、产业化、信息化生产，实现高端、优质、高效的产业发展目标。通过产业带动，在实现困难村集体经济和农民收入双增加的基础上，培育一批产业兴旺、经济繁荣、绿色美丽、宜业宜居的农业强镇和特色农业强村。

三、休闲农业生活资源调查分析

城市化背景下，人们逃避城市烦嚣，前往乡村寻求短暂安逸的动机成为休闲农业产生和发展的根本条件。而乡村之所以能吸引游客前往，除了山川河湖、草地森林等自然资源外，乡土文化、民间工艺等生活资源的作用也十分重要。随着休闲农业的进一步发展，仅凭农业景观难以形成有效吸引力，因而具有独特标识意义的乡村文化资源在休闲农业发展中的地位将更加突出。下文将重点对天津市各涉农区的休闲农业生活资源进行调查梳理和全面分析，以期明确支撑天津市休闲农业的资源开发潜力。

天津始于漕运，凭借运河、海河得天独厚的优势，汇南北舟车，集四方商贾，纳吴越百货。漕运带来的商业繁荣带动市井文化的勃兴，衣食住行、说学逗唱都为民间所讲究。同时，外来人口的大量涌入为天津的发展提供了动力，使天津的民俗文化呈现出异域交融的多样性，形成了内容丰富、种类繁多的民间艺术、娱乐、饮食等文化。这些流传至今的民俗文化仍然影响着人们，赋予了民众趣味性的表达。因而，对民俗文化的利用在提高休闲农业品位、丰富游客体验方面具有重要意义。以天津市各涉农区人文资源现状为基础，将休闲农业人文资源分为名村名镇、乡村非遗、历史文化、农民生活四类，详细阐述各类人文资源的存量、特点和分布情况，并对个别重要资源进行详细介绍，以期彰显休闲农业的人文情怀。

（一）名村名镇资源

1. 特色村镇

天津在我国近代史上有着突出的地位，当然也留下了独具特色的历史印迹，代表着天津历史文化风貌及其传承的特色知名村、镇是重要的文化载体，也是乡村地区重要的旅游吸引物。我们基于公开资料，对天津市各涉农区下辖知名度较高、有着突出吸引力的村镇进行总结和梳理。

为适应消费升级背景下城市游客的休闲需要，促进休闲农业和乡村旅游进一步发展，现将天津市各涉农区特色名镇分为历史文化名镇和农业特色小镇，前者涵盖了天津市各涉农区内有着悠久历史传承和鲜明文化特征的村镇，主要选取标准为住房和城乡建设部、原国家旅游局（现文化和旅游部）公布的全国特色景观旅游名镇名村示范名单，以及中国美丽田园、中国民间文化艺术之乡等重要名单中涉及的天津市各特色知名村镇；后者涵盖了新时代下依托农业景观、产业优势、特色农产品资源以及科学技术发展起来的，有着较高知名度的农业特色小镇，主要选取标准为天津市特色小镇名单（共三批），以实地访谈交流和专家意见作为补充，有着较高的代表性，对全面掌握天津市休闲农业资源有重要意义（表 2–24）。

（1）历史文化名镇

表 2–24　天津市各涉农区主要历史文化名镇一览

序号	地点	备注
1	西青区杨柳青镇	全国特色景观旅游名镇村（第一批）、中国魅力名镇、中国历史文化名镇（第四批）
2	蓟州区渔阳镇	全国特色景观旅游名镇村（第一批）
3	津南区小站镇	全国特色景观旅游名镇村（第三批）
4	宁河区七里海镇	
5	蓟州区官庄镇	
6	蓟州区下营镇	

续表

序号	地点	备注
7	津南区葛沽镇	中国民间文化艺术之乡
8	西青区杨柳青镇	
9	滨海新区太平镇	
10	北辰区双口镇	
11	武清区杨村街道办事处	
12	静海区陈官屯镇	
13	宝坻区大唐庄镇	

资料来源：整理自相关部门及中国旅游协会知名村镇名单。

从文化资源特点上看，各村镇特色各不相同，但都具有较强的历史文化属性，有着悠久的历史和丰富的民俗文化资源，在古代或者近代历史上知名程度较高。蓟州区渔阳镇已有5000年的人类居住历史。西青区杨柳青镇始建于北宋，因大运河漕运集散而勃兴于明清，成为中国北方商贸流通和文化交流集散地。津南区小站镇为历代屯兵重地，系北洋文化的发源地。辉煌悠久的历史成为特色知名村镇最好的背书。

千年古镇誉九州——杨柳青镇

杨柳青镇是中国北方历史名镇。杨柳青镇历史沉积久远，文化底蕴深厚，有丰富的民间艺术。杨柳青古镇始建于北宋，距今已有1000多年历史。明清时期，因其是大运河漕运的重要枢纽，而成为中国北方商贸流通和文化交流集散地，被誉为“北国小江南”。杨柳青镇历史文化遗存众多，旧有戏楼、牌坊、文昌阁称为杨柳青三宗宝。其中文昌阁为明万历四年所建，是国内保存最完好的明代楼阁式建筑。清代鼎盛时有津门著名的崇文书院及古寺院40余座，现尚存普亮宝塔、报恩寺、白檀寺遗址等。同时，杨柳青镇有丰富的民间艺术。起于宋，兴于明，盛于清乾隆年间的杨柳青木版年画，被推崇为中国木版年画之首，深刻影响了国内近百种年画，曾出现“家家会点染，户户善丹青”兴旺景象，贴年画由此成为北方地区无人不晓的习俗。此外，杨柳青镇还有剪纸、风筝、砖雕、石刻和花会等民俗技艺，是我国民间技艺传承的重镇。

（2）美丽田园和特色小镇

基于天津市发改委发布的市级特色小镇名单，以及本研究深入各涉农区访谈获得的资料，以特色鲜明、重点突出为原则，以服务休闲农业发展为导向，将天津市各涉农区特色小镇划分为农业产业型特色小镇和农创智慧型特色小镇，前者主要依托特色农业景观以及农产品资源，形成有较高吸引力的特色农业小镇；后者依托科技、制造、农林等综合资源，形成全方位、多功能的综合型特色小镇（表 2-25）。

表 2-25　天津市各涉农区美丽田园和特色小镇一览

<table>
<tr><th>农业特色小镇类型</th><th>地点</th><th>名称</th><th>备注</th></tr>
<tr><td rowspan="17">农业产业型特色小镇</td><td rowspan="2">宝坻区</td><td>宝坻休闲观光园荷花景观</td><td rowspan="4">农业部发布的中国美丽田园</td></tr>
<tr><td>八门城现代农业示范园稻田</td></tr>
<tr><td rowspan="2">蓟州区</td><td>蓟州区团山子村梨园</td></tr>
<tr><td>蓟州区白庄子湿地景观</td></tr>
<tr><td>滨海新区</td><td>汉沽茶淀葡香小镇</td><td rowspan="9">天津市发改委等部门发布的市级特色小镇</td></tr>
<tr><td>静海区</td><td>团泊特色休闲小镇</td></tr>
<tr><td>宁河区</td><td>潘庄齐心亲子蘑法小镇</td></tr>
<tr><td>宝坻区</td><td>京津新城温泉小镇</td></tr>
<tr><td>津南区</td><td>小站稻耕文化特色小镇</td></tr>
<tr><td>宁河区</td><td>廉庄水稻小镇</td></tr>
<tr><td>宝坻区</td><td>八门城镇生态农业小镇</td></tr>
<tr><td rowspan="2">蓟州区</td><td>官庄伊甸园旅游小镇</td></tr>
<tr><td>杨津庄牡丹小镇</td></tr>
<tr><td>武清区</td><td>京滨玫瑰小镇</td><td rowspan="4">实际调研并经过有关专家认可</td></tr>
<tr><td>西青区</td><td>辛口萝卜小镇</td></tr>
<tr><td>蓟州区</td><td>出头岭香菌小镇</td></tr>
<tr><td>东丽区</td><td>华明花卉小镇</td></tr>
<tr><td rowspan="11">农创智慧型特色小镇</td><td>津南区</td><td>小站稻耕文化特色镇</td><td rowspan="3">实际调研并经过有关专家认可</td></tr>
<tr><td>北辰区</td><td>双街智慧农业特色镇</td></tr>
<tr><td>武清区</td><td>北运河活力农业特色镇</td></tr>
<tr><td rowspan="2">蓟州区</td><td>白涧农业科创小镇</td><td rowspan="8">天津市发改委等部门发布的天津市市级特色小镇</td></tr>
<tr><td>下营山野运动休闲旅游小镇</td></tr>
<tr><td>滨海新区</td><td>新城龙达农科创艺小镇</td></tr>
<tr><td>东丽区</td><td>东丽湖盈康小镇</td></tr>
<tr><td>宝坻区</td><td>林亭口绿色建筑小镇</td></tr>
<tr><td>静海区</td><td>双塘康养小镇</td></tr>
<tr><td>北辰区</td><td>小淀颐养健康特色小镇</td></tr>
<tr><td>滨海新区</td><td>生态亿利生态小镇</td></tr>
</table>

资料来源：整理自天津市市级特色小镇名单及项目组调研收集并经过有关专家认可。

2. 特色名村

表 2-26　天津市各涉农区特色名村一览

序号	地点	备注
1	蓟州区下营镇常州村	全国特色景观旅游名镇村（第三批）
2	蓟州区下营镇郭家沟村	
3	蓟州区穿芳峪镇毛家峪村	
4	静海区双塘镇西双塘村	
5	西青区辛口镇水高庄村	
6	西青区精武镇小南河村	
7	北辰区双街镇沙庄村	
8	蓟州区渔阳镇西井峪村	中国美丽休闲乡村
9	武清区大王古庄镇韩指挥营村	
10	宁河区潘庄镇齐心庄村	
11	北辰区双街村	中国最有魅力休闲乡村
12	武清区梅厂镇灰锅口村	
13	蓟州区渔阳镇西井峪村	国家级历史文化名村、中国传统村落名录（第一批）
14	西青区杨柳青镇六街村	中国传统村落名录（第四批）
15	蓟州区下营镇黄崖关村	
16	宝坻区霍各庄镇陈家口村	市级历史文化名村
17	滨海新区营城镇大神堂村	

资料来源：整理自各级组织公开资料。

渔阳镇西井峪村

渔阳镇西井峪村位于蓟州区北部府君山山脚，属于我国第一个国家级地质剖面自然保护区——中上元古界地质剖面自然保护区。西井峪南眺烟波浩渺的翠屏湖，北望悠悠长城，东临九龙山国家森林公园，西接巍峨的盘山。村域面积为 303.9 公顷，其中保护区面积 13.4 公顷。村中现有人家 170 余户。西井峪村清代成村，因四面环山似在井中并冠以方位而得名。这里群山环抱、绿树掩舍、景色别致、空气宜人。村中处处可见的是别具特色的页岩、白云岩等形成于几亿年前的石头垒砌的房屋、墙壁和石路，这些房舍依山而建，街巷就势而成，走在其中仿佛穿行在石头的森林中。该村是天津市域内知名度较高、规模较大、传统风貌保存较完整的历史村落，2010 年，西井峪被列入第五批“中国历史文化名村”，2014 年入选首批“中国传统村落”。

由于西井峪村乡村景观独特，文化资源丰富，因而越来越多的游客前往西井峪村，特别是广大摄影爱好者更是将“石头村”当作必去之地。在镇政府和村委会的主持下，西井峪村开启了一条精品旅游的高质量发展之路。引入北京九略旅游管理公司提供旅游运营及传统村落保护服务。通过旅游开发与运营引导村民在保护传统建筑的前提下改善生活条件、发展旅游业，依托农家老宅打造高端民宿和优选农舍。目前，西井峪村由普通农家院改造提升的优选农舍和面向高消费群体的精品民宿共达 20 处，全村有 80 多人加入了旅游服务业，2017 年全村旅游收入 120 余万元，游客人均消费 1500 元 / 次，是全区游客人均每次消费额的近 14 倍。

（二）乡村非遗资源

根据《关于加强我国非物质文化遗产保护工作的意见》中所定义的非物质文化遗产概念：各族人民世代相承的、与群众生活密切相关的各种传统文化表现形式（如民俗活动、表演艺术、传统知识和技能，以及与之相关的器具、实物、手工制品等）和文化空间。乡村地区的曲艺、音乐、舞蹈、体育竞技等非物质文化遗产都是地方文化的集中体现，是民间智慧的结晶，是中华优秀传统文化传承的载体。百年以来，天津市作为京畿重镇百业勃兴，保障北京漕运和沿海经济的发展，使商业持续繁荣，市民经济得到充分发展，形成了众多有着较高价值的非物质文化遗产项目，保护和利用好这些非物质文化遗产，对于继承和发展天津乡村优秀特色文化，促进文化传承有重要意义。

作为传统文化的载体、民间智慧的结晶，乡村地区所拥有的非物质文化遗产对发展休闲农业具有重要意义。非物质文化遗产能为休闲农业提供乡土性保证。休闲农业所依托的是“农业、农村、农民所形成的独特的生产、生活、生态环境”，休闲农业从农村中来、从农业生产中来、从农民的生活中来。人们到休闲农园中是为了感受浓浓的乡土气息，淳朴自然的环境，暂时逃离纷扰的城市生活，在乡村环境、乡土文化中忘却不安与恐惧，得到身心的放松。因而，休闲农业得以发展的关键在于乡村环境和乡土文化，而乡村的非物质文化遗产，为休闲农业提供了乡土保证，也为休闲农业活动注入了乡村文化特征。休闲农业和乡村非物质文化遗产所具有的乡土同根性决定了二者具有结合发展的基础。

同时，休闲农业和乡村非物质文化遗产具有互惠性。休闲农业有利于非物质文化遗产的保护、传承与发展。其一，休闲农业中非物质文化遗产的开发有利于促进非物质文化遗产的原真性和整体性保留。非物质文化遗产保护与利用面临的问题之一就是生存环境的变化。随着社会生产力及意识形态的发展与变化，传统的农耕文化逐步消失，手工被机器取代，低效被高效取代，农村的很多风俗也逐渐被城市化所改变。而在休闲农园中则可对这些进行保持和还原，保持和还原传统的农耕方式，保持和还原传统的乡村聚落形式，保持和还原原有的风俗习惯，甚至工作人员的穿着打扮、言谈举止也可以配合场景的需要进行保持和还原，这样就可以更好地保护非物质文化遗产的原真性和整体性。其二，休闲农业的经济平台有利于保护非物质文化遗产。非物质文化遗产保护面临人力和财力不足的问题。现行状态下保护所需经费由政府财政负担，对人力、物力和资金的支持不能满足保护工作的需求。政府鼓励社会力量参与非物质文化遗产的合理开发保护，我们利用休闲农业给非物质文化遗产展示的平台，为其注入活力。休闲农业自身能够产生较好的经济效益，将非物质文化遗产保护与开发引入休闲农业，让游客参观、体验，能够带来较高的文化认同感，所开发的产品在休闲农业的带动下也能够有较好的销量。传承人的表演和产品都能够获得收入，有了较高的收入，传承人才会有动力，才会后继有人。休闲农业为非物质文化遗产的保护提供了经济基础，使保护工作切实可行。

而休闲农业提质升级的关键在于乡土文化的注入，休闲农业发展存在的问题之一就是资源的开发利用不够深入。非物质文化遗产灵活的形式和丰富的内涵，能够大大增加休闲农业的活动内容，提升休闲农业的品位。宝贵的非物质文化遗产资源的开发利用有利于更深入地开展休闲农业体验展示活动。可以选择合适的休闲农园作为非物质文化遗产保护点，进行展示、表演和互动。将非物质文化遗产的历史发展过程通过展馆的形式进行展示，通过还原场景、照片、视频、音乐等多种类型的展示方式，让游客全面了解该项非遗的前世今生。通过传承人的现场表演，进行更加生动的展示，让游客有机会与古老的非遗亲密接触。还可策划与游客互动的活动项目，让游客来学习、体验，并开发成旅游商品进行销售，这些方式都有利于休闲农业品位的提升。休闲农业与乡村非物质文化遗产相互促进，相得益彰，因此本研究有必要梳理天津市各涉农区乡村非物质文化遗产资源，以期促进天津市休闲农业转型发展。

1. 传统技艺

表 2–27 天津市涉农区主要传统技艺汇总

序号	地区	传统技艺
1	蓟州区	蓟州皮影雕刻技艺、官善熏肠制作技艺、金桶千层饼制作技艺、刘氏手工粉条制作技艺、泰德楼八大碗制作技艺、西井峪村砌石技艺、兴泰德烧锅白酒酿造技艺、子火烧和一品烧饼制作技艺、特种榫槽工艺
2	宝坻区	宝坻剃头技艺、“一掌金”速算技艺
3	宁河区	传统铸剑技艺、芦台春酒传统酿造技艺、盆罐村制陶技艺、宁河葫芦烫画、疏肝和胃止痛散民间秘方技艺传统制剂工艺、丰台义兴德剪刻纸、芦台王氏剪纸、丰台福德源木雕、丰台福德源石雕、风箱制作技艺、七里海河蟹面传统制作技艺
4	东丽区	周记宫灯制作技艺、赤土扣肉制作技艺、木牛流马、金泉清真烧鸡、周记宫灯制作技艺、小布人制作技艺
5	西青区	沙窝萝卜种植与窖藏技艺、中医诊疗法（哈氏妇科医药诊疗技艺）、中医传统制剂方法（乐仁堂海马补肾丸处方及传统制作技艺）、中医传统制剂方法（乐仁堂通脉养心丸处方及传统制作技艺）、中医传统制剂方法（乐仁堂胃肠安丸处方及传统制作技艺）、木版水印技艺

续表

序号	地区	传统技艺
6	北辰区	穆氏盛斋元酱制品制作技艺、田氏船模制作技艺、闫记酱制品制作技艺
7	静海区	冬菜制作技艺（陈官屯冬菜制作技艺）、独流老醋酿造技艺、独流锅巴制作工艺、独流火烧制作工艺、独流焖鱼制作工艺、老东乡中旺香肠制作工艺、金丝小枣种植技艺、民族乐器制作技艺（王氏民族管乐器制作技艺）
8	武清区	东马房豆腐丝制作技艺、中医传统制剂方法（郝氏抚疤灵软膏制作技艺）、曹子里绢花制作技艺、杨村糕干制作工艺
9	津南区	田氏传统木工榫卯技艺、高氏空竹制作技艺、糖画技艺、传统刻瓷手工技艺、清真“大老穆”酱牛肉制作技艺、宁氏漆艺镶嵌技艺、传统花会服饰刺绣技艺、传统泥塑技艺、夏家一品传统腌制咸蟹制作技艺、赵大肚子（毒药）猪肉烧麦制作技艺、传统李氏鸟笼制作技艺、传统葫芦制作技艺、寇氏小儿推拿、核桃工艺、宋氏彩绘雕刻葫芦制作技艺、徐氏骨科、榫卯工艺、空竹制作工艺
10	滨海新区	中医诊疗法（荀氏经筋推拿点穴法）、晒盐技艺（长芦制盐技艺）、大田豆腐制作技艺、程记炸糕制作技艺、果仁张净香花生仁、琥珀核桃仁制作技艺、汉沽“八大馇”制作技艺

资料来源：整理自天津市市级非物质文化遗产名录。

2. 音乐、舞蹈

表 2–28　天津市涉农区民间音乐、舞蹈一览

序号	地区	传统音乐、舞蹈
1	蓟州区	杜吉素少林五虎棍、鼓书、数来宝
2	宝坻区	林亭口高腿子高跷
3	东丽区	新袁长利高跷、吴咀合音法鼓、霸王鞭、大宋村旱船
4	西青区	香塔音乐法鼓（国家级）
5	北辰区	韩家墅上善道乐、霍家嘴平音法鼓、宜兴埠诚音法鼓、狮舞（北仓随驾狮子）、王秦庄同议高跷、上蒲口同乐高跷、宜兴埠永长高跷、刘园祥音法鼓（国家级）、虫八蜡庙小车会、李嘴同和高跷、刘安庄同心高跷
6	静海区	津门北韵禅乐、瑞云图龙灯会、八大帅、中旺落子会、霸王鞭、冬网号子、推碌碡
7	武清区	黄花店梵呗音乐、车会（西柳行太平车会）、河西务孝力高跷、高王院莲花落、寺各庄竹马会
8	津南区	小站挠秧号子、东泥沽文武五音法鼓、葛沽法鼓、昇平民乐（清音）、葛沽永乐旱船、永乐高跷、海下文武高跷、海下阿善文武高跷、葛沽长老乐高跷、海下同乐高跷
9	滨海新区	小王庄民间吹打乐、北塘飞钹、北塘丰登乐会高跷、塘沽河头落子、汉沽飞镲、大沽龙灯

资料来源：整理自天津市市级非物质文化遗产名录。

3. 体育竞技

表 2-29　天津市涉农区民间体育竞技活动一览

序号	地区	民间体育竞技
1	蓟州区	北少林武术
2	宁河区	傅式形意拳、孙氏太极拳
3	东丽区	无极拳
4	西青区	开合太极拳、霍氏练手拳
5	北辰区	闫街少林功夫拳、两翼猿拳、形意拳（刘快庄形意拳）、穆氏花毽、穆氏传统戏法、赵堡太极拳、鲍式八极拳、北仓少练老会、银炭导引养生功、永新二十四式通背拳
6	静海区	大六分村登杆圣会、独流通背拳、独流苗刀、静海迷踪拳
7	武清区	八卦掌（高氏八卦掌）、五行通臂拳、李式太极拳（国家级、永良飞叉）
8	津南区	孔氏八极拳、李书文系八极拳
9	滨海新区	形意八卦门、弹腿拳

资料来源：整理自天津市市级非物质文化遗产名录。

4. 民间文学

表 2-30　天津市涉农区民间文学一览

序号	地区	民间文学
1	蓟州区	燕子李三的传奇故事
2	宁河区	杨七郎墓的传说（国家级）
3	东丽区	排地歌谣
4	滨海新区	张娘娘的传说、盐母和盐母庙传说
5	宝坻区	袁黄传说、李半朝传说、秦城传说
6	静海区	姜子牙的传说、杨家将在静海的传说
7	武清区	三义屯雌雄兄弟传说

资料来源：整理自天津市市级非物质文化遗产名录。

袁黄传说

袁黄，字坤仪，号了凡，明万历十四年（1586）进士。万历十六年（1588）任畿辅要地宝坻县县令，为官数年，主政一方，以廉洁自律、亲民务实颇得百姓爱戴，成为明代有名的廉吏、能吏，也是宝坻置县以来成就颇高的县令之一。知县宝坻期间，袁黄积极在京东地区推广南稻，进行水稻引种的实践，在宝坻低洼之处开挖渠道，种植水稻，并引潮白河之水，灌溉稻田，取得了巨大的成功。有效指导当地农业生产，袁黄走访勘察乡野，潜心研究，编写出了《宝坻劝农书》，向农民介绍播种、耕治、灌溉、粪壤等方面的知识，促进宝坻水稻种植的迅速发展。同时，袁黄也是我国历史上重要的思想家之一，其思想自成体系、影响深远，其著作《了凡四训》被称为“中国第一善书”，至今仍然作为修身、齐家、教子的范本在海内外流传。

袁黄为宝坻留下了宝贵的历史和精神财富。近年来，宝坻区小辛码头村作为袁黄教种水稻之所，深挖袁黄文化和农耕文化，为休闲农业增添文化内涵，使游客在乡村有所乐，亦有所学。小辛码头村建设了凡广场、袁黄文化微展厅等接待设施，向游客讲述袁黄事迹，传播了凡思想。同时，小辛码头村凭借悠久的水稻种植历史和深厚的稻耕文化发展水稻观光休闲农业，建设了汇集国内外3000多个具有较强地域性和观赏性水稻品种的水稻文化观光园，吸引大量游客前往休闲观光，在京津唐休闲农业中独树一帜。

5. 传统戏剧、曲艺

表2-31　天津市涉农区传统戏剧、曲艺一览

序号	地区	传统戏剧、曲艺
1	蓟州区	蓟州西路评剧
2	宁河区	评剧（国家级）
3	北辰区	天津时调（大数子）
4	津南区	河北梆子“银派·达子腔”、“陈（小花玉兰）派”评剧
5	滨海新区	评剧（国家级）
6	宝坻区	宝坻皮影戏、京东大鼓（国家级）

资料来源：整理自天津市市级非物质文化遗产名录。

6. 传统美术

传统美术包括传统艺术绘画、书法、工艺美术以及雕塑等，是传统艺术的重要组成部分，是我国优秀传统文化的重要载体。笔墨丹青、抟绘塑雕，于方寸之间纳天地，于细节之中显胸怀。天津传统美术异彩纷呈，在我国传统艺术领域占据重要地位。其中“泥人张”彩塑、“刻砖刘”刻砖、杨柳青年画等堪称天津民间传统艺术之绝，在国内外享有很高的声誉。除泥塑、年画、刻砖等传统美术绝品外，天津市还拥有剪纸、根雕、壁挂、烙画、刺绣、脸谱、鱼骨画、丝蓝画、木牙雕、玉雕、木雕、彩灯、金属画等丰富的民间传统美术形式，无论是创作方式还是表现手法都体现出广博之象。这些作品题材广泛，内容丰富，充分体现了民间艺术家的聪明才智和创造力，展示了民间艺术丰厚的文化底蕴和浓厚的大众基础，再现了天津“民间艺术之最”的精湛技艺与雄厚的实

力。由于传统美术为休闲农业发展的重要资源，故本研究统计了各涉农区主要民间传统美术，详细内容见表 2–32。

表 2–32　天津市涉农区民间传统美术汇总

序号	地区	民间传统美术
1	蓟州区	蓟州皮影张、盘山彩塑、抟土艺术
2	宝坻区	宝坻农民画、木雕、石雕、剪纸
3	宁河区	东丰台木版年画、天津木版烙画、宁河芦绣、剪纸、根雕
4	东丽区	大郑剪纸
5	西青区	杨柳青木版年画（国家级）、泥塑、杨柳青剪纸、葫芦制作工艺（范制葫芦模具制作工艺）
6	北辰区	剪纸、雕塑砖刻
7	静海区	竹雕、剪纸、工艺镜、盆景
8	武清区	东蒲洼剪纸、青铜器仿制品
9	津南区	麦秸画、面塑（工艺面塑）、剪纸
10	滨海新区	宫廷补绣、剪纸（大港剪纸）、塘沽版画

资料来源：整理自天津市市级非物质文化遗产名录及天津民俗志。

杨柳青木版年画

杨柳青木版年画始于万历，盛于清朝，2006 年被纳入第一批国家级非物质文化遗产名录，代表着天津民间传统美术的极高艺术水平。杨柳青木版年画继承了宋、元时期的绘画传统，吸收了明代木刻版画、工艺美术、戏剧舞台等艺术形式，采用木版套印和手工彩绘相结合的方法，创立了鲜明活泼、喜气吉祥、富有感人题材的独特风格，与苏州桃花坞年画并称“南桃北柳”。杨柳青木版年画内容丰富，包括历史故事、神话传奇、戏曲人物、世俗风情以及山水花鸟等多个题材，贴近民间场景，反映百姓生活，将现实主义与浪漫主义完美结合，是反映历史时代风貌的“百科全书”。加之其采用刻绘结合的特色手法，刻工精美、绘制细腻、色彩绚丽，被公推为中国民间木版年画之首。

7. 民间集会

民间集会是民众在礼仪盛典、传统节日、喜庆丰收及祭祀活动中进行的大型娱乐活动，代表着民众对过去的纪念和对未来的期盼。民间集会常见于庙会或者年节时的花会，形式多样，吸引大量民众参与。花会或者庙会上常见的表演形式包括法鼓、跑落儿、高跷、重阁、秧歌、旱船、小车会、碌碡会、篓子灯、杠箱、龙灯、狮子、竹马、飞镲、中幡、少林会等。各区会发展自己的表演队伍，并逐渐形成自身较为擅长的表演形式。如北辰区的“北仓随驾狮子会”，始于明永乐六年（1408），前身为大鼓会，身披铠甲，肩负大鼓，载歌载舞。清代天津出皇会，为庙中“娘娘”出巡时开路护驾，因名“随驾狮子会”。由四个大狮、一个小狮一同表演雄狮出山、狮子滚绣球、踩桥、走八字梅花桩等动作。天津市各涉农区主要民间集会详见表 2-33。

表 2-33　天津市涉农区重要民间集会汇总

序号	地区	民间集会
1	蓟州区	独乐寺庙会
2	宝坻区	宝坻灯节
3	津南区	葛沽宝辇出会（国家级）、咸水沽镇“海下文武高跷”、八里台镇“民间吹奏乐”、咸水沽蜂窝庙会、津南大中华文化庙会
4	西青区	运河文化（杨柳青段）、峰山药王庙会、杨柳青民间佛道乐、杨柳青元宵灯会
5	北辰区	北仓镇“虫八蜡庙小车会”、芦新河“随驾狮子会”
6	静海区	中旺张高庄龙灯会、大六分村登杆圣会、唐官屯重阁会、西双塘灯会
7	东丽区	大杨宝辇出会、老姆庙会与花会、大宋娘娘庙与花会、苏庄妈祖古庙与花会
8	滨海新区	潮音寺民间庙会

资料来源：整理自天津市市级非物质文化遗产名录、各涉农区区（县）志及调研资料。

（三）历史文化资源

历史文化资源是地方历史和传承的凝结，是地方文化的有形载体，也是发展休闲农业和乡村旅游得以依赖的重要文化资源。其或表现地方悠久的历史，或表现区域的重要地位。天津市各涉农区历史遗址遗迹资源丰富，类型多样，资源禀赋较好，具有较强的开发潜力和利用价值。其中，尤以蓟州区和滨海新区为甚，二者依托不同的自然和历史条件，在长期的历史发展过程中积累了颇具特色的历史文化资源。

滨海新区全境东濒渤海湾，“浊水所经，即为平陆”，系过境河流所携泥沙于入海口处淤积而成。滨海而居的地理环境对其历史文化有着决定性的影响。前来煮盐和打鱼的盐民和渔民成为滨海新区成陆后最早的居民，这也决定了滨海新区历史文化中的海洋特征，诸多遗址、古建筑乃至风物传说都围绕居民赖以生存的大海展开，并不断积累和丰富，形成了众多特色鲜明的寺庙等传统建筑。同时，由于滨海新区“外接深洋，内系海口”，且紧靠皇都，是离京城最近的出海口，因而历来素有“京畿门户”“京津屏障”之称，战略地位十分重要，乃历代兵家必争之海防重地，形成了独特的海防文化，无论古代还是近代，都遗留下知名度较高的历史文化资源。海洋和海防赋予了滨海新区历史资源极高的价值，未来发展休闲农业亦应当对此加以重视。

蓟州区素为历史文化名城，自春秋以来即设县置州，历代相沿。境内独乐禅寺、黄崖雄关、盛景盘山，津门十景独居其三，名胜古迹遍布，文化源远流长。据统计，蓟州区内有国家重点文物保护单位 1 处，市级重点文物保护单位 5 处，县（区）级重点文物保护单位 37 个，文物保护点 268 处，革命战争遗址和纪念地 160 余处。夏商遗存、西周遗址、汉墓群、唐宋元辽墓葬、清王爷陵和太子陵等古遗迹遍布全区。且蓟州区为北部山区，现代农村规模相对较大，有着良好的农业文化传承，因而充分开发利用历史文化资源，发展休闲农业有着深厚的根基，进一步提高了资源价值。同时，近代以来，蓟州人民在反封建、反侵略，实现国家解放过程中勋业辉煌。白莲教、义和团、平津战役、和平解放北平等都是影响国家和民族的大事件，其遗址遗迹和传说具有较大的吸引力，是具有较高价值的文化资源。

基于对天津各涉农区历史遗址遗迹的考察，在此将其中较为著名、有着重要影响力的历史遗迹、建筑碑刻以及风物传说进行总结。

1. 历史遗址

历史遗址是人类在千百年间认识自然、改造自然中的活动遗迹，既包括人类为不同用途所营建的建筑群体，也包括人类对自然环境利用和加工所遗留的场所。由于遗址遗迹经历了较久远的历史年代，因而其多为具有一定的区域范围的不完整残存物，很多史前遗址、远古遗址都深埋在地表以下。由于历史遗迹的发现往往能成为历史推演甚至重大历史发现的佐证，因而在考古发掘中颇受重视。天津市蓟州区、宝坻区等涉农区历史悠久，已发现的遗址遗迹可以追溯到战国时代，是中国悠久历史与光辉文明的重要见证。由于历史遗迹能够成为休闲农业开发的重要观光和体验资源，因而笔者参考天津市各涉农区区志，对各涉农区境内主要的历史遗址遗迹进行梳理，以期为休闲农业开发决策提供参考（表 2–34）。

表 2–34　天津涉农区重要历史遗址汇总

序号	地区	重要历史遗址
1	蓟州区	围坊古遗址、静寄山庄旧址、云罩寺、古浮屠遗址、张家园遗址、许家台南城子古遗址、穿芳峪园林遗址、平津战役指挥所遗址、和平解放北平蓟县谈判纪念地遗址
2	宝坻区	秦城、甘泉、影沽遗址、萧太后梳妆楼遗址、程四淀战国遗址、牛道口古文化遗址、赵各庄战斗遗址、歇马台遗址
3	宁河区	双坨西汉古文化遗址、田庄坨战国——汉代古文化遗址、林节战国——汉代古文化遗址、北大岭汉代古文化遗址、桃园岭汉代古文化遗址、前后七里海北岸战国——汉代古文化遗址、战国大尹庄墓地、双坨墓群
4	东丽区	军粮城唐城遗址、白沙岭遗址、东杨台遗址、务本二村遗址、务本三村遗址、西南韭遗址、大郑庄窑址、军粮城石棺墓、张贵庄战国墓、刘台石棺墓、塘洼墓
5	津南区	巨葛庄战国遗址、商家岑子战国遗址、岑子肋战国遗址、五家洼战国遗址、王坨子战国遗址、二道桥战国遗址、田家场战国遗址、韩家洼战国遗址、东泥沽战国遗址、瞿家甸汉代遗址、双港宋代遗址、前三合宋代遗址、孟将军墓、巨葛庄古墓群、前三合古墓群
6	西青区	张家窝战国遗址、红土岗战国遗址、大任庄战国遗址、宋代沙窝寨遗址、宋代当城寨遗址、小甸子元代遗址、傅村近代钱币窑藏遗址、小韩庄元代遗址、席市明代遗址、张遇墓、杨柳青宋代墓葬、北里八口明代墓群

续表

序号	地区	重要历史遗址
7	北辰区	北仓砖瓦厂战国遗址、双口战国及汉代遗址、双口一枝花战国遗址、小诸庄战国遗址、东堤头战国及汉代遗址、贾庄伙元明遗址、五嘴子元明遗址、前丁庄战国墓群、双口西汉伉俪墓
8	静海区	前石门遗址、纪庄子遗址、西钓台古城遗址、大郝庄村东、西、北遗址、双楼南、北遗址、台头行宫、天下第一坛、文庙、移兴寺遗址、城隍庙、靖海侯府、中央文化部“五·七”干校遗址
9	武清区	小韩村遗址、大张庄遗址、田户村遗址、兰城遗址、燕长城、泉州故城、河西务城、霍堡、十四仓、桃柳堤、汉雁门太守鲜于璜墓、辛庄寺古墓群、田户村墓群
10	滨海新区	中塘乡战国居住遗址、大沽炮台、北塘炮台、大沽船坞、《塘沽停战协定》签订旧址、“万人坑”、盐母庙、鱼骨庙、小圣庙、张家码头、南茶棚、八卦滩、营城炮台、三岔门

资料来源：整理自天津市各涉农区区（县）志及相关资料。

2. 建筑碑刻

表 2-35　天津市涉农区重要建筑碑刻汇总

序号	地区	类型	重要建筑碑刻
1	蓟州区	特色建筑	盘山烈士陵园、独乐寺、黄崖关长城、太平寨长城、天成寺、万松寺、千像寺、定光佛舍利塔、古佛舍利塔、多宝佛塔、太平禅师宝塔、公输子庙、关帝庙
2		碣石碑刻	乾隆皇帝御制碑、盘山千像祐唐寺创建讲堂碑、烈士纪念碑、乾隆皇帝书法壁碑、渔阳重修宣圣庙学记、御衣局记、游盘山记碑
3	宝坻区	特色建筑	广济寺、大觉寺、石经幢、大口屯清真寺、朝霞寺、药王庙
4		碣石碑刻	重修崇寿寺记
5	宁河区	特色建筑	于方舟烈士故居、于方舟衣冠塚墓地、天尊阁、宝塔寺、兴隆庵、关帝庙、镇海庵
6		碣石碑刻	宝塔寺碑、卧龙桥碑
7	东丽区	特色建筑	老袁庄老姆庙、大毕庄泰山行宫
8		碣石碑刻	重修大毕庄泰山行宫碑记、李鸿章德政碑、蜀素卷董其昌题记石刻
9	津南区	特色建筑	老姆庙、九桥十八庙、鱼骨庙、慈云寺、匀匀老祖塔、葛沽巡检署、袁世凯公馆、周公祠、葛沽天后宫药王庙、华盛寺
10		碣石碑刻	皇恩宪德万民感念碑、重修海河叠道碑、津东书院碑、葛沽庄民仰恩盛军除灾兴利碑
11	西青区	特色建筑	关帝庙、董家大院、安氏家祠、杨柳青火车站候车厅
12		碣石碑刻	重修师国寺记、天津府公证碑、文昌阁碑、安氏家祠记、于曰江墓表、重修白衣观世音菩萨大殿山门记、耕乐先生宋公志铭
13	北辰区	特色建筑	安幸生烈士故居
14		碣石碑刻	明故从侍郎王公墓碑、赵怡斋配刘恭人墓碑、赵约堂墓碑、双口村修建龙凤石桥碑、天穆清真寺碑

续表

序号	地区	类型	重要建筑碑刻
15	静海区	特色建筑	九宣闸、唐官屯铁路桥、独流老木桥、静海火车站、传统民居
16		碣石碑刻	周太师尚父钓台庙碑、励志墓志、格淀堤诗碑、钓台诗碑、南运河靳官屯闸记碑
17	武清区	特色建筑	黄花店无梁阁、大良永济寺塔、孝力禅林寺
18		碣石碑刻	鲜于璜碑、藏经阁碑记、清建威将军周济昌庙碑铭、谥济昌刚节圣旨碑、邑侯胡公志思碑、诗碑、武清县正堂告示碑
19	滨海新区	特色建筑	双忠祠、潮音寺、海神庙
20		碣石碑刻	重建菩萨庙大殿碑、大日本海军陆战队先登纪念碑、允毅桥碑、永济桥碑、重修寨上盐母、三官庙碑、重修营城至北塘大道碑、平津战役烈士纪念碑

资料来源：整理自天津市各涉农区区（县）志及相关资料。

3. 风物传说

地方风物传说是地方自然条件和历史过往的体现，包含着大量关于本地方的特定山川、风物、建筑、特产、民俗等知识，广泛地反映着地方风情和居民的社会生活。地方风物传说或表现世世代代人们征服自然、改变山河面貌的艰苦斗争，或表现人民在统治阶级压迫下的苦难生活和各种形式的反抗斗争，它是人民群众抒发自己的悲欢、表现自己的生活理想的话语表达。风物传说中关于历史人物的故事，对无名英雄的赞扬，都以极高的精神内涵和价值取向成为休闲农业开发的重要资源。如宝坻区小辛码头村以袁黄传说为基础，进行了一系列开发活动，促进了当地休闲农业文化品位的提升。因此，我们对天津市各涉农区主要的风物传说加以整理。详情见表 2–36。

表 2–36　天津市涉农区重要风物传说汇总

序号	地区	重要风物传说
1	蓟州区	白塔寺传说、白蛇谷传说、田畴隐居盘山的传说、赵普半部论语治天下的传说、《水浒》人物传说、窦燕山传说故事
2	宝坻区	康熙帝误读“坻”字、康娘娘入宫受宠、杜阁老让街、石幢镇恶龙、李半朝传说、袁黄传说
3	宁河区	石匣的传说、卧龙桥传说、天尊阁传说、杨虎子河传说、潘庄的传说、杨七郎墓的传说
4	东丽区	塌河淀（殿）、朱元璋与张贵庄的由来、大毕庄的来历、赤土村名的变化
5	津南区	袁世凯小站练兵、周恩来学生时代南郊编剧、聚宝盆的来历、葛沽太平庄的来历、娘娘庙的来历、妖精地的传说、徐世昌葛沽口拜墓
6	西青区	霍元甲神力护盐车、霍元甲痛打洋奴、霍元甲卖柴、霍元甲怒打皇差、霍元甲井口堵碌碡、霍元甲除河霸、霍东阁莲池比武、黄天霸之死、小南河大塔、药王庙、白滩寺、皇姑坟、乾隆赐名杨柳青、赤龙河的来历、杨柳青学年画、石家捐官、文昌阁、春宫避火图

续表

序号	地区	重要风物传说
7	北辰区	义贞记传奇、一支花儿道、关上斗鼓
8	静海区	姜子牙钓鱼台、仙人墓传说、凤凰台传说、杨延昭屯兵处、杨家将和静海地名传说、静海的城隍庙在城外、秃尾巴老李、郑布政吃马传说
9	武清区	三义屯雌雄兄弟传说、小白龙闹水、韩寡妇复仇记、王致和吟臭豆腐诗中举、义和团夜袭洋鬼子、汊沽港的传说、凤凰台传说、燕王湖传说
10	滨海新区	张娘娘传说、海门黄瓜王龙宫捡种、鸡心滩、福隆大厅由来、三尺铜佛铁瓦庙、雾抬寺、铁神庙、海鲇鱼讨封、披麻的由来、望海楼与马棚口的传说、八幢楼的传说、南蛮子憋宝

资料来源：整理自天津市各涉农区区（县）志及相关资料。

4. 人文旅游资源

人文旅游资源以其独特性和传统性而成为旅游者游览观赏的对象，不同的地域基于差异化的地理环境在长期的历史发展和演进过程中，形成了各种各样的亚文化，这些亚文化以居民生活、文化艺术、历史文物、民族风情和物质生产等为载体表现出来。天津市人文景观类旅游资源主要有独乐寺、杨柳青博物馆、大沽口炮台遗址、精武门·中华武林园、萨马兰奇纪念馆、滨海航母主题公园、宝成博物苑等。详见表 2–37。

表 2–37　天津市重点人文景观类资源明细

序号	名称	所在地	内容
1	独乐寺	蓟州区	是中国仅存的三大辽代寺院之一，独乐寺山门和观音阁是辽代建筑，其他为明、清所建
2	杨柳青博物馆	西青区	石家大院素有“津西第一宅”之称，是中国目前保存最好、规模最大的晚清民宅建筑群。博物馆于石家大院内，有多种民俗陈列和清末民初建筑复原陈列
3	大沽口炮台遗址	滨海新区	俗称“津门之屏”，国家 4A 级旅游景区，大沽口炮台遗址被国务院确定为全国重点文物保护单位，又以“海门古塞”之誉评为“津门十景”之一，并确定为天津市爱国主义教育基地
4	精武门·中华武林园	西青区	占地 4500 亩，是以武术为主体，集馆藏、民俗、文化、武术演练、餐饮、住宿、康疗、健身、娱乐、休闲为一体的特色文化旅游区
5	萨马兰奇纪念馆	静海区	占地约 50 亩，建筑面积约 3 万平方米，馆内展示有萨马兰奇毕生珍藏的书籍、纪念品、收藏品等约 16000 件藏品
6	滨海航母主题公园	滨海新区	是集航母观光、武备展示、主题演出、会务会展、拓展训练、国防教育、娱乐休闲、影视拍摄八大板块为一体的大型军事主题公园，国家 4A 级旅游景区
7	宝成博物苑	津南区	国家 4A 级旅游景区，以“古石、古树、古建筑、古文化”四古合一为特色，是集旅游、园林、宾馆、会议、文化、休闲、娱乐为一体的综合性旅游景区，爱国主义教育基地

资料来源：整理自公开资料。

5. 农业文化遗产

农业文化遗产是人类与其所处环境长期协同发展中，创造并传承至今的独特的农业生产系统，这些系统具有丰富的农业生物多样性、传统知识与技术体系和独特的生态与文化景观等，对我国农业文化传承、农业可持续发展和农业功能拓展具有重要的科学价值和实践意义。我国农耕文化灿烂，历史悠久，千百年来生生不息，加之幅员辽阔，不同地区自然与人文的巨大差异，创造了特色鲜明、种类繁多、经济与生态价值高度统一的重要农业文化遗产，它们是我国劳动人民凭借着独特而多样的自然条件和勤劳与智慧创造出的绝伦工程，是中华农业文化的典范和集中体现，蕴含着天人合一的哲学思想，具有较高的历史文化价值和现实应用价值。其一，农业文化遗产的保护有利于中华优秀农耕文明的传承，农业文化遗产是一个有机共存的生态系统，千百年来生生不息，体现出了极强的适应性，这与其天人合一、顺应自然的中华农耕文明有着明显的关联。因而，对农业文化遗产的传承保护对发扬农耕文明裨益良多。其二，农业文化遗产是现代农业的有益借鉴，“三农”问题作为我国发展的重中之重，选择适合我国国情的农业发展道路至关重要。生生不息的农业文化遗产为地方农业发展带来了有益的启示和思路，有利于地方因地制宜、综合发展，走出一条绿色经济的农业发展道路。其三，农业文化遗产有利于丰富农业发展形态，其中作为休闲农业资源，促进休闲农业发展，帮助农民就业增收即为重要作用之一。我国许多重要的农业文化遗产既是重要的农业生产系统，又是重要的文化和景观资源。通过对农业文化遗产的发掘，在保护的基础上，将农业文化宣传展示与休闲农业发展有机结合，既能为休闲农业发展提供资源载体，为遗产保护提供资金、人力支持，又能有效带动遗产地农民的就业增收，推动当地经济社会的发展。

新时期面对工业化和城市化对乡村和农业发展的冲击，保护和传承优秀农耕文化，农业农村部开展了重要农业文化遗产评选与保护工作，截至目前，已经在全国范围内评选出 5 批重要农业文化遗产。其中天津滨海崔庄古冬枣园入选农业部第二批中国重要农业文化遗产，天津津南小站稻种植系统入选第五批中国重要农业文化遗产名单，未来还会有更多的天津本地特色农产品凭借悠久的种植历史和完善的种植系统积极申报全国重要农业文化遗产。

滨海崔庄古冬枣园位于天津市滨海新区大港太平镇崔庄村，其中古冬枣核心区面积 238 亩，新枣试验区 1300 亩。600 年以上枣树 168 棵，400 年以上枣树 3200 棵，是我国成片规模最大及保留最完整的古冬枣林。古冬枣树是国内唯一的植物类全国重点文物保护单位，是活态的文物。据明史记载，早在 600 多年前，人们就开始在古老的娘娘河北岸种植冬枣树。相传明孝宗皇帝曾和皇后张娘娘在这片冬枣林中采摘、品尝过冬枣，并始建“皇家枣园”，即现被誉为冬枣之乡的崔庄古冬枣园。

近年来，滨海新区崔庄村不断发掘冬枣文化，推出了崔庄“冬枣文化节”、品牌推介会“枣花姑娘评选”等活动，吸引了大量游客到来。随着冬枣种植规模的不断扩大，崔庄冬枣通过了“国家地理标志产品”“无公害农产品”认证，在法律上获得了强有力的保证，在市场上树立起良好的品牌。崔庄村也获得了全国一村一品示范村、天津市旅游特色专业村、天津市十大美丽乡村、全国休闲农业与乡村旅游示范点、全国清洁能源村、天津市首批文明生态村等荣誉称号，成为滨海新区休闲农业发展的优秀典型。

（四）农民生活资源

1. 农村闲置资源

2019 年 2 月 19 日，新华社授权发布《中共中央国务院关于坚持农业农村优先发展做好“三农”工作的若干意见》（中央一号文件），意见指出，“要充分发挥乡村资源、生态和文化优势，发展适应城乡居民需要的休闲旅游、餐饮民宿、文化体验、健康养生、养老服务等产业”，同时“开展闲置宅基地复垦试点，允许在县域内开展全域乡村闲置校舍、厂房、废弃地等整治，盘活建设用地，重点用于支持乡村新产业新业态和返乡下乡创业”。明确了发展休闲农业和乡村旅游对促进乡村地区发展、实施乡村振兴战略的必要性，同时针对目前农村土地管理中较为突出的土地制度问题，鼓励激活和利用农村宅基地、废旧厂房等闲置资源，解决“大棚房”整治背景下休闲农业和乡村旅游发展中土地、住房等资源供给紧缺的问题。由此可见，闲置资源在发展休闲农业中有着重要意义。

在我国休闲农业和乡村旅游需求持续旺盛的当下，日趋严格的土地政策给休闲农业的发展带来了挑战，如何在保证基本农田、不触碰耕地红线的情况下发展休闲农业和乡村旅游成为我国乡村地区亟待解决的问题。而城市化进程加速，大量农民进入城市，闲置的宅基地和农房等造成严重的资源浪费，也给乡村地区带来了一系列问题。因此，从理论上来看，开发和利用闲置资源，发展休闲农业和乡村旅游显然成为“变废为宝”的重要途径。立足于此认识，在总结国外乡村建设经验和地方试点的基础上，我国中央和地方政府都出台了一系列政策，鼓励激活农村闲置资源潜力，发展乡村康养文旅产业等新业态、新模式、新产业，实现乡村振兴、农民富裕，缩小城乡差距。

乡村地区闲置的房舍、废旧校舍和厂房以及闲置宅基地等资源对发展休闲农业和乡村旅游具有重要意义，而对闲置资源加以开发利用的前提即为对闲置资源存量的认识。因而，为促进天津市各涉农区休闲农业发展，充分高效地利用闲置资源，我们会同天津市农业农村委员会村镇处基于对全市各涉农区闲置资源的调查数据进行闲置资源存量分析，以期做到“心中有数”，明确休闲农业和乡村旅游产业开发中闲置资源的开发潜力。

借鉴专家学者的研究，可以将乡村闲置资源分为“生活性闲置资源、生产性闲置资源及公共设施闲置资源”。以此为基础，划分休闲农业和乡村旅游发展中可能利用到的闲置资源，包括闲置农宅、闲置宅基地等生活性闲置资源，闲置农业生产工具、农地等生产性闲置资源，以及闲置校舍、厂房、废旧庙宇、闲置集体办公场所、闲置公益性公共设施用地等公共设施闲置资源。由于对天津市各涉农区乡村闲置资源的调查尚处于初步核查阶段，所以呈现出调查涉及对象较少、调查内容以易于统计的房舍和土地为主的特征。具体而言，主要包括闲置经营性用地、闲置公益性公共设施用地、闲置农宅和闲置农房。天津市休闲农业“十三五”规划将各涉农区划分为环城都市休闲区、滨海渔农休闲区、远郊田园休闲区和蓟州山野休闲区四大功能性分区，分别指向不同的发展方向。环城都市休闲农业区包括东丽、西青、津南、北辰四区，紧靠市中心，交通便利，休闲农业产业基础较好，具有极大的开发潜力。滨海渔农休闲农业区主要为滨海新区，包括塘沽、汉沽、大港三个地域。远郊田园休闲农业区包括静海、武清、宝坻、宁河四区。蓟州山野休闲农业区为有着独特山地地形的蓟州区。本研究将以此划分为基础，依据天津市农委的闲置资源调查资料，对天津市各涉农区乡村闲置土地和房舍资源数量进行分析。

（1）闲置土地存量

闲置土地主要包括闲置经营性用地和闲置公益性公共设施用地。经营性用地指用于商业、旅游、娱乐、金融、服务业、商品房等经营性项目的用地，按照我国《物权法》及其他法律的规定，经营性建设用地使用权的取得应当采用招标、拍卖、挂牌方式出让。公益性公共设施用地主要是指承载集体福利或者社会公共利益用途的各类用地，包括基础设施用地、公共设施用地、国家机关和军事用地、公园绿地和自然保护区域，以及国家重点支持的能源、交通、水利设施用地等。在保证国家 18 亿亩基本农田不动摇的情况下，合理收储和利用闲置宅基地、闲置公益性用地和闲置经营性用地，是解决休闲农业和乡村旅游用地难题的关键所在。

基于天津市农业农村委各涉农区调查统计数据可以得出，天津市各涉农区共有闲置经营性用地 1234 处，面积达 17971.92 亩，共有闲置公益性公共设施用地 523 处，面积达 6996.74 亩，两者总面积共计 24968.66 亩，占村庄总面积比重为 1.24%。详见表 2–38。可见，天津市各涉农区闲置土地面积总量较大，开发潜力充足。同时，从表中也可以看出，天津市各区闲置用地中经营性用地较公益性公共设施用地面积大，土地资源更加充足，鉴于我国现行休闲农业和旅游用地的性质和取得方式，这对发展休闲农业而言无疑是一大利好。横向比较不同功能区闲置土地面积，可以发现滨海渔业休闲区闲置经营性用地面积最大，占村庄总面积比重也最大，反映出滨海新区在取得休闲农业用地方面更为便利。而闲置公益性公共设施用地中远郊田园休闲农业区面积最大，且与其他各休闲农业区差距明显，反映出远郊田园休闲农业区较大的土地开发利用潜力。

表 2–38　天津市四大功能区闲置土地资源数量汇总

名称	村庄总面积（亩）	闲置经营性用地			闲置公益性公共设施用地		
		处数	面积（亩）	占总面积比重	处数	面积（亩）	占总面积比重
蓟州山野休闲农业区	343205	113	1380	0.40%	62	209	0.06%
远郊田园休闲农业区	996349.8	533	6324.92	0.63%	225	5812.74	0.58%
滨海渔农休闲农业区	151169	320	6483	4.29%	217	926	0.61%

续表

名称	村庄总面积（亩）	闲置经营性用地			闲置公益性公共设施用地		
		处数	面积（亩）	占总面积比重	处数	面积（亩）	占总面积比重
近郊都市休闲农业区	521416	268	3784	0.73%	19	49	0.01%
合计	2012138	1234	17971.92	6.05%	523	6996.74	1.27%

数据来源：天津市农业农村委各涉农区闲置资源调查统计数据。

四大功能区因自身自然条件和距市中心距离差异，休闲农业开发方式和休闲农业资源利用方式会有所差异，要在遵循各功能区发展定位的基础上实现同一功能区内各区的差异化发展，防止恶性竞争，就需要对上述统计资料进一步细化，以各涉农区为主体，进行闲置经营性用地和闲置公益性公共设施用地存量情况观测。从天津市各涉农区闲置土地存量表（表 2–39）中可以看出，滨海新区闲置经营性用地面积最大，达 6483 亩，占本区村庄总面积的比重为 4.29%，可见滨海新区乡村闲置经营性用地广阔。同时，滨海新区的闲置经营性用地面积远超其他涉农区，占天津市各涉农区闲置经营性用地面积总量的 36%，体现出巨大的开发利用潜力。除滨海新区以外，静海区和西青区闲置经营性用地面积也相对较大，西青区闲置经营性用地面积占村庄总面积的 11.65%，这一比例在所有涉农区中为最高，体现出作为环城都市区的西青区土地利用的较大潜力，特别是同环城都市区中的津南区、东丽区和北辰区相比，西青区闲置性经营用地存量远超其他三区，这一资源现象值得在未来的休闲农业开发中重点关注。从闲置公益性公共设施用地面积来看，总体上各涉农区闲置公益性用地面积都小于闲置经营性用地面积，且有着明显的差距。只有宝坻区的情况相反，其闲置公益性公共设施用地面积为 5260 亩，显著高于闲置经营性用地面积 1186 亩。各涉农区纵向比较来看，东丽区、津南区、西青区和北辰区闲置公益性公共设施用地数量极为有限，可供开发利用的空间十分狭窄。而宝坻区的闲置公益性公共设施用地面积占宝坻区村庄总面积比重为 2.34%，闲置公益性用地总面积和占村庄面积比重在各涉农区中均为最大，特别是闲置公益性用地面积达环城四区闲置公益用地总面积的 100 余倍，显示出巨大的闲置土地存量。

表 2–39　天津市涉农区闲置土地存量

涉农区名称	村庄总面积（亩）	闲置经营性用地面积（亩）	闲置公益性公共设施用地（亩）	闲置经营性用地占村庄总面积百分比	闲置公益性公共设施用地占村庄总面积百分比
蓟州区	343205	1380	209	0.40%	0.06%
宝坻区	224892	1186	5260	0.53%	2.34%
武清区	279229	1217	147	0.44%	0.05%

续表

涉农区名称	村庄总面积（亩）	闲置经营性用地面积（亩）	闲置公益性公共设施用地（亩）	闲置经营性用地占村庄总面积百分比	闲置公益性公共设施用地占村庄总面积百分比
宁河区	234905	870	101	0.37%	0.04%
静海区	257323.8	3051.92	304.74	1.19%	0.12%
滨海新区	151169	6483	926	4.29%	0.61%
东丽区	36931	236	2	0.64%	0.01%
津南区	9742	160	21	1.64%	0.22%
西青区	23722	2764	3	11.65%	0.01%
北辰区	451021	624	23	0.14%	0.01%
合计	2012138	17971	6998	0.89%	0.35%

数据来源：天津市农业农村委涉农区闲置资源调查统计数据。

（2）闲置房舍存量

据我国城市化进程的分析资料估计，全国每年约有1200万农村人口要转移到城镇地区，按照目前我国农村居民人均用地153平方米计算，每年将均有18.36万平方米的农村宅基地将面临闲置状态，如何盘活利用闲置农宅，促进农村消费升级，是目前亟须解决的问题。闲置房舍主要包括闲置农宅和闲置农房，前者为农民于宅基地上建设的用于人居的宅院，后者主要涉及农民用于仓储、饲养牲畜等非人居用途的房舍。对发展休闲农业和乡村旅游而言，闲置农宅和闲置农房经过一定的创意开发，不仅可以解决当前休闲农业接待能力不足的问题，而且为闲置农房农舍赋予了文化气息，可以使其成为具有吸引力的旅游资源，因而有必要对天津市各涉农区闲置房舍存量进行统计，从而为休闲农业开发决策提供数据支撑。

从表2-40可以看出，天津市各涉农区闲置房舍中闲置农宅面积总计3114043平方米，其中院落总面积1684380平方米，建筑面积770609平方米，闲置农房存量巨大，其中远郊田园区总量最大，且与其他各休闲区有显著差距。闲置农房总面积达1285997平方米，其中远郊田园区为859666平方米，在各休闲区中位于第一。巨大的闲置农宅和农房面积为天津市各涉农区休闲农业发展提供了良好的资源基础，使探索休闲农业园区发展与村庄相结合，发挥村庄闲置房舍资源的接待作用成为有现实保障的命题。凭借具有可行性的组织结构和开发模式，将成为发展休闲农业和乡村旅游，解决天津市城乡发展不平衡问题的重要依托。

表 2-40　天津市四大功能区闲置房舍数量汇总

	闲置农宅（平方米）			闲置农房（平方米）	
	总面积	院落面积	建筑面积	间数	建筑面积
蓟州山野休闲农业区	387459	277756	80408	3677	94396
远郊田园休闲农业区	2133696	1139251	515526	37413	859666
滨海渔农休闲农业区	511094	227305	148229	13351	312712
近郊都市休闲农业区	81794	40068	26446	480	19223
合计	3114043	1684380	770609	54921	1285997

数据来源：天津市农业农村委各涉农区闲置资源调查统计数据。

同样，从更为详细的各涉农区角度分析闲置房舍存量，可以更有针对性地作出休闲农业开发决策。由于津南区、北辰区、西青区和东丽区离市区较近，受市区经济辐射更为明显，因而城市化程度显著高于其他涉农区，现有农房绝对数量小于其他各区。且由于以上四区土地价格和房价较市区低，因而成为众多外来人口选择的居住地，使房屋出租率和利用率较高，这一现象在本次闲置资源调查中也明显体现出来，环城四区的闲置房舍数量较低，有的区基本无闲置房舍存量。因而，我们将重点对除环城四区以外的其他涉农区闲置房舍存量进行分析。

从天津市各涉农区闲置房舍存量表（表 2-41）可以看出，宝坻区闲置农宅的院落面积和建筑面积在各涉农区中最大，与其他区在数量上有着明显的差距。其他各区除环城四区以外，互相之间闲置农宅的院落面积和建筑面积差距相对较小，总体来看蓟州区以及远郊各区闲置农宅面积较大，有较充分的利用空间，加之上述各区乡村自然环境优良，地域特色明显，休闲农业资源禀赋较好，在闲置农宅开发和利用上有着广阔的前景。闲置农房方面，其资源数量基本与闲置农宅规律相同，宝坻区闲置农房建筑面积最大，占各区闲置农房建筑总面积的 25% 左右。其次为滨海新区，闲置农房建筑面积达 312712 平方米。其余蓟州区及其他远郊涉农区闲置农房建筑面积差距相对较小，但绝对数量仍较多，体现出较大的开发利用空间。

表 2-41　天津市涉农区闲置房舍存量

涉农区名称	闲置农宅		闲置农房		
	院落面积（平方米）	建筑面积（平方米）	涉及户数	间数	建筑面积（平方米）
蓟州区	277756	80408	915	3678	94396
宝坻区	509572	197224	4681	18406	369665
武清区	291661	113250	1474	7274	133521
宁河区	154932	76294	1866	8883	139487

续表

涉农区名称	闲置农宅		闲置农房		
	院落面积（平方米）	建筑面积（平方米）	涉及户数	间数	建筑面积（平方米）
静海区	183086	128758	2511	10514	216993
滨海新区	227305	148229	3327	13351	312712
东丽区	–	–	248	336	17114
津南区	227	127	–	–	–
西青区	33737	21240	17	39	868
北辰区	6104	5079	31	105	1241
合计	1684380	770609	15070	62586	1285997

数据来源：天津市农业农村委各涉农区闲置资源调查统计数据。

2. 乡村美食资源

乡村美食将浸润在乡土空气、水和土壤中的食材，变成独具创意的味道，体现了民众的生活美学和对美好生活的向往。由于地理环境、气候物产、风俗习惯的不同，各种食材、调料和烹调技法搭配组合而富有变化，美食资源是各地乡村民众千百年来追求美好生活的生动体现和实践结晶（详见表 2–42）。它超越了单纯的饮食概念，将几千年的历史沉淀为一种独具特色的地方民俗文化，成为地方文化的印记。

表 2–42　天津市涉农区乡村美食资源汇总

序号	地区	乡村美食
1	津南区	葛沽崔记茶汤
2	宝坻区	潮白河野生炖鱼、溜饹馇、特色糊饼、古城活公鸡
3	滨海新区	汉沽八大馇、北塘海鲜
4	东丽区	赤土扣肉
5	北辰区	天穆牛肉、铁锅熬鱼
6	武清区	杨村糕干、东马房豆腐丝
7	蓟州区	子火烧、一品烧饼、麻酱鸡蛋、碗坨儿、咯吱盒、豆腐乳、洇溜猪蹄、八里庄灌肠、桑梓豆片
8	宁河区	七里海河蟹面、义聚永玫瑰露
9	西青区	贴饽饽熬鱼
10	静海区	独流老醋、陈官屯冬菜、曹三焖鱼

资料来源：整理自天津市休闲农业协会调研资料。

3. 农事节庆活动

中国是一个农业大国，农业文化历史悠久、底蕴深厚。但随着社会现代化进程的加快，很多农业文化逐渐被遗失、遗忘。农事节庆承载了积淀多年的农俗农事等农业资源，是农业文化传播的天然载体。农事节庆是农耕社会长期发展、演绎而形成的一种文化形态，反映了不同区域、不同民族的生活方式、风俗习惯等内在与外在的特质。随着现代社会经济的发展和人们精神文化生活需求的日益增长，农事节庆在旅游、休闲、文化产业、区域经济发展中的作用和影响越来越多地被政府部门所看重，成为社会各方所青睐的一种节庆活动样式，在现代社会生活中不断地被创设、复制和演绎。对于有着浓厚传统文化氛围和悠久农耕历史的天津来说，将农事节庆活动与现代社会经济、文化以及城市形象建设结合起来，具有非常重要的社会意义和现实意义。按照农事节庆依托资源类型划分，可将农事节庆分为两种：

（1）以区域特色农产品为节庆资源。如围绕天津地域特色农产品和资源举办的沙窝萝卜节、七里海河蟹节、冬枣节、稻耕文化节、梨花节、油菜花节、桃花节、西瓜节、海鲜节、玫瑰花节、山货节、龙达温泉节等。这类农事节庆依托该地域特产的农产品和特色资源来举办，紧紧围绕特定农产品和特色资源及与之相关的农事、农俗、仪式等设计节庆项目和组织活动内容，与农产品和特色资源的关联性极强。

（2）依托一定的农业习俗举办节庆。如根据各涉农区特色民俗文化举办节庆活动。这类节庆不以特定农产品为主角，通常依托延续多年的传统农业习俗，重新加以包装设计举办庆典活动。特别说明的是农民丰收节、植树节、春节、清明节、端午节、中秋节等也属于这类节庆，可以对之进行重新包装。各涉农区重要农事节庆开发活动详见表 2-43。

表 2-43 天津市涉农区重要农事节庆开发活动汇总

序号	地区	农事节庆活动
1	津南区	小站稻开镰节、迎新樱桃节
2	宝坻区	黄庄洼新米节、大钟庄葫芦文化旅游节
3	滨海新区	茶淀葡萄节、崔庄冬枣节
4	东丽区	大顺园林花卉节、无瑕旅游文化节
5	北辰区	双街葡萄文化旅游节、泉水湾金秋收获旅游节
6	武清区	津溪桃园桃花节、玫瑰庄园采摘节
7	蓟州区	马伸桥蓝莓节、团山子梨花节、大安坪桃花节
8	宁河区	七里海河蟹节、齐心农事体验节
9	西青区	沙窝萝卜文化旅游节、第六埠农民丰收节
10	静海区	运河桃花节、台头西瓜文化旅游节

资料来源：整理自天津市休闲农业协会调研资料。

4. 农耕体验活动

源远流长的农耕历史和重农思想，产生了作为中国传统文化重要组成部分的农耕文化。农业的发展要求因地制宜、顺应天时。因此，一方面不同地区因其地理环境不同而形成了特殊的农事活动；另一方面，人们对自然界的认识尚不深入，为了顺应天时或者祈求风调雨顺，人们将希望寄托于未知的神灵，从而形成了独特的风俗信仰。农事活动和风俗信仰构成了中国农耕文化的核心，也成为认识和利用传统农耕文化的起点。

天津北据山地、东濒海洋，独特的地理位置和历史文化决定了其富有特色的农耕文化。各涉农区尤以蓟州区和滨海新区最为典型，依托其自然环境形成了独具特色的农事活动和风俗信仰。总结梳理农耕体验活动，充分认识农耕文化的内涵，根据各涉农区实际深入挖掘，将成为促进休闲农业和乡村旅游发展的重要手段。在进一步发展休闲农业中，应当重视农耕文化和现代农业的耦合作用，促进休闲农业和乡村旅游高质量发展。

农耕体验活动主要是农民生活和农业生产中所贯穿的活动，如打场、收割、播种、收获、放牧、捕鱼等劳作活动，编织、酿造等传统技艺活动，捉鱼、抓泥鳅、放风筝、荡秋千、骑马等民间游戏等。各涉农区农耕体验活动详见表 2–44。

表 2–44　天津市涉农区农耕体验活动资源汇总

序号	地区	农耕活动
1	种植业	播种、插秧、制肥、施肥、除草、防病虫害、嫁接、修剪枝叶、果实采摘、收割、打场、储藏
2	养殖业	育种、喂养、放牧、剪毛、捡鸡蛋、挤牛奶
3	渔业	垂钓、捕捞作业、放养、摸鱼、采拾鱼贝、采海菜、简单渔具制作
4	农产品加工	酿酒、碾米、榨油、做汤圆、做咸菜
5	其他	锄头和镰刀等传统农具的使用、陶艺、地锅、盆景造型制作

资料来源：整理自天津市休闲农业协会调研资料。

执笔人：郭华，李瑾，黄学群，郁滨赫，郭连文，郭昕悦，奚丽，吕超

第三部分

资源开发篇

休闲农业开发的目的是使潜在的资源优势变成现实的经济优势。因此，休闲农业资源的开发实际上并非局限在对资源本身的开发上，而是在选定好休闲农业资源的基础上，利用这些休闲农业资源而对与之有关的相关条件进行开发和建设，以便使休闲农业资源所在地成为一个有吸引力的绿色环境和发展空间，从而促进休闲农业的绿色环境产业化、产业发展绿色化。

一、休闲农业资源开发模式及演进

休闲农业对于各类资源的开发与利用首先体现在不同类型的开发模式方面，在休闲农业资源产业化开发过程中，休闲农业的基本产业链纵向延伸链条为：种植业、养殖业→农艺景观→主题活动设计→农事参与体验、休闲健身度假、乡村文化体验，可以分为四大环节，而这一产业链随着资源以及经营对象不同，提供的产品与服务可以各种各样，最终使消费者可以获得不同的农业生产体验、农村生活体验和自然生态体验。将目前休闲农业资源开发的主要模式与类型总结为以下几种：

（一）生态资源驱动型（旅游产业带动）

该模式借助天然的自然生态景观，利用大自然所赋予的奇异山水、绿色森林、地热温泉等资源禀赋，依托已开发成型的景区发展而形成，是旅游产业在乡村地区发展的延伸，重点依靠绿色农业资源与景区进行配套，提供食、住、行、游、购、娱多方面的服务，让游客感悟大自然、亲近大自然、回归大自然。

该类型的资源基础主要包括：一是地文资源，包括典型地质构造、标准地层剖面、生物化石点、自然灾变遗迹、名山、火山熔岩景观、蚀余景观、奇特的象形山石、沙（砾石）地、沙（砾石）滩、岛屿、洞穴及其他地文景观。二是水文资源，包括风景河段、漂流河段、湖泊、瀑布、温泉、小溪、冰川及其他水文景观。三是生物资源，包括各种自然或人工栽植的森林、草原、草甸、古树名木、奇花异草、大众花木等植物景观；野生或人工培育的动物及其他生物资源及景观。四是天象资源，包括雪景、雨景、云海、朝晖、夕阳、佛光、蜃景、极光、雾凇、彩霞及其他天象景观。五是温泉资源，包括中低温地热水、地热井、硫黄泉、碳酸泉、食盐泉、其他矿物泉以及单纯泉、露天温泉、室内温泉等。

目前，天津具有代表性的生态资源依托型景区主要有：蓟州北部山区黄崖关长城、盘山风景名胜区、东丽区欢乐谷景区、静海区光合谷景区、滨海新区龙达温泉生态城景区等。它们有一个共同的特点是依托生态资源，将旅游景区与休闲农业项目相互串联，以旅游产业带动休闲农业发展。这里面又可以分为两类：一类是围绕景区景点，配套农家乐、民宿或者休闲农庄，为游客提供食、住、行、游、购、娱的综合服务，满足他们休闲、观光、娱乐的需求，这一类的代表主要集中在蓟州区；另一类是景区拓展自己的经营范围，为满足多样化的市场需求，逐步扩展到休闲农业经营上，典型代表有滨海新区龙达温泉生态城和静海区光合谷。

1. 景区依托型

（1）农家乐（民宿）

农家乐（民宿）指农民利用自家庭院、自己生产的农产品及周围的田园风光、自然景点，建设集餐饮、休闲、住宿于一体的生活体验场所，改善周边村庄的生态环境，配套便捷、卫生、舒适的生活用品，将城市居民吸引到农村吃农家饭、住农家屋、体验农家生活，感受农家乐趣，畅享安详宁静的生活环境。民宿源于农家乐，但高于农家乐。随着乡村游的火热，作为农家乐升级版的民宿所散发出来的浓浓乡愁和淡淡情怀深深地吸引了来自城市的休闲客。现在的新民宿不拘一格，创客们独具匠心，打造了各种个性鲜明的民宿爆款，“故乡田野风”“传统年代风”“运动休闲风”“康体养生风”“艺术文化风”等，能满足不同的审美需求。

以蓟州区为例，2017 年蓟州区接待中外游客 2400 万人次，旅游直接收入 26 亿元，综合收入 130 亿元，其中乡村旅游共接待游客 612 万人次，实现直接收入 8.5 亿元，综合收入 40 亿元。在旅游产业的带动下，蓟州区主要发展以农家乐为主要形式的休闲农业，建成全国休闲农业与乡村旅游示范点 4 个，中国最美休闲乡村 2 个，中国美丽田园 2 个，市级旅游特色村（点）104 个。乡村旅游经营户 2583 户，果品采摘园 4800 亩，直接从业人员 8000 人，间接从业人员 4 万人。全区开发郊野公园、精品采摘、精品民宿、美丽休闲乡村、踏青赏花、自驾游等多条旅游线路，将景区与农家院、民宿、农业园区等资源进行连接，延长旅游产业链条。此外，深入挖掘民俗、历史、艺术、文化资源，设立渔阳金秋旅游节、梨园情旅游文化节、安坪桃花源桃花节、八仙山杜鹃花观赏节，举办摄影、越野大赛以及音乐节等特色活动，进一步活跃旅游市场，提升蓟州区建设中等旅城市的知名度和影响力。

①郭家沟村

郭家沟村地处燕山脚下，隶属蓟州区下营镇，自然风景独特，村北有天台山成为天然靠背，东西两侧的山梁成为两扇自然的屏风。村后有容量 180 万方水库，小溪穿村而过。周边景区景点众多，附近有黄崖关长城、八仙山、梨木台、九山顶及遵化清东陵等景区景点。2015 年郭家沟村在“中国最美休闲乡村”评选中荣获特色民俗村称号，成为入选的全国 120 个最美休闲乡村中的一个。近年来瞄准“最具中国北方传统民居特色的水乡旅游目的地”这一发展定位，主打“休闲养生地、山水郭家沟”这一品牌，瞄准市场需求，转变增长方式，使乡村旅游业的发展由“量的扩张向质的提升”转变，凭借优越的自然资源条件和开发理念，郭家沟村成为蓟州区重要的乡村旅游目的地，2017 年，郭家沟村共接待游客 15 万 ~20 万人次，人均纯收入近 8 万元，通过乡村旅游真正走上了致富之路，成为乡村旅游“供给侧改革”的样板。

②常州村

常州村是天津市最北部的一个小山村，也是唯一地处长城之外的塞外村，因此得名“青山口外”，抗日战争期间，八路军的电台设在山里，就给这里起了个代号“常州”。为纪念这段历史，后来改称“常州村”。常州村吸引游客的重要一点就是九山顶的秀美景色，20 多年来绿水长流、青山常绿。为了满足游客的新需求，村里引进专业旅游公司按照国家要求对景区进行适度开发，玻璃栈道、木栈道、高山划水等，受到了游客的青睐，险峻的九山顶顶峰更是游客必去的地方。常州村作为蓟州区第一个山区农家院发源地，周边有九山顶景区以及红色文化遗址，依托特色旅游资源，乡村旅游得到蓬勃发展，天津市第一个农家院——高翠莲家的临泉别墅就位于此地。干净、安静、绿色、美食、美景、慢节奏的生活，正在推动常州村成为一个北方旅游度假基地。

（2）休闲农庄

该模式以优越的自然环境（山水、森林、温泉）、独特的田园景观、丰富的农业产品（绿色有机农产品），以齐全、高档的设施和优质的服务，为游客提供休闲体验、观光旅游。

①蓟州区众耕农庄

众耕农庄位于天津蓟州区下营镇大平安村后营寨，掩映在蓟州北部燕山山脉深处的长城脚下，景致优美、风情别致，成为蓟州山居耕读的最佳去处。众耕农庄以亲自然、原生态为设计理念，结合华北地区传统民居特色，打造以石头、青砖、灰瓦、茅草等为主要建筑元素的创意文化园。农庄所在的后营寨曾是戚继光将军屯兵屯粮的地方，融入了全国各地军人带来的传统工艺，成为蓟州区的传统手工集聚地，形成了相关的产业链，丰富了旅游的业态，使众耕农庄有了更强的吸引力。众耕农庄以后营寨为基地，建设耕读大学堂、茶室等建筑，营造耕读文化体验氛围，让孩子融入自然环境，陶冶性情、回归自然，增强孩子对耕读文化的体验和感受，打造耕读文化新品牌。

②蓟州区智利风情园

智利风情园，坐落于天津蓟州盘山脚下，占地360亩，位置优越，交通便利，滑雪场、高尔夫球场等周边休闲娱乐场所齐全。整个风情园由安第斯国际会馆，上海世博会智利国家馆和智利水果种植采摘基地组成，可满足游客休闲度假、餐饮住宿、参观游览和鲜果采摘购买方面的不同需求，共同组成了盘山脚下一块充满智利风情的休闲度假胜地。

2. 景区拓展型

该模式与类型主要依托自然优美的乡野风景、舒适怡人的清新气候、独特的地热温泉、环保生态的绿色空间，在此基础上，结合周边区域的田园景观和民俗文化开展休闲体验、农事参与等项目，配套一些休闲、娱乐设施，为游客提供休憩、度假、娱乐、餐饮、康养等服务。

（1）滨海新区龙达都市农业公园

龙达都市农业公园核心区占地2000亩，目前已开发形成了集温泉养生、生态美食、SPA保健、商住会议、礼仪庆典、农业观光于一体的产业链条。在原有温泉旅游景区带动下，进一步拓展现代都市农业观光活动内容，以丰富景区的产品体系。专门成立天津滨城天龙农业科技有限公司，供应自瓶苗、小苗、中苗、大苗到抽梗株等各规格的蝴蝶兰种苗，开展代工蝴蝶兰分生培养及无菌播种业务。同时，积极发展农业旅游观光等业务，实现多渠道和谐发展，形成完整的“科技绿色生态农业产业链”。

（2）静海光合谷

静海区光合谷旅游区占地4500亩，包括青年文化区、温泉酒店区、湿地公园区和设施农业区四大板块，依托温泉旅游资源，配套发展农业观光体验休闲项目，已建成以现代服务业和生态旅游业为主导，文化旅游、温泉度假、会议培训、有机体验于一体的大型文化休闲产业园区。其中，设施农业区占地面积约2000亩，用于有机蔬菜的设施化、标准化种植与生产，并配备开心农场、参观采摘等项目，可进行观光、采摘、体验、游憩和小型蔬菜工作坊等活动，与颐臻尚食、Q宠牧场、光合城堡等形成区域动静相宜的互补。

（3）宝坻区晶宝农庄

晶宝农庄隶属于天津农垦集团，占地约13200亩，交通便利、环境优美，拥有得天独厚的地热资源，是经天津市政府批准建立的省级农业科技园区。基地内有以古希腊和古罗马神话的植物神、农神、丰收之神、花神和水果之神命名的海辛瑟斯园、德墨特耳园、克瑞斯园、芙罗拉园、波莫娜园五大园区，分别向游客展示现代园林艺术、奇异瓜果品种、巨型果蔬、热带花卉景观、果蔬景观等特色景观，融园林艺术和栽培技术、现代蔬菜种植技术与欧式古典园林于一体，是开展农业高新技术展示、农业典型示范、青少年科普教育和现代农业观光旅游的现代化多功能农业基地。

（二）生产资源驱动型（农业产业带动）

该类型是以现代农业生产为核心产业，在市场需求的驱动下，依托原有的资源、科技和产品优势拓展休闲观光、度假服务功能，延长农业产业链条，集设施农业、生态农业、休闲农业于一体，对相关资源进行综合开发，实现休闲农业资源高效开发和利用。特别是当今食疗养生、医药保健与美容产业这三者的社会需求极大，大多数的游客都有获取更加天然健康的乡村食品的渴望，加之养生热潮的出现提出了对天然绿色保健品、有养生保健疗效的当地特产、有美容功能的当地中草药等产业的需求，这些产业与农业产业的结合将会创造出更多的产业附加价值，提升产业竞争力，发展前景广阔。

1. 特色农产品带动模式

现代农业类型多种多样，有观光农业、采摘农业、旅游农业、创意农业、都市农业等。但是无论做什么农业，都不能忽略农业的最基本的功能——生产农产品。发展休闲农业旅游的目的之一，是要通过场景化旅游观光体验，带动农产品在地化销售，并形成产品品牌认知。该模式是以地域特色农产品为基础，利用其优越的品质，富含的文化以及品牌的认知度，通过将农村土特产品开发为商品，延长产业链，提升农产品附加值。实际上该模式是将休闲农业与高品质农产品销售进行结合，创新了农产品销售商业经营模式。

天津地域特色农产品种类丰富，在市民中有着较大的影响力。依托这些产品，形成了相关的产业基地和产业链，如西青区的沙窝萝卜、宁河区的七里海河蟹、滨海新区的冬枣、茶淀葡萄、津南区小站稻等产品，通过举办农事节庆活动提升影响力，注册品牌商标提升认可度，并配套其他相关的服务设施，逐步对产品进行不同程度的加工，实现了产业链的延长和价值链的提升。天津市诸多休闲农业项目都是基于地域特色农产品，如滨海新区的大港皇家枣园（冬枣）、汉沽茶淀葡萄科技园（玫瑰香葡萄）、津南区的明洋湖庄园和迎新合作社（小站稻）等。详见表 3–1。

表 3–1　天津市休闲农业的特色农产品资源利用

序号	资源类型	内容	案例代表
1	水果类	冬枣、西瓜、葡萄、蓝莓等	滨海新区皇家枣园、茶淀葡萄科技园区、静海台头西瓜产业园、静海小高庄、蓟州蓝莓产业园
2	粮食类	小站稻	津南明洋湖庄园、迎新合作社、宝坻八门城水稻文化产业园
3	蔬菜类	沙窝萝卜、绿色蔬菜	西青辛口沙窝萝卜产业园、静海生宝现代农业园、武清田水铺萝卜
4	水产类	乌克兰鳞鲤、七里海河蟹、观赏鱼	宁河齐心庄园、西青金三农度假农场、东丽宽达水产园区、宝坻晨辉集团水族文化产业园
5	畜禽	牛、猪、鹊山鸡	金三农休闲度假农场、北辰梦得奶业、蓟州鹊山鸡养殖基地
6	花卉	蝴蝶兰、宝莲灯、玫瑰	西青曹庄花卉、东丽大顺园林和华泰现代农业园、武清京滨玫瑰庄园

可以看出天津绝大多数的优势农产品都初步得到了开发利用，农产品销售收入已经成为休闲农业综合收入的重要组成部分。但由于多种条件限制，农业的最大问题之一是农民生产的农产品不能实现优质优价，而居民也难以买到保质保量的优质农产品。而休闲农业则可以很好地将两者结合，搭建了两者之间信息沟通的桥梁。一方面以休闲农业美食餐饮为基础，带动产销合作社或休闲农庄自己生产的产品直接销售；另一方面这些休闲农业项目可以成为优质农产品的体验基地和线下平台，通过特色美食与农事体验活动所带来的人流，把休闲农庄（园区）打造成为高品质农产品的消费体验基地，创造出特色农产品的销售渠道，进一步发展成为农产品电商的线下体验基地。

（1）滨海新区茶淀葡萄

茶淀玫瑰香葡萄，天津市滨海新区汉沽地理标志产品，因原产于该区茶淀街而得名。天津市汉沽拥有绝佳的自然优势，是种植葡萄的上选之地，栽培面积遍及全区 4 个镇，而玫瑰香葡萄种植占葡萄种植总面积的 95%。独特的地理条件和自然环境被汉沽人民充分利用，再加上科学的种植技术，茶淀葡萄已经享有盛名，并赢得诸多奖项，最值得骄傲的是成为奥运会果品。

天津滨海茶淀葡萄科技园，位于滨海新区汉沽茶淀街北部，是一家集葡萄采摘、餐饮、住宿、会议服务、休闲娱乐于一体的综合性国家 3A 级旅游景区。园区葡萄资源丰富，葡萄品种达到 170 余种。其中，主栽品种为“茶淀牌”玫瑰香葡萄。该产品为地理标志产品，具有鲜明的地域特色，多次在全国鲜食葡萄评比上获奖，产品在国内外享有较高的声誉。近年来，随着休闲农业和乡村旅游的发展，游客来到茶淀葡萄科技园亲近自然、享受安逸闲适的生活，也能在亲自品尝中知晓茶淀葡萄的高品质，促进茶淀葡萄形成品牌效应，拓宽销售渠道。

（2）武清区津溪桃园

津溪桃园位于天津市武清区汊沽港镇，占地3000余亩，是京津冀地区面积规模较大的桃园之一，同时也是武清区大力发展“桃”文化特色的农业园区，分为接待服务区、创意农业区、桃园体验区以及商业综合体区4个功能区。

津溪桃园充分依托京津走廊的优越区位和汊沽港现有的桃树种植资源优势，以桃种植为生态背景，挖掘中国桃文化的历史内涵和人文精神，是一座集标准化生产、保鲜加工、休闲农业、采摘体验、养生休闲、节庆会展和展示购物等为一体的特色农业主题公园。同时，围绕旅游六要素推出主题活动，打造3条旅游观光线路，并配合各条线路提出相应的活动项目策划，使游客在园区内食、住、行、游、购、娱有机融合，增强游客的参与体验程度。

（3）滨海新区崔庄冬枣

滨海新区崔庄村是华北地区冬枣原产地，所产冬枣个大皮薄，核小汁多，在明朝时期曾是贡品。该村现有树龄600年以上的冬枣树168株，400年以上冬枣树3200余株，是目前国内最古老的冬枣树群之一。围绕冬枣的营养价值和历史文化价值，皇家枣园开始发展休闲旅游，打造集休闲、观光、采摘、度假、旅游、文化为一体的特色旅游村。

（4）西青区沙窝萝卜

2013年沙窝萝卜注册成为国家地理标志产品，同时被列入“中国重要农业文化遗产”名录，连续三届被天津市人民政府评为天津农业名牌产品。为进一步提升“沙窝萝卜”品牌效应，充分利用好得天独厚的资源，西青区辛口镇政府精心策划，对全镇农业生产进行了调整，建设了六个园区一个基地，与西青区农委、天津市农科院合作对沙窝萝卜进行了提纯复壮、研究出了反季节栽培技术。独特的沙窝萝卜基地，悠久的历史风貌，吸引了京津冀等众多地区游客前来采摘、游玩。通过举办中国沙窝萝卜文化旅游节，打造以鲜食萝卜为主体的乡村特色旅游品牌。

2. 市民农园模式

该模式主要利用农业的基础设施以及当地农民等劳动力资源，特别是国家农业综合开发项目所建设的二代节能温室等设施农业，面向市民，由农民提供耕地及种植管理，由城市市民出资认购并参与耕作，其收获的产品为市民所有，其间体验享受农业劳动过程乐趣的一种生产经营形式和乡村旅游形式。

（1）西青区辛口镇第六埠市民小菜园

天津发展最早且最具有代表意义的案例位于西青区辛口镇第六埠的市民小菜园。第六埠村从2008年开始兴建“都市菜园”，市民出资承包土地，农户负责种植市民指定的蔬菜，供市民采摘。目前，已经有3000多户市民来到第六埠村承包都市菜园，初步形成规模效应和品牌效应。农户根据市民对蔬菜、瓜果的食用需求进行种植，并提供籽种、农家肥、工具，负责种植、浇水、田间管理等，促进了城乡交流互动，成为市农对接型经营模式。

（2）蓟州区田园派 CSA 农场

天津田园派 CSA 农场，位于天津蓟州区，是一家实践社区支持农业（Community Support Agriculture，CSA）的生态农场，只有 7 亩地。创始人夫妻在天津市区都有各自的全职工作，他们把大量业余时间投入到农场运作当中，和蓟州区礼明庄村的农户静霞合作，在这小小地块上种植生态蔬菜和杂粮，分享给天津城区 20 多户会员家庭。田园派是极少见的、真正由城市“草根”消费者发起、并且由消费者和农户共同协作管理的一个特例。

（3）宝坻区黄庄 DIY 生态水稻公社

黄庄洼地势低平、靠近潮白河，灌溉水源充足、气候宜人，有着独特的土壤、水质、气候等自然环境，保证了黄庄大米的高品质。自明万历年间袁黄任宝坻知县、推行南稻北栽以来，宝坻黄庄大米已经有着 500 余年的发展历史，现黄庄大米已经成功注册为地理标志产品，成了具有明显天津特色的品牌农产品。

“黄庄 DIY 生态水稻公社”位于小辛码头村，由今晚传媒集团与黄庄乡政府联合打造，集休闲、采摘、观光、认种认养、农耕文化为一体。公社的会员每人每年交纳 980 元的会费，享有一分稻田的种植权，并拥有该稻田产出品的所有权。社员与农户结成对口关系，平时由农户负责管理稻田，社员可以随时来经营自己的农场。为进一步提升旅游人气，黄庄镇还根据该乡特有的民俗文化，举办插秧祭天仪式、潮白新河野钓、稻田捉泥鳅比赛、摘菜游戏、黄庄农耕文化展及庆丰收篝火晚会等活动，让社员充分体会回归自然的乐趣。

（4）静海区多兴庄园

多兴庄园坐落于静海区良王庄乡，目前主要采取会员制订单农业模式，在京津冀地区拥有稳定的家庭会员 15000 余户，以会员的订单为第二年生产依据，减少了排产的盲目性，降低了因市场变化带来的风险，提高了农户生产的积极性，探索了结构调整与农业企业转型升级的道路。通过成立天津市百地双丰蔬菜种植专业合作社联合社，辐射带动周边农户 2000 余户，产品附加值平均提高 10%~20%。

庄园为市民推出健身、健心、健康的“市民田园”，采取更为绿色的耕种方式，如选择菜种、菜苗，种植过程只施农家肥，人工除草不用农药等，免费提供菜苗、种子、肥料、全套农具以及技术指导，农场主可以自己亲自栽种、除草、浇水，体验种菜的整个过程。同时，借助园区农产品类别多、品种全的特点，为客户提供的食材全部来自园区的特色餐饮服务，提升了产品附加值和客户满意度。

3. 科普教育模式

该模式以利用现代农业的技术资源为核心，主要选择现代农业园区为平台，以农业现代化生产技术展示为亮点，以高新农业技术为教材，向农业工作者和中小学生进行农业技术教育，形成集农业生产、科技示范、成果转化、科普教育为一体的发展模式。随着科技的不断创新特别是互联网的广泛应用，为新技术新产业新业态新模式在农业农村的发展开辟了广阔空间，有力地促进了农业业态的多元发展，并不断培育出新动能和新的利润增长点。

（1）东丽区天津滨海国际花卉科技园区

天津滨海国际花卉科技园区的建设运营主体为大顺国际花卉股份有限公司，在园林花卉的生产和销售方面积累了丰富的经验，盆栽花卉工厂化生产技术成熟，构建了天津市花卉技术工程中心和东丽区花卉协会等科研转化推广平台，形成了遍布全国的花卉销售网络，是天津规模最大、重要的进口盆花生产基地。天津滨海国际花卉科技园区以提升花卉产业链科技水平为重点，搭建花卉关键技术研发转化平台、交流合作平台、集成创新平台，积极引进国内外新品种、新技术、新设施进行试验示范，是天津市高档花卉的物流基地、科普教育基地、旅游观光景点，也是我国北方最大的高档花卉种植基地。高档花卉生产温室面积 12 万平方米，公司同荷兰、比利时等国家合作引进了红掌、凤梨、竹芋、宝莲灯、蝴蝶兰、一品红、口红吊兰等十余个进口盆栽花卉品种。

园区积极发挥龙头企业带动作用，定期开展花卉栽培技术培训活动，为其他花卉种植企业及周边地区的花卉爱好者提供花卉种植、养护等方面的技术指导及培训，采用技术转让和技术服务方式帮助其他花卉种植企业提升产品科技含量和质量水平，累计接受培训的企业近 50 家，有效地带动了国内的花卉种植产业发展，为花卉产业转型升级发挥了示范辐射和服务推广作用。

（2）静海区牛顿庄园

牛顿庄园于 2009 年成立，选择苹果作为庄园的主题作物，大力发展特色采摘，把苹果深加工融入到游客体验当中，全力打造都市休闲观光农业。

牛顿庄园通过乡村旅游、研学旅游引导人们向自然学习，传播了中华传统的农耕文化，向人们传达出热爱生活、亲近自然、追求美好的理念，在现代人生活节奏逐渐加快的背景下具有极强的现实意义，具备较高的旅游价值。2016 年至今，牛顿庄园已经举办各种亲子教育主题活动、乡村旅游节日活动共 400 余场，成为了当地中小学生的第二课堂，将自然教育、农耕教育理念融入亲子游和研学旅游中，成了静海区乡村旅游的一张名片。此外，牛顿庄园还开展了诸如巾帼妇女双创讲座、创业大学生非暴力沟通讲座、农民创业者果树修建嫁接技术培训等丰富多彩的文化活动。

4. 康养产业模式

随着我国城市化进程的加快、居民消费水平的提高、中国老龄化社会现象突出，城市人口“养老、养生、养心”的需求，对乡村来说是一个完美的寄托。在“田园＋养生＋康养模式”产业发展下，依托乡村田园环境，适应健康中国行动计划，在休闲农业和乡村旅游发展中融入养生养老元素，是健康养老产业发展的重要方向之一。

该模式依托农业的生产功能，进一步拓展农业的生活、生态功能，以健康养生、休闲养老度假等健康产业为核心，进行休闲农业、医疗服务、休闲娱乐、养生度假等多功能开发。它以田园为生活空间，以农作、农事、农活为生活内容，以农业生产和农村经济发展为生活目标，是回归自然、享受生命、修身养性、度假休闲、健康身体、治疗疾病、颐养天年的一种绿色生活方式。

（1）宝坻区云杉热带植物园

宝坻区云杉热带植物园是由天津松江生态建设开发有限公司投资建设、天津滨海资产管理有限公司运营的老年产业项目——云杉镇宜老社区的配套项目。基地位于社区内部，拥有70000平方米的智能温室、30000平方米的连栋大棚，以及165亩露天果蔬种植区。基地依据休闲养生养老理念，布局适合老年人的休闲活动，依托设施农业资源基础，结合温泉资源，满足社区居民养生、保健需求，打造四季养生养老精品庄园，为社区内的住宿、医疗、亲子、健康等项目提供重要的配套服务。在田园综合体概念提出并在全国进行推广建设的历史背景下，未来由养老地产、教育培训等产业带动而形成的休闲农业项目必将迎来快速发展机遇。

（2）静海区西双塘康养小镇

西双塘休闲养老特色镇养老产业的发展，与发展现代服务产业和培育农业农村发展新动能相衔接，与提升运河文化品牌和乡村旅游景区服务相衔接，与促进循环生态农业、休闲观光农业和乡村旅游优势相衔接，与挖掘地方乡土文化和保护农业文化遗产相衔接，结合西双塘村优美的自然环境和丰厚的运河文化底蕴，已形成包括医疗康复、养老养生、国学修身、运动休闲、健康食品、城镇转型发展试验于一体的养老产业体系（图3-1）。

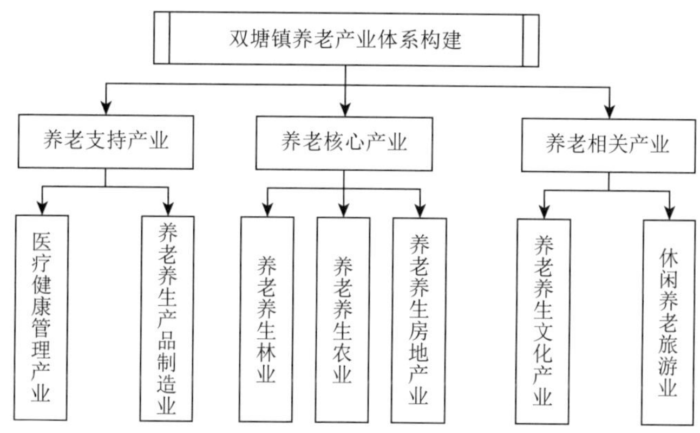

图3-1　西双塘休闲养老特色镇养老产业体系构建

（三）生活资源驱动型（产业融合带动）

该类型主要是以乡村的农耕文化、乡土文化和民俗文化为基础，向游客展示民俗风情和乡土文化的同时，融入现代文化创意理念，重新对原有文化进行设计与演绎，充分挖掘农业农村的附加值，实现一二三产融合发展。

1. 民俗文化型

该类型主要是以乡村历史古迹、古村民居、特色村庄、红色遗址为资源载体，以风土人情为吸引物，以历史事件、传奇人物为补充，充分突出农耕文化、乡土文化和民俗文化特色，开发农耕展示、民间技艺、时令民俗、节庆活动、民间歌舞等活动，增加乡村旅游的文化内涵。如蓟州区渔阳镇西井峪村、宝坻区黄庄镇小辛码头村等。

（1）蓟州区西井峪村

西井峪村位于天津蓟州区城区以北，在中上元古界国家地质公园保护区内。西井峪村绿树蔽舍，花果飘香，景色宜人，风景如画，民居建筑极富特色，文化内涵耐人寻味，房舍依山而建，街巷就势而成。西井峪有一个更为响亮的名字“石头村”，民居大多为石木、砖石结构，青石灰瓦，吸引了不少游客来此参观。西井峪村保留的由石头垒砌的房屋约占村庄现有建筑的2/3，且多为清末民初的老房屋，原貌保存完好，布局相对集中，村庄整体环境依然保持着村落形成时的风貌。石头、石碾、石磨、石桌、石凳，古朴中透着岁月的沧桑与韵味。

近年来，西井峪村进一步挖掘历史文化及乡村非遗等旅游资源的价值，根据自身特点和历史遗存，恢复了皮影坊、草编坊、缝绣坊、老磨坊、泥塑坊、漏粉坊、豆腐坊、煎饼坊、菜干坊和饽饽坊等10个手工作坊，凭借其独特的石材民居和淳厚的民俗民风，吸引了京津两地众多摄影者的关注，成了著名的摄影基地。

（2）宝坻区小辛码头村

黄庄镇小辛码头村紧邻潮白河畔，萧太后古运粮河穿村而过，小辛码头村也因此得名。从2010年到现在，小辛码头村形成了了凡文化、稻事文化、漕运文化、农耕文化四大文化旅游主题，打造了“五大基地”，即宝坻水文化研究基地、城市中小学生农事体验基地、农村民俗风情展示基地、文学文艺采风创作基地、湿地经济示范推广基地。目前，该村开发了“自助生态水稻公社”和“特色旅游村”项目，在为都市人打造新的农村特色文化旅游路线的同时，广泛提供农家院、野钓、采摘、捉泥鳅、挖野菜、钓螃蟹、乡村游戏等特色服务。

（3）蓟州区小穿芳峪村

小穿芳峪村隶属蓟州穿芳峪镇，东有卧牛山，西有穿芳山，北有半壁山，南濒翠屏湖，古有“三山一水如仙境”之说，在清代就享有“北国桃花源”之美誉，自然资源得天独厚，历史文化源远流长。相传清朝乾隆皇帝经过此地，见山环水绕，古木参天，便赐名曰“穿芳峪”流传至今，寓意为穿过芬芳的山谷。穿芳峪在历史上文人墨客云集，历史典故丰富。清末时八位文人集聚在这里生活，修建园林，过起了有品位的“耕读生活”，留下了100万字的古籍文献。古籍资料中详细地记载下几位田园文人的思想和生活，记录了他们创办义塾传播文化、植树造林美化环境、耕读劳作认真生活、种药行医造福乡邻，还有很多生活趣事、思考认知的文字描述。“东北三十里，有峪曰穿芳。入山不见村，惟有树苍苍。山山有流泉，流水源并长……”这是清代咸丰年间举人王晋之在诗文《家山吟》中对小穿芳峪村的生动描述。

近年来，小穿芳峪村的发展主打返璞归真的乡土文化、隐逸文化，建起了乡村小屋，穿芳老街和以乡情野趣为基调的“乡野公园”。2015年后，小穿芳峪村的后发优势在蓟州区脱颖而出，其关键因素在于小穿芳峪一带园林群落遗迹和文献遗存的发现，以及天津市社科院智库力量的介入，帮助小穿芳峪村挖掘、激活历史文化资源，将特色文化充实到旅游产业的开发中，为休闲农业的发展注入了新的文化内涵，大大提高了特色旅游村的文化自信。

2. 文创体验型

该类型休闲农业资源开发模式是休闲农业与文化创意产业相结合，借助文创思维逻辑等智力资本，将历史文化、民间艺术与农业要素相融合，从而拓展传统农业功能，丰富传统农业价值的新型开发模式。目前，天津此种类型的休闲农业项目尚处于起步阶段，相对较少。

目前，天津已有一部分休闲农业园区开始重视以文化创意等智力资本提升园区发展水平，在园区内引入泥塑、陶艺、木雕、香茶、书法、绘画、摄影等各类文化艺术产业元素，展示传承非物质文化遗产，结合教育、亲子、康养等产业，逐步提升园区的文化品位，拓展服务领域，取得了良好收益。此外还有部分特色旅游村，也在探索发展文创产业，建设历史、文化和民俗展馆，恢复遗址遗迹，集中展示传统民间工艺，并结合村庄风貌，发展果蔬采摘、农家餐饮住宿等，实现文创产业与休闲农业的结合，以宝坻区为例，围绕特色民俗、历史、文化等资源，打造形成了 20 个特色旅游村。

（1）宝坻区葫芦庐文化小镇

葫芦庐文化小镇地处宝坻区箭杆河畔，总面积 1380 亩，集非遗文化、创意产业和生态农业为一体，是在原汁原味继承和全盘吸收传统葫芦文化的核心精髓基础上的现代产业化开发运营的宝贵探索，是复活非遗文化，向现代人传播、普及传统葫芦文化的成功范例。作为天津市首家生态文化研习基地、自然教育基地和非遗文化传习基地，小镇内设有葫芦主题博物馆、百家坊非遗项目主题街区、葫芦集市以及自然农作园、四季花海园、林果休闲园等项目。该非遗文化项目的创建，旨在以一流的硬件和创新模式汇聚特色文化产业群，以网络公众平台提供孵化器服务，打造全方位非遗文化项目产业链，以国际化的视野实现文化产业生态化的实践，实现非物质文化遗产与多领域多业态深度融合，实现一、二、三产业联动发展，把葫芦主题文化做成规模化的综合性产业，打破过去单一的葫芦工艺品制作的传统模式，积极开发葫芦衍生品、旅游纪念品，使其成为人们的日常消费品，形成葫芦主题文化系列产品链。从弘扬传承葫芦非遗文化方面，一是与天津市和国家的科研机构合作，建立世界第一个葫芦种子培育实验室，培育和推出葫芦优良品种，全程掌控葫芦的成长成型，打造葫芦小镇独家葫芦品种，为弘扬传承葫芦文化做好基础工作。二是建立全国首家葫芦技艺制作培训基地，培养万名葫芦制作技艺小传承人，面向全国中小学打造百家葫芦工艺制作传习室，把葫芦庐文化小镇打造成非遗文化传承基地。三是从 2017 年开始主办首届世界葫芦文化艺术节，促进世界各国葫芦文化的艺术交流，使葫芦庐文化小镇成为国内外葫芦工艺传承者和葫芦收藏爱好者交流交易的重要集散地，成为全球瞩目的葫芦文化艺术荟萃之地。

与天津市多个学校合作，将葫芦庐文化小镇作为中小学生体验葫芦文化和农耕文化的实验基地，每年都有大批中小学生参观中国葫芦博物馆。针对不同的群体安排不同的课程，为非物质文化遗产方向的学生安排葫芦技法教学课程，现场参与画葫芦、烙葫芦和葫芦雕刻等工艺制作；为选择农耕文化的学生安排插秧、植树、摘草药和推独轮车等农活体验课程。同时，为前来葫芦庐文化小镇旅游观光的人们安排了葫芦鼓、葫芦灯、葫芦虎、磨豆腐、编花篮、扎草人等数十种民俗体验内容，实现了非遗文化、农耕文化和旅游文化的巧妙融合。

（2）津南区小站稻耕文化特色小镇

津南区小站稻作为天津的风物珍品，成名于百年以前，但其耕作历史已有千年之久。

早在宋朝就有人开发津南稻田，明代万历年间，科学家徐光启先后4次来到津南地区，写成了著名的《农政全书》。1875年，清淮军将领周盛传在天津小站练兵，为补充军饷，他率兵屯田、修路、开挖马厂减河，引南运河水以甜刷咸，实行咸淡分流，还修建拦潮大堤，成为“小站稻”的拓植者。淮军垦荒种稻使得小站呈现出一幅鱼米之乡的富饶景象。津南区的地理位置、气候、土壤和灌溉水源等生态条件，适宜生产优质稻米，所产小站稻米米粒微长淡绿，晶莹透明，如玉似冰，长期以来广受欢迎。小站稻较高的知名度和形成的品牌影响力不仅体现在稻米销售上，而且在地方休闲农业和乡村旅游中发挥出较大的辐射作用。目前，津南区以小站稻品牌为核心，大力发展以稻文化为引领的休闲农业，为小站稻价值的提升带来了新的机遇。休闲农业、乡村旅游和水稻种植形成了相互促进的协同进化系统，使小站镇成为津南区乃至整个天津市高效特色农业发展的样板。

津南区小站镇以提升小站稻品质为重点，全力建设小站稻耕文化产业基地，进而打造小站稻耕文化特色小镇，带动优质农产品开发和旅游资源整合，积极整合“六个一”设施，即一田、一馆、一街、一园、一水、一祠，让小站镇处处体现稻耕文化元素，成为特色小镇。“一田”，兴建小站都市型现代农业示范田。“一馆”，建设小站稻米文化博物馆和公园，开展稻耕文化历史教育、优质小站稻体验品尝等活动。“一街”，对小站古街进行整体策划，重点发展高端农产品交易、优质农产品营销，打造吃、住、娱一条街。“一园”，以小站练兵史实为基础，以北洋历史、天津近代文化、小站稻文化为脉络，以历史展示和情绪体验为互动性的核心功能。“一水”，进一步扩大室内恒温水上健身娱乐中心米立方水世界的知名度和影响力。“一祠”，修整位于小站镇会馆村的纪念淮军盛军主将周盛传、周盛波兄弟的“周公祠”，周盛传、周盛波兄弟是小站稻的拓植者，小站镇的创始人。同时，发掘国家级非物质文化遗产“挠秧号子”等活动，结合本地的自然、人文资源，融入艺术、休闲等产业元素，打造小站稻耕文化特色小镇，进一步做大做强小站稻品牌，满足市民对农耕文化旅游的需求。

（3）宁河区齐心现代农业示范园区

齐心现代农业示范园区坐落于潘庄镇齐心村，始建于2009年，占地4600多亩，总投资2.5亿元，是一家集农业研发种植、休闲观光、文化拓展为一体的都市型休闲现代农业园区。依托成立的齐心菌类种植有限公司，建设食用菌工厂化车间16栋，养菌车间3800平方米，净化接种车间800平方米，年产2100万包菌棒能力的全自动化生产线4条，年产鲜菇近3600吨左右。在此基础上，齐心庄园依托良好的农业资源、深厚的文化资源及庞大的食用菌种植基地，创造“农业＋人文＋旅游”的一体化休闲农业发展模式，以蘑菇文化为主题，以亲子市场为依托，将齐心现代农业示范园发展成为集农业休闲度假、文化体验、科普教育等功能于一体的国家级乡村旅游及休闲农业示范点。

（四）资源开发模式演变特征分析

1. 由自然资源向文化资源的转变

以上发展历程可以看出，天津市休闲农业资源的利用呈现出逐步深入的发展趋势，符合目前消费者的需求。党的十九大报告中指出，中国社会主要矛盾已经转化为人民日益增长的美好生活需求和不平衡不充分的发展之间的矛盾。随着居民生活水平的不断提高，休闲旅游市场的需求日益增加，城市消费者到乡村的消费诉求，一是要体验有特色的乡村生活，二是希望在大自然中得到休息和康养。随着我国 GDP 以及居民收入消费水平的不断提高、城乡空间距离的缩短，初级乡村旅游产品已不能满足大众所需，产品逐渐日趋精品化、高质化、高端化。

最初阶段，农村生态资源对休闲农业的贡献率最高，最重要的是地理环境和自然风光。之后，农业的生产资源所发挥的价值逐步增加，依托农业的要素资源、基础设施等，一产逐步向二产、三产延伸。目前，休闲农业已经发展到生活资源带动型，进入“创意改变农业，体验农耕生活”的阶段，深入发掘历史文化内涵，弘扬传统农业文化，推进乡村传统文化的产品化，积极优化休闲农业产品设计，丰富产品形式，吸引游客，变资源优势、文化优势为产业优势和经济优势（表 3–2）。

以齐心现代农业园区的转型发展为例，在原有绿色高端农产品生产基础上，进一步挖掘文化资源，与艺术家合作，建设龙湾·景峰艺术馆，内有 2100 多个栩栩如生的人物，300 多只惟妙惟肖的小动物，200 多间构造不一的茅屋草舍，生动地再现了从解放初期到改革开放初期中国农村 60 年变迁，堪称黑陶版的“清明上河图”。依托已有的蘑菇种植优势，齐心园区着手建设亲子蘑法小镇，突出蘑菇文化主题、亲子童话主题。同时为更多、更好地弘扬传统文化，齐心现代农业园区还组织专人对周边村队的人文、历史、地理、民俗等各方面进行了深入挖掘、考证与整理，先后出版了《京东名河大龙湾》《禹河尾间大龙湾》两本民俗书籍。同时，园区新引进了传统的皮影戏演出，还将引入石磨豆腐、活字印刷术等老祖宗的传统技艺，进一步弘扬、传承传统民俗文化，实现了从农业生产向休闲产业的转型发展。

表 3–2　休闲农业资源开发利用过程

	利用资源	开发产品	利用水平
初期	农家宅院、农产品、劳动力资源、土地资源	农家乐吃住、农产品采摘	粗放型简单利用
中期	农家宅院、农产品、劳动力资源、土地资源、科技资源、田园景观、生态资源	田园观光、农事体验、市民小菜园	粗放型简单利用
近期	农家宅院、农产品、劳动力资源、土地资源、科技资源、田园景观、生态资源、历史文化资源	乡村民宿、创意农产品开发、农业科普教育	粗放型向精致型转变
远期	农家宅院、农产品、劳动力资源、土地资源、科技资源、田园景观、生态资源、历史文化资源、乡村艺术资源	农业生命教育、农产品深度加工	精致型深度利用

2. 产业化开发逐步深入

休闲农业资源开发是一个综合过程，在这个过程中要将其打造成一条完整的产业链，必然要对经营模式、组织模式及布局模式进行不断优化，并融入一些独特的乡土文化元素，创新产品体系，丰富产业业态，实现一二三产融合发展，最大限度地为游客提供多元化的农业旅游服务，吸引游客参与其中。

在休闲农业资源产业化开发过程中，结合区域特点及实际情况不断优化经营模式，整合资源，拓展产业链，促进相关产业分工细化和专业化，处于不同环节、发挥不同功能的企业以各自利益最大化为目标并逐步形成产业网络链条结构。休闲农业产业链的构建与发展，能够挖掘传统农业生产与乡村环境中的附加价值，实现农业文化价值的重现与增值，有效促进资金、技术、人才、渠道等生产要素的有序流动，推动农业产业结构的优化升级与休闲农业产业化发展进程。主要表现在两方面：一是休闲农业产业链的延伸将促使大量中小企业在区域内集聚，产业链各节点均能促生众多存在竞合关系的企业，可以利用区域内特色休闲农业资源和产品优势，延长产业链，实现相关核心企业集群发展。二是以休闲农业产业链延伸和升级为核心，合理配置休闲农业资源，发挥休闲农业产业的关联带动作用，推动与休闲农业关联度较高的产业发展，如农业、旅游业、建筑业、交通运输业、医疗美容业、农产品加工业等，促进存在竞争合作关系的相关产业的企业、专业化供应商以及服务机构在区域内聚集发展，形成良好的休闲农业生态体系。

3. 多元产业业态共生

休闲农业业态是指多元要素融合而成的不同农产品（服务）、农业经营方式和农业经营组织形式。由于休闲农业所依托的资源要素的多元性，近年来通过不同方式的资源融合，已催生出多种农业新业态。当前时代背景下，消费者需求多元化、个性化特征更加突出，文创、资本、科技和人才作为新动能，促进乡村旅游发展得更充分。在资本、技术和创业者的共同推动下，休闲农业迎来了巨大的市场机遇和商业创新空间。近年来，天津市休闲农业从最初依托山地、树林、湖泊、水库等优美的自然风景，利用山塘水库、果园菜地，吸引游客前来体验和感受纯粹的农家生活和气息的体验型农家乐，到添加高档齐全的休闲娱乐设施，满足游客度假观光和健身游乐需求的休闲度假型农庄，从农业种植园区发展农副产品生产和观光种植采摘相结合的农业观光采摘园，到打造多功能现代农业产业园区和特色田园综合体，以及以发展集生态观光旅游、农业科技推广、科普教育体验、康养文旅融合于一体的复合型休闲农业聚集区，多元化开发、多样化业态经营趋势明显。

可以说，无论是生态资源带动、生产资源带动还是生活资源带动，休闲农业无法脱离“农”而发展，“农”是休闲农业的本底，休闲农业要坚持以农业为基础，农民为主体，农村为单元，在发展的不同阶段，各种休闲农业资源贡献率虽有不同，但都有存在的价值。要逐步盘活农宅、农田、农民等多种休闲农业资源，形成多元业态共生的格局，促进当地休闲农业的发展。

4. 开发开放程度逐步提高

长期以来，由于制度限制，休闲农业资源如农村土地、历史文化遗产等不能直接通过市场流通方式获得，不利于资源市场价格的形成。但随着市场化机制的逐步形成，土地权属三权分离、农业科技与农业经营主体创新以及农业环境改善等，休闲农业资源的开发开放程度逐步提升。一方面，各种资源，特别是土地资源、劳动力（农民）资源可以采用入股的方式，参与到资源的开发利用过程，分享产业链增值和衍生的收益。另一方面，天津目前的休闲农业项目，通过举办节庆活动打造品牌与影响力，引入文化创意增强产品吸引力，借助互联网思维做好市场细分，挖掘目标人群的需求，结合所拥有的资源，进行深入分析与深度创意，构建自身的营销渠道，用市场力量去决定休闲农业的产业布局与项目，面向市场的能力逐步得到增强。企业已成为天津市休闲农业市场化发展的中坚力量，它将乡村农业资源及自然生态环境优势逐步发挥出来，对农业休闲、度假及体验功能等进行挖掘，将农业加工、生产、观光及科技元素等融为一体，打造出综合性的旅游产品，实现了土地资源的适当集中和合理配置，解决了个体农户项目投资资本不足的问题，降低了休闲农业的经营风险，推动了休闲农业市场化运作的能力。

二、休闲农业资源开发组织模式

如何整合休闲农业的各种资源，推动乡村三次产业融合发展，即乡村地区如何根据自身的发展实际与资源特色，选择与之相应的开发组织模式，是实现乡村旅游引导下休闲农业发展的关键。综合天津市现有的休闲农业和乡村旅游发展经验，主要有以下三种开发运营模式：

（一）“规模农户＋农户”模式

“规模农户＋农户”模式即具有村民高度自治的一种休闲农业和乡村旅游开发运营模式，在缺乏外来资金的条件下，完全由乡村居民自发组织的休闲农业和乡村旅游发展模式。规模农户发展起来的，通过打造自己经营的项目，使之成为一个完整的旅游服务接待点，自主性和独立性较高。根据其提供的主要产品不同，既有以提供绿色农产品为主的社区支持农业类型，也有以提供乡村住宿为主的乡村民宿类型，逐步带动身边的小农户发展。由于暂无外来力量的介入，此类模式的乡村文化和乡村生活原真性保持较好。

（二）“政府＋内生企业＋农户”模式

“政府＋内生企业＋农户”这一模式中，政府主要负责处理村民参与旅游开发的各项事务，如组织地方戏演出，组织村民参加英语、导游知识等各项培训，纠正农民违规建房并对村民进行素质教育和行为管理，还负责基础设施及公共服务设施建设，优化休闲农业和乡村旅游发展环境；公司负责经营管理和商业运作；村民负责参与商业经营的日常活动等，并负责维护和修缮各自的传统民居。各利益主体分工明确，各司其职。在收入分配方面，由公司对景区实行统一经营管理，统一收取门票，负责整个景区内所需的费用开支并对门票收入进行再分配，即上交政府税收和公共性开支、村委会管理费和日常开支费用、农民旅游协会基金和各种活动费用以及旅行社市场拓展金。剩余收入作为公司运作的费用和投资人所得收入。

该模式既能发挥政府的指导、协调作用，又能充分利用社会力量解决资金、经营管理等具体问题。各方发挥所长的同时，也依据自身资源优势合理分享利益。

1. 蓟州区郭家沟村

郭家沟村委会成立了村旅游公司，采取公司化经营模式，农民通过全程参与经营和全程参与监督对目的地乡村旅游发挥作用，一方面，旅游公司成立后，吸收郭家沟村村民到公司直接就业，解决了统一管理后农民的就业问题。同时，村民自行参加旅游公司举办的不同主题的旅游活动和节庆活动、旅游商品销售、工艺品生产、土特产品加工等。另一方面，农民可以监督村中及旅游公司财务开支，通过村集体机制组织表达自己的意愿。旅游经营中，村民如有意见或想法，可通过村集体机制与公司进行磋商，从而保障了村民的监督权。只有通过保障农民利益激励农民真正参与到乡村旅游经营中去，才能实现乡村旅游的长效发展。

2. 蓟州区常州村

常州村是天津最北的深山村，全村农户 69 户（合并户），50 户开办农家院，现有床位 3800 多张。村委会建立了村旅游公司（天津市九山顶自然风景区旅游服务公司），由公司制定收费价格，统一安排游客入住，避免了村民争抢游客现象的发生。同时，村旅游公司还负责给各农家院打分，评定星级。目前，全村 50 户农家院中五星级占到 60%，其余的大部分是四星级。2018 年全村接待游客 45 万人次，旅游综合收入 1.2 亿元，人均可支配收入达到 12 万元。

（三）“公司 + 农户”模式

“公司 + 农户”模式即由地方政府引导，引入龙头企业参与休闲农业和乡村旅游开发，由公司整合农业资源，共同发展休闲农业和乡村旅游。企业进行总体经营，包括基础设施建设，吸引物营造，市场营销活动，日常事务管理等内容。而村民或以土地承包经营权入股分红，或在公司劳动获得工资收入，村民在公司领导的休闲农业和乡村旅游开发过程中，转变成为新型产业农民，同时，也是休闲农业和乡村旅游开发的服务人员，主要收入为租金收入或工资收入等。

1. 武清区一芳田童趣农庄

一芳田童趣农庄位于天津市武清区南蔡村砖厂村，占地 357.7 亩，整个庄园系统全程做到有机循环，践行“自然农法”的耕种法则，最大限度地尊重物种的自然生长成熟规律，坚定不移地走品质化生产道路的理念。一芳田童趣农庄现有会员 100 多家，为会员提供绿色、优质的农产品；同时，主打亲子农业品牌，通过体验农业的生产过程，面向小朋友开展生命教育。随着一芳田童趣农庄经营活动的开展，给周边村庄带来了大量的旅游人口，为当地居民带来了更多的就业与创业机会。

2. 蓟州区西井峪

西井峪村 2015 年与北京九略旅游管理公司达成合作，签署了西井峪乡村旅游项目全面委托运营协议，由九略公司为西井峪提供乡村旅游产业运营即传统村落保护服务。

九略公司以不腾迁现有村民为前提，租赁闲置宅基地开展乡村资源活化行动，通过旅游开发与运营引导村民在保护传统建筑的前提下改善生活、发展旅游，依托农家老宅打造高端民宿和优选农舍。目前，西井峪村普通农家院改造提升的优选农舍和面向高消费群体的精品民宿共达近 20 处，2017 年全村旅游收入 120 余万元，游客人均消费 1500 元 / 次，是全区游客人均每次消费额的近 14 倍。

三、休闲农业资源开发利用的方向及产品创设

天津市休闲农业丰富的资源要素、清新自然的生态环境、历史悠久的人文景观、极其丰富的民风民俗，构成了休闲农业和乡村旅游产业发展的资源储备。

（一）生产资源开发利用

1. 特色农产品开发利用

（1）农事体验活动

依托不同种类农产品的生产，开发出多样的农事体验活动，提供给消费者高层次的产品，且其农产品的体验化也是休闲农业发展的必然趋势，不仅可以带动新兴产业和产业链发展，同时还创造出新的休闲体验服务，真正实现了休闲农业提质增效的目标。

· 畜舍参观——如猪棚、牛舍及养殖过程等。
· 观摩学习——如鸡之觅食、母鸭带小鸭、鹅之游水等。
· 动物喂食——如鸡、鸭、鹅、牛、羊等。
· 活动体验——如迷你猪赛跑、牛车载客、挤牛奶。
· 休闲采摘——如葡萄、桃、草莓及各式蔬菜水果等。
· 美食餐饮——如健康蔬菜餐点、渔家餐饮、乡土野味等。
· 农学展示——如菜园、果园、中药园等。
· 农事教育——如何认识农作物、分辨食用菌、观察二十四节气等。
· 产品售卖——如农产品展售中心等。

（2）农产品深加工

通过发展休闲农业，积极引导农业龙头企业、农民专业合作社、家庭农场、种养大户等，不断改善农产品的包装，迎合不同的消费群体的需求，扭转农产品“一流的产品、二流的包装、三流的价格”的落后局面，取而代之的是“一流的产品、一流的包装、一流的价格”。通过农产品的研发、种植、深加工、包装、储藏、物流运输、销售等一系列活动实现产业化的发展，开发若干小而美的有故事、有地方特色的农产品深加工产品，促进了农业产业链增值效益的提高。

2. 农业基础设施开发利用

农业基础设施是游客在休闲农业项目中必须依赖和使用的不可缺少的设施，这些设施的修建和改善，在改善休闲农业基地种养条件基础上，实现特色农业加速发展、村容

环境净化美化和休闲服务能力同步提升，提高休闲农业资源及服务产品的吸引力。随着新型城镇化和美丽乡村建设的深入推进、生产性基础设施建设的加强、公共文化服务的完善、生态环境治理步伐的加快，这类资源可开发利用价值呈现出日渐增加的趋势。

（1）完善基础设施规划与建设

加强交通、通信、供电、供水、污水管网、垃圾无害化处理、安全饮水工程、安全保障、卫生服务等方面的投入与建设，加快推进移动通信、网络通信、邮政服务网点等信息化设施建设，切实改善休闲农业产业发展条件。

（2）重点改善区域道路与交通状况

建设联系城乡的公交及自驾车交通网络，推进村村通公路建设，实现城乡路网无缝对接，完善景区交通、照明、停车场等基础设施，规范交通指引标志，提高休闲农业目的地的可进入性和通达性。

（3）补贴新建配套设施建设

加大基础设施建设投入力度，划拨专项费用用于农村公共基础设施建设，对新建配套设施建设给予项目投资补贴，并进一步吸引外资、信贷资金及其他资金投入，从而完善农村公共基础设施和旅游配套设施建设。

3. 要素资源开发利用

（1）众筹农业

众筹农业作为资本开发利用的新模式，不再是传统的被动等待消费者来购买产品。而是主动地有效率地卖产品。以个人定制和团购定制等形式，为消费者提供农庄特色农产品的定制服务。根据消费者的需求进行个性化包装，可以直接配送到指定地点，也可以进行代销，将销售收入返还消费者，建立休闲农庄生产基地与消费者之间稳定的直销关系，推动了农庄特色农产品产供销一体化建设。

消费者和投资主体通过众筹得来的资金发展“共享农庄”，农庄为消费者及投资者提供农资供应、技术指导、产品销售等配套服务，消费者及投资者又按约定获得了实物和投资收益回报。

（2）人才资源

随着农业现代化的不断推进，农业的功能不断拓展、价值不断凸显，农业增值能力和比较效益不断提升，必将吸引越来越多的人才来到乡村、投身农业，从而打破长期以来人才由乡村向城市单向流动的局面，形成返乡创业、资本下乡的新局面。人才资源不仅作为一种要素资源，其本身也是一种可开发利用的资源。不仅是生产资源的一部分，也是各项生活资源的载体。依托农民或村庄原住民，搭建平台，不断创新表达方式，向游客展示农民生活，演示各项生产活动、民俗活动，展现手工艺品制作过程，以“人情味儿”不断密切游客与农民之间的关系，促进城乡互动交流。

（3）科技资源

利用现代农业技术以及互联网技术，针对中小学及学前幼儿群体，将户外游戏项目与自然环境及农业要素进行巧妙的融合，自然与游戏融为一体。注重游戏材料的乡土性与丰富性，充分挖掘农村的自然物、农具等作为幼儿游戏材料，实现农教深度融合，打造趣味动植物探究课、小农夫手工制作课、古文明农事职业体验课、现代农业科普实验课、自然农法美食探究课、环保与传统农事节庆体验课。针对青少年，由专家制作配套的课件，定期更换种植养殖的活动课件单元，加强农业新技术、新仪器、设备在实验教学中的运用，促进现代互动科技—— VR 虚拟现实技术及互动体感技术在实验教学中的运用，注重农业科技新品种、新生态模式应用。

（二）生活资源开发利用

天津市休闲农业所依托的生活资源非常丰富，但在休闲农业的产业链中属薄弱环节，休闲农业项目对本地的民俗文化等资源缺乏利用，缺乏深层次的挖掘，导致文创产品缺乏，造成产业发展上的同质化和吸引力不强。而文化资源如果得到合理的利用与转化，可以通过“创意”的推动，创造新的产品和新的市场需求，冲破传统资源的约束，从而突破休闲产业发展瓶颈。因此，在农业休闲消费环节中通过文化创意产生消费者与农村互动参与的民俗歌舞体验、民俗生活体验、当地民间手工作坊、民间美术参与体验、特色民俗纪念品开发等可以增加一系列消费增值环节，扩展休闲农业产业链。

1. 名村名镇资源的利用

名村名镇是指拥有独特文化、自然景观、产业景观等特色资源优势的村镇，包括中国历史文化名村名镇、中国传统村落、市级历史文化名镇、全国特色景观旅游名镇、全国特色景观旅游名村等。名村名镇的保护主要指两方面：一方面，是实体保护，包括整体风貌、历史遗存、传统建筑或历史建筑，以及具备产业构成及产业景观资源特色的自然环境、生产场所和生产设施等；另一方面，是传统文化和非物质文化遗产的保护。名村名镇内一般都有历史建筑、非物质文化遗产、历史街巷以及手工艺、风俗文化等重点保护内容。

这类资源的开发以古镇宅院建筑和新农村建设格局为休闲农业发展的吸引物，依托原有的特色建筑，经重新设计改造之后，赋予旧建筑新的使用功能，使其为现代生活与旅游服务，严格控制新建建筑高度、材质和色彩。采取小规模、渐进式方式，引导和发展文化、休闲等公共活动功能，例如，手工艺品展示基地、民宿体验等项目，开发休闲观光旅游，带动农民增收，形成村镇经济的休闲农业模式。

2. 乡村非遗资源的利用

休闲农业和乡村旅游项目可作为非物质文化遗产的展示平台，进行较为全面的展示，根据非物质文化遗产的分类和展示内容，结合休闲农业和乡村旅游项目的发展需要，非物质文化遗产的利用形式有以下 3 种方式：

（1）展览展示

①实物展示。包括书籍、美术作品、道具、唱本、蜡像、工具、用具等的展示。既可在展馆中进行展示，也可结合景观设计、建筑设计、室内装修来进行展示。根据不同类型的非物质文化遗产选择适合的展示形式。例如，民间文学可以进行相关书籍的展示，并将故事新编活化成现代人所接受的形式进行重编；表演类的非物质文化遗产则可对其使用的道具、唱本进行展示，还可将老艺人的艺术形象做成蜡像、泥塑进行场景展

示；工艺技能类可以展示劳动工具和工艺流程。

②影像展示。影像资料的展示更加丰富多彩，用图片、录音、录像来记录非物质文化遗产的过去与现在。各个类别的非遗都应该充分利用影像来记录其发展的过程，老照片、老电影能够体现非物质文化遗产的历史感。通过对这些影像资料的观看，游客能够较为全面地感受到非遗的前世今生与传统中国人的生活气息。如有机会将其加入到动画片、影视作品当中去，或者制作成纪录片，则有着更好的宣传效果。

③现场表演展示。传承人的现场表演或当场制作是最吸引人的环节，人们可以直观地看到整个过程，并且可以和传承人进行直接交流。民间美术和表演类的非物质文化遗产特别适合进行现场表演，在休闲农园闲暇的时光里，游客可以体验一下浓郁的传统气息，能更好地享受农园里的慢生活。工艺技能类最适合进行现场制作，游客全程观看制作过程，了解手工艺人的艰辛，也了解其中所蕴含的智慧，对手工艺人和产品都会产生较高的认同感。

（2）游客体验活动

除了在休闲农业和乡村旅游项目中进行非物质文化遗产的展示外，还可将其策划成多种多样的体验活动供游客体验（表 3–3）。

①参与体验：游客可以亲自动手参与的活动内容。最吸引游客的就是各类食品的加工制作过程，从中选取简单的步骤让游客自己体验，体验后的产品可以带走，增加了游客对美食制作工艺的认识，也可以增加产品的销售。各类民间手工技艺也都是不错的体验项目，游客可以亲自当一次木匠、染一次布、编织一个自己喜欢的筐筐。经过体验后，游客更能明白物件的来之不易，更加认可产品的价值。传统游戏、传统体育与竞技也非常适合游客在休闲旅游活动中进行互动体验，不仅游客互相之间可以开展，更可以开展亲子活动，增进感情交流，这对缓解城市人的压力，改善人际关系很有好处，对游客具有很强的吸引力。

②深入学习：在有条件的休闲农业园区成立民间美术、民间音乐、民间舞蹈、民间戏曲、民间曲艺等学习班或社团，为游客提供文化交流平台，让游客在交流中不断提高认识，不仅吸引具有相同兴趣爱好的游客前来，更能培养出大量的传承人以保证非物质文化遗产的传承。

（3）旅游产品销售

将非物质文化遗产的相关产品进行包装并打造品牌，在休闲农业和乡村旅游项目游客接待中心进行销售，让游客从休闲农业园区开始了解非遗，认识传承人，熟悉非遗产品。针对没有来到休闲农业园区的顾客，拓展多种销售渠道，如网络销售、电视销售认识非遗，宣传休闲农业和乡村旅游项目。一些易于携带的艺术产品，例如宁河木版画、杨柳青年画、葫芦工艺品等，可以通过搭建平台，直接面向游客和爱好者销售，同时要积极融入现代文化要素，创新表达内容与方式，与时俱进，增强对年轻人的吸引力。

表 3–3　天津市休闲农业的乡村非遗类资源利用

序号	资源类型	内容	案例代表
1	传统技艺类	西井峪村砌石技艺	西井峪村（石头村）
2		七里海河蟹面传统制作技艺	宁河齐心现代农业园、芦花香生态农庄
3		独流焖鱼制作工艺	静海春光家庭农场
4	音乐、舞蹈	挠秧号子	小站稻耕文化产业基地
5	民间文学	袁黄传说	小辛码头
6	葫芦制作工艺	范制葫芦	宝坻葫芦文化小镇

3. 历史文化资源类的利用

历史文化资源是先辈留给我们的宝贵财富，是区域经济发展用之不竭的绿色资源，历史文化资源开发对社会经济发展有着重要作用。

（1）景观再现

我国历史文化源远流长，民间传说、民俗风情丰富多彩，可以编撰演绎各种故事，开发利用历史文化资源就要以故事来活化这些资源。目前，许多地方都在挖掘本地历史文化资源，通过编撰故事来吸引消费者。小穿芳峪村开发隐逸文化，借以恢复古典园林景观。

（2）资源活化

天津历史文化类资源十分丰富，但历经战乱动荡和自然灾害，也受到不少破坏，需要大量投入以保护和修复。为解决投入的回报，建立自身的造血机制，结合旅游业的发展适当开发为旅游景观已成为较普遍采用的一种模式。

表 3–4　天津市休闲农业的历史文化资源利用

序号	资源类型	内容	案例代表
1	文化遗址类	黑陶博物馆、穿芳峪园林遗址	齐心现代农业园区（黑陶文化）、小穿芳峪村（隐逸文化）
2	军事遗址类	袁世凯小站练兵、萧太后运粮	小站稻耕文化产业基地、小辛码头
3	风物传说类	姜子牙钓鱼台	静海西钓台村

4. 农民生活资源的开发利用

天津市各涉农区闲置土地、农房等资源存量丰富，有着较大的开发潜力，且新形势下为贯彻落实乡村振兴战略、实现城乡一体化发展，充分激活和调动闲置资源，发展休闲农业和乡村旅游项目成为未来乡村振兴的重要选择。以乡村闲置的庭院、房屋、土地、宅基地、校园校舍、农业生产设施设备、农民的时间和技能等闲置资源为依托，面向城市居民休闲娱乐、旅游度假、养生养老等需求，发展旅游体验导向型共享经济，有利于就地解决资源闲置问题、提高农民的获得感和幸福感，有利于更好地满足旅游者对个性化和真实性的追求、提高体验度和满意度，有利于构建城乡资源的双向流动格局、建立新型的主客关系和城乡关系。

（1）农村闲置资源

①创意精品民宿

民宿不同于传统的饭店旅馆，不以高级奢华的设施取胜，但它能让人体验当地风情与田园生活。民宿以原有的私宅改建即可，建筑材料以石头、青砖、木头为主，蓟州区最为典型。以乡村闲置资源打造创意精品民宿具有较强的实践意义。在新建民宿缺乏文化底蕴和闲置农房导致资源浪费的情况下，坚持“修旧如旧”的设计开发理念，尊重地方传统民居特点，融入乡村文化，发展艺术乡村，进行农宅的内部改造，配以现代化设施，较重新审批建设用地、修建全新的民宿更为便利，具有高效和低成本的优势。

乡村中闲置农宅开发的重要方向是基于乡村本土文化和民俗特色打造具有独特吸引力的乡村创意型精品民宿，开展高端休闲度假型旅游。如会议度假、家庭周末度假等活动，以实现对当前消费升级背景下乡村旅游和休闲农业由观光型向度假型的转变的供给侧反馈。在乡村中利用闲置资源打造民宿，可以充分发挥村民的作用，使游客在与目的地村民的主客互动中真正体验和融入乡村文化。

虽然精品主题民宿的开发为乡村闲置资源的开发利用提供了方向，但从国内外成功的民宿开发过程中，我们应该认识到其中需要注意的问题。首先，以闲置农宅打造精品民宿在设计上需要较大的投入，因此，需要高端设计人才作为保障，否则房舍改造难以有效推进；其次，打造精品民宿应当坚持“修旧如旧”，不搞大开发，在深入挖掘乡村本地文化资源的基础上，对闲置农房进行设计，融入当地文化特色，防止出现民宿与乡村整体景观格格不入的现象，导致乡村整体景观的破坏和民宿吸引力的缺失。

②乡村酒店

引入有实力和资金的房地产开发商或外部专业机构对乡村闲置资源进行整合开发，打造较大规模和集中统一管理的乡村酒店，以产权酒店或分时度假酒店模式进行产品分销是整村闲置资源开发的方向之一。由于部分乡村有着独特的自然景观和民俗文化，且闲置房舍资源丰富，宅基地聚集程度较高，因而可以在地方政府或集体主导下，对整村闲置资源以及部分仍在利用但利用率不高的资源加以整合，引进外来开发商，以长期租赁的形式获得乡村宅基地和附着于宅基地之上的房舍的使用权和经营权，注入资金进行统一开发，将乡村设施打造成为对外统一运营的乡村酒店。以乡村优越的自然景观和人文环境吸引城市居民前来，开展较长时间或较高频率的度假活动，游客可以购买其中的部分房屋，或者购买房屋在部分时间段内的使用权，将其当作自己的第二住宅，由开发商进行统一管理和维护，保证游客的居住空间有人打理，在乡村居住的便利化基础设施得到相应保证。

乡村分时度假酒店或产权酒店作为为城市居民提供第二住宅的规模化开发方式，在国外已经有了较长时间的发展，近年来也得到了我国房地产开发企业的青睐。而将乡村闲置资源加以整合利用，国内部分企业尝试了进行大规模乡村酒店的开发。如由杭州市政府创业基金、赛伯乐中国投资基金、上城区政府创业基金共同持有的联众休闲产业集团，自2004年以来通过自建、收购、合作、租赁等经营方式，对乡村闲置资源进行开发利用，成功打造了多个乡村度假村和度假综合体，探索出乡村闲置资源开发利用的“联众模式”。

乡村酒店的成功打造需要外来企业、地方政府和乡村自身的共同努力，且由于其开发规模较大，运营周期较长，对资金、技术和运营的要求较高，对乡村闲置资源的规模和分布也有着更严格的要求。因此，以乡村酒店模式开发乡村闲置资源对资源和产业条件的依赖性更大，开发风险性更高，但其终究不失为一种值得探索的模式。

③乡村创意工坊

乡村地区宁静舒适的自然环境及其浓厚的人文气息和民俗风情能对艺术家产生感官冲击，激发其艺术创作的灵感，因而许多艺术家会选择乡村地区作为其创作基地。乡村应该重视对已有租赁农村房舍的艺术家的保护，同时，也应该为其他艺术家来乡村提供便利，吸引其前往乡村聚集，开展艺术创作活动。因此，在乡村闲置资源开发利用中，可以利用闲置宅基地和房舍，打造乡村艺术工坊，吸引艺术家前往乡村，使其变成休闲农业和乡村旅游发展的宝贵资源。同时，也可以将闲置农房、厂房等打造为乡村创意工坊，开展乡村创意产品生产和经营活动，以乡村目的地的特色农副产品、民俗文化等为创意资源，为游客打造能参与的创意体验活动，为乡村旅游者提供更富创意的旅游商品。

④乡村旅游服务设施

乡村闲置资源中的废旧校舍、工厂以及农房等，虽然较农宅而言在开发住宿设施方面不具有优势，但可以利用其原有形态，探索打造休闲农业和乡村旅游服务设施。特别是乡村闲置的农房，其曾经具有一定的农业生产功能，保留了传统农业生产的基本要素，对其加以开发改造，可以用于向乡村游客展示乡村农业生产景观。而乡村曾经的戏台等公共文化设施，则可以重新改造使其发挥乡村传统文化载体的功能，向游客展示传统曲艺、舞蹈等艺术，也可以用于民俗节日和乡村文化活动，成为游客在乡村中停留和聚集的中心。

目前，我国大多数休闲农业和乡村旅游目的地都在尝试打造乡村旅游服务设施，通过修建新兴建筑展示乡村的接待能力。但事实上，这种脱离乡村文化、破坏乡村整体景观的突兀建筑并不会对游客产生吸引力，因为游客前往乡村寻找的并不是现代化的高楼和建筑，而是乡村宁静舒适的自然环境和质朴亲切的文化氛围，对乡村进行大规模商业化建设，使其丧失乡村应有的韵味，无疑是一种自毁根基的做法。因而，在乡村基础设施建设中应当尽量利用原有的闲置建筑和房舍，特别是乡村曾经的戏台和公共文化中心，以文化向心力对乡村整体景观和建筑布局产生影响，在后期的开发中不顾这一规律，胡乱修建的乡村旅游基础设施当然不能发挥作用。

（2）乡村美食资源

为进一步推介、展示天津市特色乡村美食，促进各涉农区休闲农业和乡村旅游厨艺交流，打造具有农家风味、乡村特色、品类丰富的美食品牌，天津市举办了乡村特色美食大赛，对深入挖掘津郊特色饮食文化，提升休闲农业和乡村旅游影响力，打造具有浓郁乡土气息的农家美食品牌具有积极作用。截至目前，天津市已经举办了两届以“津郊美味，乐享无边”为主题的乡村特色美食大赛。大赛以美食为主线，展示参赛单位精湛的厨艺和优越的乡村旅游接待环境，利用大众媒体和自媒体扩大休闲农业和乡村旅游项目传播范围，进一步扩大休闲农业和乡村旅游项目的影响力（表 3–5）。

表 3–5　乡村特色美食大赛入围决赛名单及菜品名单

备注	所属地区	合作社名称	特色菜品
2017 年	宁河区	芦花香	七里海河蟹面
	宝坻区	小辛码头七号院	潮白河稻香鱼
	津南区	迎新合作社	青青长寿菜
	静海区	春光农场	炖土鸡
	武清区	玫瑰庄园	玫瑰饼
	西青区	九百禾葡萄园	油炸草龙珠
	宁河区	齐心庄园	蘑菇大雁蛋
	滨海新区	清华庄园	大饼熏肉
	宝坻区	潮湖别苑小木屋	稻草扎肉
	蓟州区	众耕农庄	麻酱鸡蛋
2018 年	滨海新区	龙达温泉生态城	扒猪脸
	静海区	牛顿庄园	减河鲤爱上苹果鸡
	西青区	九百禾种植园	金玉满堂
	蓟州区	东山鹊山鸡养殖合作社	黄焖栗子鹊山鸡
	武清区	凯耀豆制品科技公司	四喜豆腐
	蓟州区	玉石庄园	酸汤美人蹄
	宝坻区	水岸云天	菊花鱼
	北辰区	幸福渔村	纸包亚东硅
	西青区	隆鑫发畜禽养殖合作社	赛螃蟹

资料来源：整理自天津市乡村特色美食大赛公开报道资料。

（3）农事节庆资源

游客积极参与节庆的各项活动能大大活跃节庆气氛，增强节庆的吸引力。参与性是节庆吸引消费者的重要原因之一。本地民众通过活动体验重温或加深了对品牌及文化的认识。外地消费者通过参与各种活动获得在居住地无法得到的活动体验，满足其兴趣爱好，充分展现其特长，部分节庆还能让参与其中的消费者学会当地特有的技艺。通过动眼、动手、动口、动脑的体验，充分调动人体各种知觉，形成了对节庆活动的立体感知。津南区明洋湖都市庄园举行开镰节，游客在感受小站历史文化底蕴的同时，可以亲自手拿镰刀，下地体验收割，参与到“拾稻穗换大米、挥镰割稻”等趣味活动中，此外还有脱米环节，游客可将收割的稻米现场脱壳，煮粥品尝，参与性极强。

（4）农耕活动资源

天津市各涉农区地理条件和自然环境各异，山区、平原、滨海、湿地、河流等自然景观决定了各地区差异化的农事活动。在休闲农业开发建设中，之所以要充分挖掘农耕活动资源，是因为农耕活动课作为乡村文化和根性归属的有形载体，使游客来到乡村能够参与到农事活动中，真正地获得自然的、怀旧的乡村生活体验（表 3–6）。

表 3–6　农耕活动资源开发项目创设

<table>
<tr><th>项目类别</th><th>项目名称</th><th>二级分类</th><th>项目设置</th></tr>
<tr><td rowspan="2">农耕教学</td><td>农业高科技示范</td><td></td><td>智慧农业、无土栽培、物联网、立体栽培、节水示范等</td></tr>
<tr><td>农耕科普</td><td></td><td>农作物认知课堂、耕种课堂、管护课堂</td></tr>
<tr><td rowspan="3">农耕游乐</td><td rowspan="2">乡土乐园</td><td>农业嘉年华</td><td>设计创意农业景观，农业新品种、新技术展示、乡村美食品尝、各类农特产品销售、乡土工艺品展示</td></tr>
<tr><td>农业迪士尼</td><td>科技农业、本土农耕文化、以迪士尼娱乐精神进行农业科技娱乐互动体验</td></tr>
<tr><td>市民农园</td><td>市民菜园
CSA 项目</td><td>播种、插秧、种菜、种花等</td></tr>
<tr><td rowspan="10">农耕体验</td><td rowspan="4">农事体验</td><td>果园类</td><td>修剪、采摘、农产品加工</td></tr>
<tr><td>农田旱地类</td><td>播种、耕地、插秧、收割、玩泥巴、打稻谷</td></tr>
<tr><td>蔬菜、苗圃类</td><td>种花、种菜、采摘、插花</td></tr>
<tr><td>动物类</td><td>挤奶、垂钓、出海捕捞、海钓、喂养小动物</td></tr>
<tr><td rowspan="5">手工业体验</td><td>豆制品</td><td>磨豆腐、制作豆制品</td></tr>
<tr><td>纺织品</td><td>染布、织布</td></tr>
<tr><td>面制品</td><td>磨面粉、制作面点面食</td></tr>
<tr><td>工艺品</td><td>手工编织技术、制作陶制品、制作泥塑、绢花、年画等</td></tr>
<tr><td>其他手工</td><td>烤地瓜、做点心、包粽子、小咸菜、酱菜、酿酒、酿醋</td></tr>
<tr><td>生态餐厅体验</td><td></td><td>生态餐厅、自助厨房</td></tr>
</table>

（三）生态资源开发利用

随着国家和天津市生态红线的确定，特别是《天津市人民代表大会常务委员会关于加强滨海新区与中心城区中间地带规划管控建设绿色生态屏障的决定》颁布之后，国家和天津市对自然生态资源的保护力度增加，不断加强自然生态系统保护修复，统筹山水林田湖草系统治理。休闲农业资源开发必须考虑生态承载力，强化对生态资源的保护性开发。

1. 土地资源利用

近年来，休闲农业迅速崛起，对农业增值增效、农民创业增收、农村繁荣稳定发挥了重要的推动作用。而要发挥农业休闲、观光、文化、旅游、度假、康养等功能，必须建设配套的商业和服务设施，势必要涉及土地问题。我国实行严格的基本农田保护和建设用地管理政策，休闲农业如何利用乡村土地资源成为迫在眉睫的问题，目前围绕大棚房整治，休闲农业整个产业都受到了巨大的冲击。

（1）农用地流转

随着土地所有权、承包权、经营权“三权分置”制度的确立，生产用地一般通过与农民签订协议，实现土地经营权的流转，一般为10~30年，租金标准为：城市近郊区和武清区为1000~1500元/亩，远郊区为500~1000元/亩。

（2）立项审批申请建设用地

国土资源部、农业部联合下发了《关于进一步支持设施农业健康发展的通知》（〔2014〕127号文件》指出：以农业为依托的休闲观光度假场所、各类庄园、酒庄、农家乐，以及各类农业园区中涉及建设永久性餐饮、住宿、会议、大型停车场、工厂化农产品加工、展销等用地，必须依法依规按建设用地进行管理，而非按农用地管理。休闲农业开发必须要明确当地“土地利用总体规划”中涉及休闲农业项目所占土地的用途，符合规划使用条件的要积极争取土地建设使用指标，以满足休闲农业园区对建设用地的要求。建设用地管理必然涉及农用地转用审批手续，农业设施兴建之前为耕地的，非农建设单位还应依法履行耕地占补平衡义务。这在无形中大幅增加了休闲农业开发建设成本，也使得农业休闲旅游开发变得更为复杂，甚至会使部分休闲农业项目夭折。

（3）撬动政策，积极争取灵活用地方式

“大棚房”专项治理之前的休闲农业开发中，一直存在下述的灵活用地方式，规避休闲农业用地限制：

用设施农用地的名义直接进行餐饮住宿的建设；

以建设临时生产用房名义进行修建；

修建水泥柱，将建筑物腾空，以满足不破坏耕作层的要求；

修建木屋或钢架房，即使查处也能低成本拆除；

用可移动的集装箱和房车进行餐饮住宿活动。

目前，这些方式在本质上属于“擦边球”的土地利用形式，最近大棚房整治的背景下，碰触了土地使用政策的红线，属于整治拆除的对象，不确定性和风险很大。但最初也得到了地方政府的默认，并非全无不可取之处。未来“大棚房”治理后，这种灵活用地的方式可能会在依法依规治理后重新得到认可。

2. 山地资源利用

由于地理位置和海拔等原因，山地一般保持着良好的自然风貌，宁静、绿色的环境和优美的风景能给人以安谧舒适的感觉，配合登山观景、荫下散步、郊游野餐、休闲度假、户外运动、宗教文化、科普修学、民俗体验、商务会议以及娱乐体验等丰富的产品类型，可以有以下开发利用方向：

（1）特色饮食

特色餐饮既包括当地的风情小吃，也包括在山地景区中打造的养生餐饮、山水酒吧、农家饭等，把山水与餐饮结合起来，能丰富山水新的乐趣，吸引特定人群。现代人越来越讲究养生保健，而以优美的自然生态为背景开展的养生餐饮更有魅力。

（2）山林康养

山林康养把优质的森林资源与中西医结合，推广自然疗法、食物疗法、运动疗法、劳动疗法，开发森林康复、疗养、养生、休闲等一系列有益人类身心健康的活动，具体项目包括冷泉、温泉以及各种养生泡浴模式、山野瑜伽、山野养生会馆、生态养生、美食养生、文化养生等。

（3）运动休闲

在山地休闲旅游中，绝对少不了运动旅游休闲要素的存在。适合在山地当中开展的运动休闲项目很多，如漂流、林地探险、滑雪、骑马、攀岩等，有的特色规模化的项目甚至可以支撑起整个景区发展，如滑雪、漂流等。

（4）休闲地产

山区林地的建设用地指标相对宽松，这给了休闲旅游地产开发的政策红利。休闲商业地产一般以餐饮休闲、娱乐休闲为主，表现形式为商业街、酒吧街等；住宅房地产包括农家乐和山野别墅；山野休闲度假房地产包括山庄、农庄、养老公寓、山野度假村。

3. 水系资源利用

天津地处九河下梢，小河流、沟塘较多，随着城市化的推进，许多河道、沟塘在城市和乡村建设中被填没，导致河流功能退化或丧失，河流景观严重受损。未来在开发过程中，应结合河流自然条件、人文条件和现状条件等，不影响河流基本使用功能和河流生态功能，逐步恢复河流水系的景观功能；通过草灌乔组合搭配，充分打造层次分明、四季变化的堤岸景观，开发文化功能，沿水系搭配房车营地、露营和垂钓等休闲旅游项目。同时，配套完善餐饮、采摘、购物、娱乐等功能，开发农家乐、渔家乐，开发捕鱼捞虾、打水仗、观赏蝌蚪等活动。

4. 湖泊资源利用

天津地处海河流域的下游，地势低平，河流纵横，湖泊洼淀密布。湖泊资源可分为两类：一类是自然形成的大型湖泊或作为水源地建设的水库，出于生态保护的目的，都禁止开发利用；另一类是人工水面，依托原有的池塘洼淀，经后天开挖打造所形成的人工水面，是休闲农业开发利用的重要水体资源。主要利用形式包括：

（1）立体生产

依托已有的池塘洼淀，生产水生蔬菜，养殖鱼虾，重现“莲菱渔虾”的生产景象，既能形成很好的水上观赏景观，又能产出优质的农产品，也为休闲垂钓活动奠定了基础。

（2）休闲垂钓

垂钓是一项老少咸宜的休闲娱乐活动，有着固定的消费群体，是休闲农业开发的特色项目。开展垂钓活动的同时，可配套水上度假、渔乡生活体验、捉泥鳅、美食餐饮、民宿度假等休闲游憩活动，增加休闲农业的经济效益。

（3）景观营造

景观营造是吸引游客的前提，因此要保护区域内沟渠纵横的生态环境，利用水面的旖旎风光，综合开发水资源，优化水体形态，利用农作物、植被与乡土材料等，营造乡村水域景观，让消费者体验原生态的水域风光，突出观景、休闲、度假、避暑等功能，实现“住水边、玩水面、食水鲜”的综合目标。

5. 海洋资源利用

海洋资源作为天津最为重要的生态资源，依托海洋资源开发的休闲渔业已经成为天津市旅游的新名片。2018 年，天津市休闲渔业总产值达 10 亿元，带动就业 8000 多人，年接待中外游客 300 万人次，存在以下开发利用方向：

（1）海洋牧场建设

从 2010 年开始，天津市为加快渤海海洋牧场建设，兴建渤海湾“蓝色粮仓”，在滨海新区汉沽大神堂海域国家级海洋牧场示范区，投放人工鱼礁超过 2 万块，在该海域海底形成了大约 10 平方公里的海洋牧场，为鱼、虾、蟹及贝类人工创造了一个安全的生长海域。根据规定，投放人工鱼礁的海域，禁止渔船捕捞和船只航行，以形成安全的港湾，让水生物苗种在此安全生长，免受人为破坏。

（2）海上游钓渔业

海钓产业是集渔业、休闲游钓、旅游观光为一体的产业。在美国由海钓拉动起来旅馆、餐饮、钓鱼、娱乐服务业十分兴旺。在中国，海钓产业则刚刚起步，据不完全统计中国有 9000 万人的钓鱼大军，按保守估计大部分人每年钓鱼 1~4 次，消费约为 100 元，全年活动总消费约达人民币 90 亿元。目前，滨海新区大港马棚口海钓吸引着越来越多的游钓爱好者。

（3）渔港休闲渔业

中心渔港位于滨海新区汉沽，占地 18 平方公里。中心渔港规划建设“一港一城”，内部设立休闲港湾区，可容纳大小游艇 1000 艘。中心渔港定位为中国北方渔业中心、水产品加工集散中心和北方游艇产业中心，为发展休闲渔业、海上垂钓旅游、渔业体验娱乐、海洋渔业文化展览提供了坚实的产业基础。

（4）渔村休闲渔业

渔村休闲渔业的发展定位是“度假型”休闲渔业，以海为景，以度假旅游为主，有自然景观或人文景观，具有生态旅游、文化娱乐、休闲垂钓、水上运动等多种功能。天津市的休闲渔村建设中，北塘渔村是最具有代表意义的渔村，其内自然环境清幽宁静，自古素有“泽国之乡”之称，清初已是闻名京津冀一带的渔业重镇。目前，北塘海鲜、北塘海会、出海做一日渔民以及浓郁的乡情、乡俗和敦厚民风都成为北塘独具特色的旅游景观。未来北塘将建设成具有丰富历史文化内涵和三角湿地自然保护区风貌，集海河观光、渔人码头、国际游船、海鲜餐饮、风俗文化于一体的多功能滨海新区特色旅游景区。

（5）海洋渔业文化园

从天津最具代表性和特色的海洋渔业文化元素出发，挖掘文化内涵，并通过人员表演、物体展示、微观缩影、动漫和诗画等艺术形式，表达天津的海洋渔业文化及内涵。目前，塘沽极地海洋馆、北塘渔家乐等已经成为海洋渔业文化产业开发建设的代表性项目。

6. 地热资源利用

地热能具有“水”、“热”、“矿”三种形式，因此，它既是能源，又是资源。地热型农业在国外有广泛利用，不仅可以开发地热花卉中药、蔬菜水果种植、地热水产养殖和观赏鱼类养殖，还可以进行地热孵化和育苗。此外，地热农产品加工、干燥、脱水，都可以利用地热能。而地热农庄，就是将所有地热能在农业上的应用综合起来，以农业为基础，以地热技术为核心，利用地热资源，实现一二三产融合发展。天津地区地热资源丰富，通过地热种植、养殖以及温泉休闲体验活动的开发，不仅可以提高资源利用率，节省了能源，还延长了产业链，提高了农业的效益。

（1）地热种植

一些对温度有要求的蔬菜、水果以及花卉，可以借助地热技术进行辅助种植。地热能可以为作物提供生长所需要的热量，使各种植物在地热农庄中反季节成长，甚至缩短生长期，同时，也能培养一些在温带较短的生长期无法生长成熟的作物。此外，地热种植所提供的环境，从温度、湿度等角度上考虑，更加接近适合的自然环境，因此，也能够提高作物产量和质量，使其更加美观或口感更好，增加收益。如东丽区大顺国际花卉科技园、华泰农业园都是典型代表。

（2）地热养殖

水产养殖中利用地热技术，不仅可以缩短生长期，也能够提高水产品的质量，比如使用温泉水，不仅能够提升口感，更富含矿物质营养元素，具有更高的经济价值。对于一些热带观赏鱼来说，温泉水经过处理后，更适合鱼类生长与繁殖，并提高免疫力，降低死亡率。如宁河天祥水产园区就是典型代表。

（3）地热温泉农业观光

“温泉＋农业”在温泉旅游与休闲农业领域均有着广泛的应用空间，两者的相结合，将温泉资源广泛应用于食品、康养及美容产业等业态，在项目主题性、功能复合性、地域特色性以及体验的丰富性方面进行充分挖掘，为消费者创造更加多元化、更具体验感的产品，打造成“温泉＋旅游＋农业”的综合体，实现高利润经营。如滨海新区龙达温泉城就是典型代表。

7. 湿地资源利用

在生态文明建设的新形势下，湿地与农业从竞争转向共存，需要寻求更多的可持续发展模式以平衡湿地保护与农业发展。以维护湿地生态平衡、保护湿地生态功能和生物多样性为出发点，突出湿地的自然生态特征和地域景观特色，打造以湿地观光、科普教育、度假休闲为主要内容的产品体系。湿地分为人工湿地和自然湿地，自然湿地多已列为自然保护区，严禁开发，天津七里海周边的农家乐及其河蟹养殖休闲活动关停，而人工湿地则可以开发科普教育、休闲观光等多种项目。

（1）湿地生态保育

主要是为了保护涉农区内湿地生态系统而建立的保护性区域，如七里海湿地自然保护区。在此区域内尽量减少人工干预，只允许开展各项科学研究、保护与观察工作。可根据需要设置一些小型设施，为各种生物提供栖息场所和迁徙通道。

（2）湿地生态科普

针对儿童及青少年，向他们介绍湿地和稻田的特点、联系以及保护湿地的意义，实现科学知识教育与趣味活动相结合，具备科普教育、休闲游憩等功能。如蓟州区于桥水库、滨海新区北大港水库湿地、东丽湖湿地。

（3）湿地立体混养

人工湿地可以开展立体混养，以稻田为例，“稻蟹共生”的稻田立体混养生产模式，稻田里既养螃蟹又养鱼，杂草、害虫是螃蟹和鱼的食物，螃蟹蜕的壳、鱼的粪便又成了稻田的肥料，如宝坻八门城、黄庄等生态稻区。随着天津小站稻的恢复种植，不断推广“绿色稻+”（鱼、鸭、蟹）综合共生模式，形成可体验式农业生产方式，实现增产增效。

8. 生物资源利用

（1）美食加工利用

依托本区域所有的野生菌类、蔬菜瓜果、生态养殖动物，采用独特加工方法（熏腌泡晒等）、独特料理方法及独特食用方法（餐具、食用流程、表演辅助等）处理，包装开发为特色地道美食，吸引消费者关注。

（2）景观营造

生物资源对于景观营造至关重要，应立足生态，尊重自然，依据当地的地形地势特征、水文、土壤、植被分布现状等自然条件并结合休闲农业开发主题，科学合理地对植物景观整体布局。在地势较高、坡度较大、原生植被条件较好的地带适当保留原生林植被以及适当补植常绿或落叶林与原生林共同构成背景林景观；在一些突出打造的坡面及高地可以栽植特色果树等植物，以营造壮观的片状或带状特色植被景观，如漫山桃花景观、梨花长廊景观；在平缓的坡面以及地势较平坦、土壤条件相对较好的浅丘或平地营造特色花卉景观和蔬菜景观以及粮油作物景观，如油菜花田景观、流金麦浪景观；在环境优美、水资源丰富、地势较低的沟谷和水流岸边栽植湿生花卉或蔬菜等耐湿植物，如荷花、茼蒿、茭白等，并适当配以树形优美、观赏效果好的垂柳、槐树、海棠、紫藤等园林植物以营造优美的沟谷和水域特色植物景观。

（3）自然教育

生物资源还包括田间的蚂蚱、蛐蛐、蝉、松鼠、麻雀、燕子等，可以开发出一系列体验活动，观赏体验多种动物的生活习性，观察鸡在草地上捉蚂蚱，青蛙在草地上捕捉昆虫，游客可以亲自捉蚂蚱、用青草喂牛羊，与动物亲密接触，体验人与自然和谐相处的景象（表 3–7）。

表 3–7 天津市休闲农业的生态资源利用

序号	资源类型	内容	利用方向
1	土地资源	耕地、农用地	农用地流转、审批建设用地、灵活的用地方式
2	山地资源	盘山、八仙山、九山顶、梨木台、黄花山和府君山	特色饮食、山林康养、运动休闲、休闲地产
3	水系河流资源	潮白河、蓟运河、南运河、北运河	渔家乐、农家院、休闲垂钓
4	湖泊资源	水库、湖泊	立体生产、休闲垂钓、水体景观营造
5	湿地资源	稻田湿地、人工湿地	立体生产、休闲垂钓、科普教育、生态保育
6	海洋资源	北塘渔港、东沽渔港、中心渔港、唐家河渔港	海洋牧场、海上游钓、休闲渔村、渔港、海洋文化园等
7	地热资源	温泉、地热	地热种植、地热养殖、地热农业观光
8	生物资源	动物、植物及其他生物	美食加工、景观营造、体验互动活动

四、休闲农业资源开发综合效益分析

休闲农业集生产、生活、生态功能于一体，近年来，天津市休闲农业发展取得了丰硕成果，已经由以产值收益为主转向质量效益和资源生态保护并重，由单一追求效益转向经济、生态和社会效益协调一致，实现生产发展、生活富裕、生态安全的同步增长。

（一）经济效益分析

休闲农业的产业化开发能够迅速扩展休闲农业的发展空间，并且在一定程度上提高经济效益和休闲农业竞争力。

1. 推动农业产业结构调整

随着农业供给侧结构性改革和乡村振兴战略的深入实施，旧的产业结构难以适应新形势下经济发展的要求，亟须进行调整。发展休闲农业能够改善农村经济基础薄弱的局面，使农业由增产型向增质型转变，推进农业的产业化和市场化进程，进而使农村产业结构得到优化。经过近 20 年的发展，休闲农业已成为天津现代都市型农业发展方式转变和战略性结构调整的重要方向，已成为天津现代都市型农业新的增长点，其在全市农业总产值中的比重逐年增大，并呈现出良好的发展势头，促进种植养殖等第一产业、特色农产品加工等第二产业和食宿、交通运输、农产品流通、休闲服务等第三产业统筹发展，延长乡村产业链条，提高农产品综合竞争力和产业附加值。

2. 实现农民增收和财政增长

增加农民收入，产业兴旺是乡村振兴的重要着力点。发展休闲农业可有效延伸产业链，增大农业服务的领域和涉及的范围，这就为安置待就业人员奠定了基础。通过积极发展休闲农业，能够有效地创造大量的就业机会，满足农民就业需求，提升其获得感。休闲农业通过满足人们精神和物质的双重享受，拥有广泛的客源市场和充分的客流量，为休闲农业的经营主体提供增收渠道，促进农业产业提质增效。同时，也促进了所在地财税收入的增加。

3. 提高资源利用效率

针对目前农村普遍存在的农业生产基础设施薄弱、农业技术落后和经营管理粗放的现象。休闲农业与旅游业耦合性大幅提升，产业规模不断增大，产业类型日益丰富，呈现出规模经济性和产业集聚性发展趋势，不仅能促进农村基础设施的建设、先进农业技术和管理理念的引进，还有助于优化农业农村自然资源利用效率，为农业生产和农村生活资源提供有效途径，更好地促进农业文化的广泛应用与挖掘。通过休闲农业活动的开展，一些闲置的社会资源得到开发利用，如闲置的农宅等，显著提高了资源的利用效率，避免了资源的浪费。

静海小高庄村，围绕“枣”主题，开发“枣”系列产品，包括精品鲜枣产品、多品种加工产品（如枣酒、枣糕、枣醋、枣饼、枣酱、枣干等）、采摘体验产品（如温室采摘、室外采摘、认租认种等）、休闲娱乐产品（如手工创作、田园游乐、亲子互动、科普教育、运动健身、骑行露营等）、养生度假产品（如美食品尝、保健养生、民宿体验、休闲养老等）、文化创意产品（如节庆会展、艺术创作、摄影绘画等）。通过全产业链的开发，大幅提高了资源的利用效率，也提升了产业的价值链。

4. 带动区域经济健康发展

休闲农业通过自建规模基地，打通精深加工、市场开拓、行业联动、信息服务等途径，推进休闲农业上下游产业、前后环节有效连接，培育产业链核心主体要素集群，健全经营主体间、主体与农民间的利益联结机制。2014 年以前，年接待人次和综合收入增长速度达到 20% 左右，处于高速增长阶段；在经济下行压力不断加大的背景下，自 2015 年到 2018 年仍维持着 10% 以上的增长率，有力地促进了农业增效和农民增收，为区域经济做出了应有贡献（表 3-8）。

表 3-8　天津市休闲农业发展增长指数

年份	接待人次（万人次）	增长率（%）	总收入（亿元）	增长率
2011	810		15.7	
2012	1000	23.46%	20	27.39%
2013	1213	21.30%	34.15	70.75%
2014	1473	21.43%	40.5	18.59%

续表

年份	接待人次（万人次）	增长率（%）	总收入（亿元）	增长率
2015	1600	8.62%	50	23.46%
2016	1810	13.13%	62	24.00%
2017	1990	9.94%	75	20.97%

数据来源：天津市农业农村委历年监测数据。

（二）社会效益分析

1. 休闲农业提供就业机会

实践证明，休闲农业确实提供了就业机会。一方面，可以常年雇用本村或者邻近村庄的剩余劳动力、贫困户，他们在休闲农业基地（园区）种草养花、进行田间管理、喂养畜禽，通过务工挣钱实现就业增收。另一方面，通过产业带动，引导周边农户为休闲农业基地（园区）提供绿色农产品和其他配套产品，将小农户链接到大市场，形成休闲农业发展的全产业链，从而帮助农户致富增收（表 3–9）。

表 3–9　2018 年天津市涉农区休闲农业社会效益分析

	从业人数（人）	农民就业人数（人）	带动农户数（户）
西青区	1575	1275	1461
东丽区	518	412	712
津南区	1000	810	1500
北辰区	423	381	381
宝坻区	2000	1788	3900
武清区	2686	1424	2100
蓟州区	14500	14500	—
宁河区	3379	3257	2227
静海区	2095	2010	2816
新区	1900	1800	2600
总计	30076	27657	—

数据来源：天津市农业农村委 2018 年监测数据。

2. 密切城乡关系，实现乡风文明

发展休闲农业能够加快城乡人员交流，有利于改善农村环境和乡风文明建设，而且这也是美丽乡村建设的重要任务。农村优美整洁的环境、新鲜的空气和田园的风光是吸引城市居民去休闲度假的重要原因，因此，在大力发展休闲农业过程中一定会带来村容和卫生条件的改善。此外，随着城市居民的到来，城乡居民互相影响，也有助于部分农村劳动者改掉一些不良习惯、转变落后的思维观念，能够拉近城乡居民的关系，有利于社会的稳定和谐，还能够增强市民对农村、农业的认识和了解，加强城市对农村、农业的支持，改善城乡关系，实现城乡融合发展。

（三）生态效益分析

1. 促进循环农业经济发展

通过发展休闲农业，有力地促进了各经营主体采用节水灌溉、生物防治、林下养殖等新技术，通过生物种群（植物、动物和微生物）之间的相互作用，减少农药、化肥的施用量，实现农产品生产的绿色供给，满足广大居民对日益增长的绿色农产品的需求。同时，也减少了对环境的负面影响。

武清区的一芳田童趣农庄利用生长的形状欠佳的果蔬植物、果皮果核等废弃物制作酵素。酵素是一种活性酶，它能对土壤进行修复，对土壤中的重金属起到分解的作用，实现对土壤的改良。同时，农庄利用庄园里的玉米、小麦、葫芦、黄瓜等作饲料，养殖鸡、鸭、鹅等多种家禽，它们产生的粪便经过处理做成农田肥料继续滋养农作物。同时，农庄将石灰水、烟叶、辣椒、大蒜等植物混合培养制成杀虫环保酵素，对虫害进行防治。整个庄园系统真正做到了全程有机循环，给市民营造了安全、舒适、无污染的环境，杂草不用除草剂，全部人工割下来，再沤肥回田，玉米秆全部都是打碎了回到土壤。通过资源的循环利用实现生态环境保护的目的，农业废弃物的循环利用也可以最大限度地实现资源的合理利用，从而降低资源消耗以及浪费的问题，进而促进农业发展和生态平衡的协调共生，实现都市型农业经济的绿色发展和生态环保可持续发展。

2. 促进农业生态科技应用

休闲农业园区（农庄）之所以能够吸引市民前来，主要在于其优美宜人的生态景观给游客提供田园风光体验，这在很大程度上得益于经营主体日益增强的环保意识。他们在生产经营的过程中会采取各种措施和手段增强对环境的保护，因地制宜运用现代科学技术，充分吸收传统农技农艺和农民生活精华，运用农业生物措施，推进有机肥加工、发酵床生态养殖和生物梯级净化处理等工程，促进农作物秸秆、生活垃圾和污水向肥料、燃料、饲料等资源转化，实现“三生”和谐共存。

3. 促进区域生态环境改善

天津休闲农业的资源开发，建立在充分利用农业资源的基础上，通过合理规划农业生产空间、生活空间和生态空间，科学设计农业资源的生产方式，通过合理组织农业生产和经营活动，按照“无害化、低排放、零破坏、高效益、可持续、环境美”的思路，坚持开发与保护并举，走资源节约型、环境友好型的发展道路；运用可持续发展理念综合治理区域生态环境，加快生产方式转变，推广农业资源循环再利用技术，鼓励发展沼肥生产、销售、配送、施用等一条龙服务组织，通过采取各种技术手段，保护自然资源，改善自然环境。“有空植树造林、露土栽花种草”，维护生态平衡，提高农村环境质量，在客观上对保护区域生态环境起到了重要作用。

五、天津市休闲农业资源开发存在的问题

近年来，天津市休闲农业整体上呈现出良好的发展态势，休闲农业资源的开发力度也在不断增强，但是在实地调查中也发现休闲农业资源开发和休闲农业高质量发展中存在一些问题。例如，休闲农业资源保护和开发的力度不足、配置不合理、产业融合不够充分等，只有尽快解决这些影响休闲农业发展的问题，才能充分发挥资源对发展休闲农业的贡献作用。本研究试图就这些问题，并以天津市为例来探讨休闲农业和乡村旅游资源的合理开发、保护和利用的正确途径。

（一）各类人才的知识技能储备不足

无论是乡村振兴还是休闲农业和乡村旅游的发展，归根到底是人的问题。天津市休闲农业和乡村旅游之所以在“大棚房”整治之中损失巨大，与休闲农业和乡村旅游产业中“人”的要素有密切关系。目前，天津市休闲农业投资者之前多从事其他行业（通信、化工、酿酒、市政工程、农业种养等），他们本身对休闲农业经营并不了解，缺乏市场开拓以及运营维护经验，需要较长时间来熟悉和适应休闲农业的开发经营。其员工大多是原来从事农业生产、加工、营销的工作人员和农村居民，对休闲旅游缺乏工作经验。虽然进行了短期培训，但时间短，不够规范，从整体上来看素质仍然偏低。主要表现在两点：一是普遍缺乏自主学习的能力，目光短浅，在接受培训和自主学习的态度上表现为“不重视、不参与”，相反对获得政府补贴格外关注，也就是说“鱼与渔”之间，他们更偏向“鱼”。二是缺乏面向市场的能力，近些年，国家鼓励发展休闲农业和乡村旅游项目，有些投资者为了使项目顺利开展，想打擦边球，依赖政府政策支持，把很多精力放在疏通关系上，忽略了起决定作用的市场，由此也造成了真正的发展困境。总之，正是由于各类休闲农业人才相关经验和知识储备的不足，以及缺乏用市场思维思考如何发展的能力和意愿，过分依靠政府的力量获取发展资源，因此，改革创新的思维落后，难以跟上市场竞争发展的需要。

（二）资源综合开发的失衡

由于人类主体在各种资源开发中所表现出来的逐利性，过于重视追求经济利益，忽视社会效益和生态效益，导致生态资源在一定程度上功能退化，以及生活资源开发中存在过度商业化等问题。正如习近平总书记所强调的“绿水青山就是金山银山”，在这个过程中，绿水青山代表生态优势，金山银山代表经济优势，生态优势并非与生俱来、恒久不变，而是处于不断的发展变化过程中。我们可以利用生态优势，充分发挥其正向外部性，同时在要开发中对其进行保护与强化，才能形成正反馈。

蓟州区的休闲农业和乡村旅游正是依托生态资源（山地资源、生物资源）的外部性

得到发展，尽管发展势头良好，但以下问题不容回避：一是经营内容上存在着文化内涵的简单化、曲解化和同质化；二是对村庄周边大项目的依赖性强，旅游特色村内缺乏有特色、有活力的活动内容；三是地域特色文化挖掘与保护机制欠缺，村民缺乏文化保护意识。这三方面问题也就造成了目前的经营项目档次低、成长性差，甚至破坏了乡村的自然生态环境，无法实现休闲农业和乡村旅游的健康、可持续发展。如果剥离出生态资源，所开设的农家乐、农庄等休闲农业项目是否还有市场竞争力和对游客的吸引力，这也是生态资源驱动型的休闲农业项目需要深思的地方。居安思危，若其开发过程中不注重生态环境保护，会从生态资源的正向外部性降为负向外部性，从而对整个产业发展产生不良影响。因此，一方面，要平衡生态资源开发与保护之间的关系；另一方面，要平衡生态资源、生产资源和生活资源之间的关系，增强对生产资源和生活资源的开发力度，以平衡对生态资源的过度依赖。

（三）多元经营与规模不经济之间的矛盾

投资规模、用地规模、用人规模不当是很多休闲农业园区企业经营陷入困境的重要原因。目前，休闲农业经营过程中普遍存在的现象是规模不经济，究其表象而言，投资和占地规模越大，经营状况越不理想。造成此现象的原因，可能是内部结构因规模扩大而更趋复杂，不断消耗内部资源，而此耗损使规模扩大本应带来的好处相互消减，也有可能是僵化的经营管理，或者不同业态之间创新壁垒的增加。因此，出现了规模不经济的现象。休闲农业由于其本身所具有的产业融合性特征，不可避免会出现多元化经营的局面；另外，由于本身投资大、收益慢，资金链容易出现问题。一旦超过了阈值，经营管理跟不上发展的步伐，就会导致规模不经济现象的发生。一部分投资者对休闲农业园区的规模把握不好，总是追求越大越好，这是一个误区。适度规模对园区、农庄的发展至关重要。园区（农庄）规模大小对投资额、雇工人数、产品配置等要求不同，超过一定的规模，投入会成倍增加，经济性会大打折扣。据一些研究机构测算，休闲农业园区不管总的占地面积多大，其核心区域不会超过 300 亩。天津市很多大型休闲农业企业就是因为投资规模过大而导致财务成本过高，以致后续经营捉襟见肘，举步维艰。因此，规模的大小必须与资金多少、市场大小等相适应。

（四）资金需求量大与回报期长之间的矛盾

现代农业是资本农业，休闲农业尤其如此。很多休闲农业投资者对休闲农业项目开发建设及运营的资金需求量没有充分的估算，导致资金链出现问题。一般休闲农业的投资包括基础设施、雇工工资、水电费、肥料、机器设备、取暖费等。项目前期投资金额较大，回报周期较长，投资风险难预测，工商资本和外资进入较少，资金投入不足，基础设施和雇工工资所占比重较大。现实中，有近一半休闲农业投资者对资金需求量存在严重误判，休闲农业园区（农庄）基础设施投资均在上千万元甚至上亿元，大部分企业家多为其他领域内积累的原始资本，转而投入休闲农业项目，大部分依靠企业家自有资金投入并运营，这其中又有相当一部分投资者因资金短缺导致经营陷入困境或投资失败。雪上加霜的是休闲农业园区（农庄）在经营中所开发的产品同质化程度高、产业链短以及文化创意不足又导致市场竞争力不强，更是给资金回流带来困难，这给企业资金链造成了严重压力。

（五）农业弱质性与外部多重风险之间的矛盾

休闲农业资源开发深受多重外部风险因素影响，包括政策、气候、市场、管理、资金等方面的风险，他们相互交织，给休闲农业资源开发产生一定程度的影响与挑战。

1. 政策风险

政策风险主要是国家在土地、环保政策调整时对投资者的影响，如很多休闲农业园区（农庄）需要必要的住宿、餐饮、交易、停车、道路等基础设施，但严格的土地政策限制很难满足投资者的需求。土地政策已经成为制约休闲农业发展的最大瓶颈问题。休闲农业活动的开展必然涉及相应的休闲娱乐配套设施，需要相应的建设用地作为活动开展的基础。但事实上建设用地政策始终没有突破性进展，出于保护耕地红线的政策因素，2018 年以来，“大棚房”整治过程中，天津共整治 4900 多个大棚房项目，休闲农业园区内曾经建设用于游客餐饮、住宿的房舍因违规占用基本农田或不符合土地利用总体规划被拆除，而在我国土地政策相对收紧的宏观环境下，绝大多数休闲农业企业没有资金能力得到可用于建设餐饮和住宿设施的建设用地指标，因而在未来可以预见的一段时间内，休闲农业难以有效发挥接待能力，企业经营活动开展受限。造成这种现象的原因主要有三方面：一是城市的开发建设需要大量的建设用地，相比而言，休闲农业虽是富民工程，但能带来的税收较低，在建设用地指标总量控制的前提下，政府更倾向于将建设用地指标给予其他非农企业。二是政府普遍有招商引资的巨大压力，为招商引资，政府出台一些优惠政策，包括给予政策优惠和一定的建设用地，而休闲农业企业由于本身规模小、带来税收有限，因此不被列入重点的招商引资企业范围。三是部分休闲农业在企业经营过程中，确实存在对土地的低效利用，造成土地资源的浪费，甚至本身确实有“囤地”的想法，本着通过土地征收的办法，收回投资。

此外，还有就是对政府扶持资金的过度依赖性，造成投资企业自身造血能力弱化。如果投资者心浮气躁，抱着投机心态做休闲农业，从开始就注定会被套牢。政府补贴倾向于锦上添花而非雪中送炭，把项目成功的希望、过多放在依赖扶持或者补贴之上，必将失败。

2. 气候风险

气候风险主要是自然灾害对休闲农业园区造成的影响，如连续的降雨降雪、突发的病虫害、动物疫情等，造成产品减产和质量下降。农产品生产是休闲农业的基础功能，一旦受损，会对休闲农业经营，包括农产品销售、采摘体验等活动，产生较大的影响。

3. 市场风险

休闲农业的主要市场包括农产品市场和服务市场，在农业生产和农产品销售过程中，由于市场供求失衡、农产品价格波动、经济贸易条件等因素变化的影响，或者由于经营管理不善、信息不对称、市场前景预测偏差等导致休闲农业可能遭受损失的风险。

例如，不同地区同类、同季产品的集中上市，同质的休闲体验活动，以及现代社会所带来的其他休闲方式的竞争等，他们叠加所带来的竞争加剧也会导致休闲农业收益大幅减少等。

4. 管理和资金风险

休闲农业项目经营者大多延续农业生产经营管理方法，管理的精细化、信息化水平不高，对项目的成本控制和市场预测能力不强，造成项目投资回收不佳甚至亏损。此外，政府扶持项目都需要自身配套投入，有时配套资金不到位，容易导致政府资金投入成为泡影。

（六）产业组织化程度不高

整体上，天津市休闲农业资源开发的组织化程度较低，休闲农业产业内部尚未形成有效的协同创新体系，经营主体之间、经营主体与资源要素之间无法进行有效的协同互动。目前，所存在的产业化经营模式中，一部分由于不同主体间存在利益不一致、信息不对称、地位不对等、契约不完备等问题，难以形成促进产业规模化发展的保障机制和保证农民收入的长效机制。

1. 利益共享机制不完善

受制于土地流转制度以及农户自身资金实力限制，他们（农户）在开发过程中存在管理不够科学、抗风险能力弱以及资金投入不足等问题，无法满足现代农业集约化发展需求，迫切需要围绕区域主导产业和资源优势，合理布局和建设新型经营主体，通过休闲农业资源优势和市场优势吸引企业投资；然而，一些具备发展条件的农业企业在休闲农业资源开发理念及市场观念上存在一定的滞后性，对项目缺乏全面性的投资评价、审查评估及深入调研，在一定程度上阻碍了后期经营管理，且“企业＋村集体＋村民”利益共享机制尚未完全建立，最终导致相关产业链条薄弱且缺乏品牌化经营能力。因此，休闲农业的资源开发不仅要因地制宜，选择适合的开发方向，而且要以高效协同的组织模式克服乡村资源分布的分散性和利用的复杂性，通过利益共享提高农民的参与积极性，以市场化保障消除农民的偏见和后顾之忧，从而实现多元主体参与，以协同进化，促进利益最大化。

2. 产业链合作程度低

产业成熟的标志是分工与合作，休闲农业产业亦然。一些投资者在投资时只考虑自己休闲农业园区的建设经营，没有考虑到与周边园区、合作社和农民的合作，致使园区效益不理想。观察一些成功的休闲农业园区，在规划阶段就考虑到与周边资源的整合与优化，在生产经营中，充分利用比较优势理论与附近的合作社在生产加工、存储、运输、销售等环节进行充分合作，形成高效的产业链条，追求效益最大化。

3. 地方政府引导不足

从国外闲置资源开发历程及我国农村闲置资源开发利用较为成功的地区经验来看，具有天然分散性的乡村闲置资源要实现整合利用，离不开地方集体对农民闲置资源出租或流转的引导，这种地方集体可以是村集体、地方政府或区域性行业协会和行业组织。目前，天津市涉农区缺少闲置资源整合利用，村集体、地方政府等对本集体村民的引导较为缺乏，导致乡村土地、房舍等资源长期闲置，由于其过度分散而难以利用。农民和外来企业之间缺乏沟通渠道，外来资本苦于没有投资渠道，而本集体村民难以将土地和房舍转化为财产权而缺乏收入。因而，天津市各涉农区在以地方集体的整体性克服闲置资源利用的分散性方面仍处于初级阶段，不能发挥地方集体在闲置资源整合和利用方面的主动性。

（七）资源利用程度较低

1. 生活资源利用程度较低

天津市民俗文化等生活资源丰富，全市休闲农业资源普查的结果显示，绝大部分资源都未得到利用，而被“束之高阁”，文化创造性的活化与转化能力不足，文化与休闲旅游呈现出“两张皮”的现象。经过深入考察调研，天津市休闲农业和乡村旅游项目的服务内容使消费者体验到的是缺乏特色或被曲解的乡村生活，到大自然中养生也被简单地演化成吃一顿农家饭菜、采摘一些应季果菜，缺乏系统的挖掘和复原。这与消费者对休闲农业和乡村旅游的诉求有差距，不能充分满足消费者对美好生活的向往。

2. 闲置资源利用内容及方式单一

农业被称为“露天工厂”，是自然再生产与经济再生产相互交错的特殊产业，受自然节律的影响，农业生产活动从播种到收获会表现出一定的节律性特征。与此相适应，乡村的社会生活也会表现出一定的节奏性。这一特征造成农业、农村、农民的部分资源是季节性闲置的，除土地、宅基地、闲置房屋之外，还有农田水利设施、农机具、生产管理用房、农村公共活动场所，甚至农民的时间、知识和技能等资源，目前，这些资源的利用内容及利用形式仍相对单一。

（1）闲置资源的利用内容单一

如前所述，农村闲置资源种类多样，不仅包括农宅、农地等资源，还包括了大量农业、农村基础设施资源，随着城市化的推进，乡村人口的减少，资源的闲置和浪费现象越来越明显。如何利用这些资源为休闲农业和乡村旅游服务，已经成为大棚房整治背景下休闲农业与乡村旅游转型发展的重要资源基础。现有对闲置资源的利用主要体现在闲置的农地和农宅，以及闲下来的农民上，如近年来迅速崛起的民宿是典型例证，这为农村闲置资源利用提供了新的市场指向，有助于破解农村资源单向外流问题、实现城乡协调发展。对其他类型的闲置资源利用程度更低，特别是乡村基础设施资源。未来要运用共享经济理念，利用互联网等现代信息技术和社交网络平台，整合并分享海量的分散化闲置资源，构建休闲农业和乡村旅游共享平台，在更广泛的范围内、以更高的效率促进乡村闲置资源的旅游化利用，让农村“沉睡的资产”重现生机，是预防农村“空心化”、推进休闲农业与乡村旅游供给侧改革、实现乡村振兴的积极探索。

（2）闲置资源的利用方式单一

农村闲置资源的利用方式是休闲农业资源开发中必须重视的问题。目前，天津市各涉农区在闲置资源的利用形式上仍不明晰，缺乏对高品质、新形式的利用形态的理解和认识，大多数经营者对休闲农业利用形态的理解仍为较初级的农（渔）家乐等形态，没有促进休闲农业和乡村旅游提质升级的产品形态。因此，即使成功整合和利用了闲置资源，其对游客的吸引力仍不明朗。经营者应当认识到乡村闲置资源的整合是产业升级的契机之一，因而应当立足长远，不但解决目前的住宿和接待能力不足的问题，更要发展更高品质的休闲度假旅游，超越休闲农业原有的观光阶段，通过民宅“修旧如旧”的改造，在基本保留原有形态的基础上，打造富有地方特色的民宿等度假型接待产品，从而促进休闲农业和乡村旅游提质升级。

基于整合农村闲置资源来解决休闲农业和乡村旅游发展中存在的资源不足的问题，其可行性已经为国内外的实践所证实。但明确了休闲农业和乡村旅游资源整合的方向，是否能成功实现产业发展，取决于闲置资源开发利用后能否成功吸引城市游客前往乡村观光和休闲，决定着闲置资源开发的成败。因为对休闲农业和乡村旅游而言，整合闲置资源只是手段，而通过提供产品和服务吸引游客、赋予游客价值才是目的，才是产业得以发展的根本所在。因此，影响闲置资源利用效果的关键，在于以何种方式开发利用整合闲置资源，在于基于闲置资源向游客提供何种产品。

3. 出租意愿较低

目前，天津市涉农区在闲置资源利用方面仍存在一系列问题，对利用闲置资源开发休闲农业和乡村旅游项目还存在抑制效应。天津市农业农村委在全市各涉农区农村闲置资源统计结果显示，有出租意愿的资源数量占闲置资源总量比重均较小，其中闲置经营性用地总量达 1234 处，有出租意愿的闲置经营性用地为 431 处，占比为 34.93%；闲置公益性公共设施用地总量达 523 处，有出租意愿的闲置经营性用地为 108 处，占比为 20.65%；闲置土地资源总体愿意出租比例不高，农民和相关集体的出租意愿较低。我们按照天津市农业功能区划方案，对全市 4 个休闲农业区域的农村闲置土地资源出租意愿进行调查统计，详见表 3-10、附表 3。

表 3-10　天津市涉农区闲置土地资源出租意愿

名称	闲置经营性用地			闲置公益性公共设施用地		
	处数	意愿出租数	占比	处数	意愿出租数	占比
蓟州山野区	113	30	26.55%	62	39	62.90%
远郊田园区	533	323	60.60%	225	57	25.33%
滨海渔农区	320	29	9.06%	217	11	5.07%
近郊都市区	268	49	18.28%	19	1	5.26%
合计	1234	431	34.93%	523	108	20.65%

资料来源：天津市农委关于各涉农区闲置资源统计数据。

天津市涉农区中，闲置农宅总计 12368 间，愿意出租的间数为 1958 间，占总闲置数比重为 15.83%，其中出租意愿最高的休闲农业地区为滨海渔农区，达 19.05%，出租意愿占比最低的为近郊都市区，占比为 12.39%，但各休闲农业区间出租意愿占总闲置资源比重相差较小，均位于 10% 至 20%，总体出租意愿较低。闲置农房共计 54921 间，愿意出租的农房为 3656 间，占比为 6.66%，较闲置农宅的出租比率更低。我们按照天津市农业功能区划方案，对全市 4 个休闲农业区域的农村闲置房舍资源出租意愿进行调查统计，详见表 3-11、附表 3。

表 3-11　天津市涉农区闲置房舍资源出租意愿

休闲区	闲置农宅			闲置农房		
	间数	愿意出租数	占比	间数	愿意出租数	占比
蓟州山野区	1243	233	18.74%	3677	165	4.49%
远郊田园区	8584	1263	14.71%	37413	1016	2.72%
滨海渔农区	2210	421	19.05%	13351	2455	18.39%
近郊都市区	331	41	12.39%	480	20	4.17%
合计	12368	1958	15.83%	54921	3656	6.66%

资料来源：天津市农村闲置资源统计数据。

从上述分析可以看出，天津市涉农区闲置资源总量较大，但总体出租意愿均较低，各类闲置资源愿意出租数占资源总量的比重均未超过 40%。同时，闲置土地的出租意愿较闲置农房和农宅的出租意愿高。因此，探索农村闲置宅基地和闲置农房流转交易机制，建设适合天津市现行土地管理法律法规的宅基地管理制度，必须要面对两个问题：其一是现行土地管理框架对宅基地和农房交易的抑制；其二是农民在失地带来的不安全感及经济效益低下情况下缺乏有效激励，通常表现出对闲置资源的利用消极态度。基于天津市农业农村委统计资料，本研究对天津市各涉农区农民出租意愿及可能的相关原因进行分析后认为，造成天津市各涉农区闲置资源出租意愿较低的主要原因在于农民认知不足和市场激励缺乏的双重作用。

首先，农民的个人心理因素和对闲置资源利用的认知不足导致其出租意愿较低。相关学者对农户闲置宅基地退出的影响因素的研究显示："农户的现状偏见、不确定性厌恶、关注负面事件的锚定心理负向影响宅基地退出，而农户兼业程度、受教育程度正向影响宅基地的退出。"同样，天津市各涉农区农民闲置土地及房舍的出租意愿较低受其个人认知影响显著。具体而言，第一，受安土重迁等传统文化影响，农民对不确定性的厌恶更为显著，将土地和房舍视为未来生活的保障，特别是在对流转和交易政策认识不清、流转和交易机制缺乏保障的情况下，农民对宅基地和房屋进行流转交易的意愿将大打折扣；第二，农民对土地流转和房屋交易政策认知不足，也对其真实性缺乏信赖，因而其行为选择极易受村集体内部或周边土地流转出现的负面消息影响，在锚定效应作用下，负面消息对农民出租意愿的影响程度将被显著放大。此外，由于闲置土地和房舍交易市场机制不健全，没有形成合理的利益共享机制，农民常常缺乏显著的土地及房舍出租的有效经济激励，特别是在农民较为保守的思想和认识提高了激励发生作用的阈值的情况下。由于农民在闲置土地和房舍流转中只能得到少量的租金，而非分红，其将土地和房屋留作自用以备不时之需的思想较为强烈。同时，若闲置土地和房屋经流转后能产生较大的经济价值，而农民在其中只有小部分的收益，过大的收入差距会严重抑制农民的出租意愿，其可能会将房屋和土地闲置起来，寻求更好的交易机会或者自行开发利用，从而脱离整体统一开发利用序列。综上，农民对闲置资源交易的认知不足与缺乏经济激励相互作用、相互影响，导致天津市各涉农区闲置资源出租意愿较低。

执笔人：郭华，史佳林，李瑾，徐虹，郭连文

第四部分

发展战略篇

一、发展理念

创新、协调、绿色、开放、共享的“五大发展理念”是实现我国“十三五”既定发展目标，破解发展难题，厚植发展优势的理论指南，是“十三五”乃至更长时期我国发展思路、发展方向、发展着力点的集中体现。休闲农业发展战略的确立必须以五大发展理念为根本遵循，以构建文明、绿色、安全、低碳的都市休闲农业产业体系、产品体系和经营体系为目标，以创新的思路、协调的手段、绿色的政策、开放的市场、共享的精神深化供给侧结构性改革，建设好美丽乡村，服务好游客需求，满足好农民利益，将休闲农业建设成天津市乡村振兴的重要引擎、创造美好生活的乡村产业新亮点、现代都市型农业发展的新增长点、城市居民休闲旅游的重要目的地、城乡居民新“生活方式”体验地、旅游产业发展的新支撑点。

二、发展定位

天津市休闲农业的发展定位问题离不开对现代都市型农业的定位及其对都市休闲农业市场需求的认识。围绕京津冀协同发展国家战略对天津的“一基地三区”定位以及农业农村部和天津市政府合作框架协议提出的天津打造“四区两平台”目标定位，结合天津市农业农村现代化建设实际，本研究对天津现代都市型农业的定位，目前可考虑的定位有以下几个方面：全国优良育种创新中心、北方农产品精深加工及贸易集散中心、环京津冀高端绿色农产品供给区、科技农业与智慧农业创新区、北方休闲农业与乡村旅游高品质引领区、现代都市型农业三产融合发展示范基地。这些定位聚焦的几个核心关键词包括科技、绿色、品质、融合、物流等。

从都市休闲农业市场需求来看，主要客源来自于京津冀都市居民等，伴随着我国中产阶层的崛起，对乡村产业与产品的需求日渐增多，他们追求更高的生活品质，具有多样性、个性化的消费需求，其需求特征刚好与上述都市型农业定位相吻合。

未来要突出休闲农业在繁荣农村经济、促进农民增收、统筹城乡发展、改善乡村环境、推动城乡协同发展方面的重要作用，以休闲农业为引领打造天津市现代都市型农业升级版；使休闲农业成为天津市现代都市型农业转型升级的重要支柱、农村产业融合发展的重要支撑、旅游强市建设的重要节点和京津冀协同发展的重要突破口，成为京津冀休闲农业协同发展示范基地和生态休闲度假旅游综合服务区。

三、发展思路

休闲农业和乡村旅游是一个新兴产业，也是一个系统工程，需要统筹谋划，精准发力，为乡村振兴提供有力支撑。在推进思路上，要坚持“一个围绕，两个紧扣，三个突出，四个着力提升”。

一个围绕。就是围绕发展现代都市型农业，运用现代科技、管理要素和服务手段，改造提升传统的休闲农业和乡村旅游，逐步实现生产、经营、管理、服务的现代化。

两个紧扣。一个是紧扣乡村产业振兴，让农业经营有效益、成为有奔头的产业，让农村留住人、成为安居乐业的美丽家园。另一个是紧扣农民持续增收，让农民足不出户就能获得稳定的收益，实现自身价值的提升和经营收入的增长。

三个突出。一是突出特色化。立足当地资源、区位和传统优势，打造特色突出、主题鲜明的休闲旅游产品。二是突出差异化。因地制宜、错位竞争，让消费者感受与众不同的景观和体验。三是突出多样化。设立针对不同消费需求的产品，满足消费者个性化需求，实现休闲旅游产品异彩纷呈。

四个着力提升。一是着力提升设施水平。从人性化、便利化、快捷化的角度，加强休闲旅游设施建设。二是着力提升服务水平。为游客提供休闲、观光、体验、文创、康养等服务，让游客玩得放心、住得安心、花得舒心。三是着力提升管理水平。创新管理理念，引进农业、旅游、人力、财务、智能等多领域人才，实现质量效率同步提升。四是着力提升政策水平。围绕“大棚房”整治带来的冲击，用足用好自然资源部、农业农村部等部门有关设施农用地、农村三产融合发展等方面的政策，结合天津实际创设具有天津特色的相关扶持政策，促进企业在困境中崛起、在发展中创新；切实制定出台农村闲置资源开发利用的激励政策，引导休闲农业和乡村旅游经营主体高效合理地利用农村闲置土地和房舍这一宝贵资源，促进产业持续健康发展。

四、发展目标

（一）产业规模不断扩大

到 2022 年，全市休闲农业接待游客将达到 3300 万人次左右，消费规模突破 150 亿元，休闲农业产值与农业总产值的比重达到 25%~30%。新建全国休闲农业示范县（区）3~5 个、全国休闲农业示范点 10~15 个、中国最有魅力休闲乡村 8~10 个，建成一批具有较高知名度和影响力的休闲农庄，发展一批各具特色的休闲农业聚集区。

（二）载体建设不断完善

重点实施“1322”载体建设工程，即培育打造 10 个区域特色田园综合体和农业特色小镇，提升建设 300 个设施完善的特色旅游村点，新建和提升改造有品牌形象、功能综合、定位准确、布局合理、竞争力强的 20 个休闲农业示范园区，围绕农业、文化、历史、经济、生态等主题，在全市范围内规划 20 个休闲农业项目聚集区，融入京津冀休闲农业协同发展总体布局；培育壮大休闲农业经营主体，引导休闲农业特色村点、示范园区和休闲农庄之间共建、共用配套基础设施，实现休闲农业项目互补和客源市场共享。

（三）产业形态多元创新

休闲农业由生态观光、采摘垂钓、农事体验、餐饮娱乐等传统业态为主导逐步向高端民宿、节庆会展、休闲度假、健康养老、生态教育、文化创意、保健医疗等新型业态发展，提升休闲农业产业能级和竞争能力；丰富产业经营类型，形成休闲农庄、农业体验园、特色乡村民宿、农业嘉年华、农（渔）家乐、民俗文化村、市民农园、教育农园、创意农园、康体养生园和农事节庆等多种类型多元发展的新格局，休闲农业的功能性、特色性、新颖性、趣味性、体验性、文化性、创意性等进一步增强。

（四）产业结构优化升级

健全完善休闲农业产业链，调整优化产业结构，将休闲农业建设成为连接一二三产业的新兴产业，提升农业服务业在现代农业产业体系中的比重；秉承文化传承与创意提升的理念，将休闲农业发展与绿色农业、美丽乡村、生态文明、文化传承的有效提升融为一体，充分挖掘在地资源的品牌价值和文化内涵，并将创新服务手段加入休闲农业的产品体系建设，以科技化、创意化、智能化、网络化的方式实现休闲产业升级，在全市构建“绿色生产—实物体验—观光休闲—健康养生—文化创意—定制服务”的高端休闲农业产业链，实现都市型休闲农业优化升级。

（五）社会效益显著提高

通过拓展农业功能，大幅度增加当地农民就业容量，促进城乡经济文化融合，农村面貌明显改善，经济、社会、生态效益同步显现；年均新增直接就业人口 2 万左右，间接就业 5 万人左右，农民收入大幅提高，从事休闲农业的农民收入比务农农民人均收入平均水平高 1 倍以上；新型休闲农业经营主体稳步发展，培育壮大年产值超 1000 万元的休闲农业龙头企业 50 家，发展市级休闲农业合作社 30~40 家，龙头组织带动休闲农业产业发展格局基本形成。

（六）生态价值明显提升

通过休闲农业发展，促进乡村清洁能源的利用，改善农村卫生状况，优化农业生态环境和农村景观，空气质量达到国家Ⅱ类二级标准，饮用水保护区水质达到二类水Ⅰ级地表水环境质量标准，主要河道水体质量达到三类Ⅲ级水体标准；休闲农业项目区污水处理率达 90% 以上，实现垃圾回收，普及卫生厕所，进行污水处理改造，改变污水直排的现状，卫生厕所普及率和垃圾回收率达到 100%；保护农田、水系、森林、湿地等生态资源，串联 A 级旅游景区、休闲农业和乡村旅游点及其他自然人文景观，突出景观、休闲、旅游、生态四位一体，重点打造生态休闲廊道，带动廊道沿线区域休闲农业发展和生态环境的改善。

五、战略选择

战略选择既要考虑当今市场需求变化情况及趋势、科学技术进步情况及应用，还要考虑“三农”自身的资源禀赋与现状，进行充分的调研分析才能获得符合实际的发展战略选择。休闲农业的基础是农业，因此重新认识和挖掘农业的价值，坚持农业为基础的发展定位、绿色为导向的发展方式、文创为引领的发展方向、满足美好生活需要为发展目标，有助于选择更具有成长性的休闲农业发展战略。农业价值的挖掘可以从以下几方面思考：

①立足生命农业，聚焦“三农”建设

农业是利用生物的生命活动进行生产的。立足生命农业就是倡导要站在敬畏生命的角度，以促进人们身心健康和谐、实现高品质生活为目的来思考问题的。生命农业强调将农业置于自然生态系统环境中，遵循自然生态规律，注重生态保护和资源的可持续利用，实现与自然生态和谐共生的持久发展目标。聚焦“三农”建设，强调围绕农业生产的生态化、农村环境的洁净化、农民生活的富裕化进行美丽乡村建设，让民风、民情、民俗、民宿等融入生命农业开发建设中。

聚焦生命农业价值认识，未来休闲农业发展战略应该体现“四生和谐”的发展观，即本着“生产、生活、生态、生命”的四生和谐观，不断提高生产效益，促进生活富裕美好，保持生态环保可持续，实现生命有尊严、高品质。据此可以结合农业生产活动和场景，开发科普研学乡村游，满足市场上不同年龄段人群的消费需求，实现全生命流程的休闲农业服务链，实现跨界融合和创意驱动的发展战略。

②立足养生农业，聚焦回家生活

新时代人们对健康产业的需求日益强烈，基于养生农业的健康性、参与性、体验性特征的休闲农业基地养生产品的开发则适应了人们对温馨家园的渴望和需求。养生农业不仅依托新鲜的物产、洁净的空气、怡人的景色满足了人们有形身体的保养需求，更是依托乡村和谐的人际关系、慢生活的节奏满足了人们缓解紧张、焦虑和亚健康的心理精神需求。这是养生农业的一个创新尝试，也是自然疗法中越来越受欢迎的一种新方向，为游客营造家的感觉，体验家的味道，培育游的氛围，营造休的乐土，研究玩的学问，追求乐的艺术，创造养的财富，提高美好的回家生活品质将成为休闲农业发展必不可少的内容。

聚焦养生农业的价值认识，未来休闲农业发展战略应该体现大资源观、大产业观和大市场观的开发观，即从市场需求角度理解生产、生活、生态等方面的物质资源和非物质资源的开发价值，从消费者养生消费形态出发组合各种产业服务能力，链接各类产品形态，满足各类不同的共趣社区的消费市场需求，用新技术、新手段支持供需价值创新的开发行为。

③立足功能农业，聚焦品质生活

功能农业是指农产品的营养化、功能化，它是通过生物营养强化或其他生物技术手段使农产品具备保健功能性。功能农业的建立不仅高度依赖于农业科技的研发投入，实现土壤中有机成分的多样化以及相应技术创新的配套化，还需要借助大数据技术精准把握市场个性化需求的演变状况，进而实现两者的高度匹配。人们对品质生活的追求体现在消费的食物由量的增加转变为质的提高，功能农业的建立和完善则满足了品质生活的追求和实现。

聚焦功能农业的价值认识，未来休闲农业发展战略应该体现以智慧农业和科技农业为主体的先导产业发展的产业观。智慧农业的发展可以通过土壤检测技术、智能平衡施肥技术、精确播种灌溉和收割技术、温室农田智能化管理决策系统等技术的运用为休闲农业发展中多种功能食品的提供奠定科技基础。科技农业的发展可以通过科技改造发展农业的技术体系，促进生态农业、高效农业和智能农业的发展，为满足游客对高品质产出品的需求提供有力保障，实现绿色品牌和转型升级的发展战略。

④立足组合农业，聚焦休闲生活

农业的存在不是孤立的，它依托与城市不一样的乡村环境，既包括农业自然环境，也包括人工环境和社会环境；农业的生产也不是孤立的，它依托众多行业的供给者形成了一个生态群落。无论是循环农业还是组合农业都客观上形成了一个多产业的集合，由此形成的组合农业群落为人们提供了回归自然、体验农耕生活的休闲乡村环境。

聚焦组合农业的价值认识，未来休闲农业发展战略应该体现多部门共同参与、多产业融合联动、多主体协同努力的效益观。组合农业的形成需要做好顶层设计，农业一产要接二连三朝着六产方向发展，必须通过多产业联动机制吸纳多方面主体共同参与协作，加强相互开放包容、交流互鉴，才能实现产业链加宽延长，才能让人们的休闲生活更加丰富多彩，让乡村振兴更有依托。

基于以上对农业价值的重新认识，本研究提出以下六大发展战略选择。

（一）协调发展战略

休闲农业的发展涉及多行业，需要跨部门协作才能完成好，甚至为满足市场需求还要面对跨区域协作的问题，因此，必须树立协调发展战略。具体来说要做好以下几方面的协调：

从宏观层面，要做好京津冀区域休闲农业发展的要素协调和市场协调以及政策协调等。从休闲农业发展的要素来看，三地的要素分布是不均衡的，乡村的壮劳力大量进城务工，有效劳动力资源是不足的，资金的投入也因农业投资特点和风险等问题而集聚，土地要素也有严格的供应限制。因此，要在人才的引育上、资金的筹措上和土地的供应上进行区域间的协调和调配。市场的协调方面则需要做好客流的引导和线路产品的组合，按照资源和产品特色与消费市场需求调研结果进行精品线路产品的共同推介营销，形成市场协调机制。政策方面也需要在生产要素的供给激励政策和需求管理的政策引导上统一标准，促进三地真正朝休闲农业一体化方向发展。

从中观的产业层面，要做好各产业间的数量与质量协调匹配。充分发挥农业多功能性特征，实现农业由单一生产型向“农业 +”的多功能型转变，在农产品产量丰富的地区加大注入二产加工业、三产物流业和电子商务业等，形成功能匹配、量产协调、质量上乘的产业间合理的比例关系。加大农业与教育、体育、文化演艺、出版业、艺术设计、创意产业等方面的协同力度，激励产业融合和跨界开发行为，实现产业链延长、价值链增值、利益链紧密的产业协调格局。

从微观层面，要协调好乡镇农户或合作社间在品种生产和营销推广上的协同问题，避免不必要的恶性竞争。根据产品在地化特征发展规律，加强地理认证标志产品的推广工作，促进“一镇一业、一村一品”落地，做好区域品牌发展规划，用农产品品牌带动休闲农业与乡村旅游品牌上水平。

（二）资源高效战略

休闲农业的资源投入要实现理想的投入产出比就必须坚持资源的高效利用战略，要提高单位资源的产出率，要突破集约高效利用的瓶颈，必须探索一条集约化、规模化利用和持续发展的路径，通过土地流转探索规模化经营、集约化开发、高品质生产的发展道路。

资源高效利用既离不开先进技术的支撑，也离不开旺盛市场的支撑，尤其是休闲农业的发展，很大程度上取决于能够在多大程度上具有引流能力，流量为王在休闲农业发展中同样是极为重要的。资源的高效利用要区分资源的来源和在生产消费中的作用。对大自然赋予的资源要巧加利用，顺应自然规律的同时加强科技研发投入，让资源产出效率提高，让废弃资源高效再利用；对人类社会发展中形成的文化资源或生活习俗资源等要善加利用，学会讲好故事，营造场景，做好服务，使游客真正感受到在地文化的独特魅力。

（三）跨界融合战略

休闲农业本身是跨界产业，是在第一产业基础上深度融合第二和第三产业而发展起来的。融合的驱动力是市场多样化消费需求、技术进步的广泛应用以及政策的强力引导，在这种综合力的作用下实现跨界中心生长点的发现和利用，支撑休闲农业可持续发展。

跨界融合的实现必须打破资源原有的割裂分立，要从理念上认识到融合已是大势所趋，不可阻挡；从管理体制机制上打破藩篱，以市场消费需求的满足和创新为己任；从技术上以科技和艺术为双轮驱动，创造新时代新的消费场景和产品；从营销上以新媒体为载体，加大整合营销传播力度和广度；从服务上加强培训强度，尽快实现农民的职业化转变和服务能力提升。

跨界融合不是简单的产业叠加，而是不同产业相互渗透与作用形成的新业态，因此，要有创新的勇气和能力去面对困难，营造良好的融合氛围，形成融合的机制，产生融合的效应。

（四）转型升级战略

休闲农业的发展必须突破产业落后、效率低下和动力不足的问题，实现这种突破的战略路径之一就是转型升级，在由传统农业向现代农业转型中，发现升级的方向，在向休闲农业旅游升级中实现农业发展道路的转型，进而实现效率变革、产业变革和动力变革的要求，达到农业供给侧结构性改革的目的，促进农业农村迈向现代化发展方向。

当今制造业的服务化已成为一种趋势。农业作为依托自然界形成的一种生产制造业也必须从单一的发展路径转变为多样化发展路径。农业的休闲化和服务化转型并非简单的增加一些休闲旅游项目就可以，而是要关注于新业态的创造和创新，是新的服务理念、流程、技术和效果的综合体现。其转型升级成功与否取决于是否满足了人们对乡村美好生活的需求和对乡愁的追忆，因此，对市场需求变化尤其是新生代消费群体的需求把握是转型升级战略必须面对的挑战。

转型战略的实现要求面对都市型农业发展基础和区位优势，关注都市人周末度假休闲需要，配套相应的服务设施和内容，营造度假氛围，提供休闲场景，打造娱乐项目，促进共创共享。升级战略的实现要求理解消费分层和市场细分的变化特点，转变简单的“吃农家饭、摘农家果、睡农家炕、观农家景”的初级版休闲农业服务现状，向着满足全方位乡村生活体验的方向晋级发展，增加有设计感和文化内涵的民宿业、有乡土性和趣味性的娱乐业、有参与性和归属感的手工制造业等综合服务的提供，带动本地数量更多、质量更优的就业发展，促进乡村六次产业结构的优化协调发展，提升休闲农业的产出效率和效益。

（五）创意驱动战略

休闲农业是满足现代人休闲度假需求的农业产业新业态，依托传统农业生产和生活资源，要向符合人们休闲需要的农业转型必须利用创意经济思维和技术，将深厚的传统文化与新兴创意文化有机融合，用科技创新和文化创意驱动休闲农业提供丰富化和多样化的产品和服务，达到改造农业、美化环境、优化品质、创造财富的目的。

消费需求的个性化和体验化不仅驱动着产业跨界融合发展，而且也引发着创意产业经济理念和技术快速进入到休闲农业领域，带来了翻天覆地的发展新动能。农业的生产场所变成了娱乐体验地，农民的日常生活变成了消费体验场，农村的空间场域变成了情感的交流地，这一切的变化均得益于创意思维和技术的运用，这是乡村美化的驱动力和结果。

创意驱动战略的实现需要高水平的智力资源投入，因此，未来必须在产学研融合发展上下功夫，需要政策上给以有力的支持和激励，才能激发智力资源流向乡村，以科技手段和创意形式展现全新的乡村生产、生活、生态与生命。

（六）绿色品牌战略

休闲农业是一种满足人们回归乡村田园生活的消费活动，追求的是绿色环保的消费品和体验，因此绿色品牌战略是其不二选择。唯有绿色品牌的理念和培育行动，才能真正打动城市人喜欢和消费休闲农业产品，才能带动农业产业链条的整体绿色化发展，促进“绿水青山就是金山银山”目标的实现。

绿色品牌强调的是可持续发展。休闲农业的生态化发展是实现可持续发展的必然要求。休闲农业的品牌化发展可以遵循着“农产品的品牌化—农产品生产地的品牌化—农产品所在乡村旅游的品牌化”的路径来设计发展。结合智慧农业和科技农业的发展要求，实现农业产业链等全过程的绿色生产标准落地实施，在改良土壤成分的基础上创造有机食品生产地的地理标志认证；通过美丽乡村建设解决环境污染防治问题，加大循环经济的研发投入力度，构建立体栽培养殖循环化生产体系；完善旅游接待配套设施的投入机制，形成政府与市场共同协作的供应机制，既满足市场对商业服务供给的消费需求，也满足市场对公共服务供给的消费需求，实现文化、旅游与农业的有机融合；按照“减量化、循环化、再利用”等原则，通过服务引导消费，从供给与需求两方面营造乡村旅游行为善行规范，使绿色品牌战略落地有群众基础和供给保障。

六、休闲农业资源开发空间战略布局

依据天津市农村经济与区划研究所研究成果，本研究对全市 10 个涉农区休闲农业资源开发空间战略布局进行分析研究，根据各涉农区不同的区域位置、资源类型以及资源开发利用情况，大致可分为四种休闲农业发展类型区域，分别为：环城都市休闲农业区、滨海渔农休闲农业区、远郊田园休闲农业区和蓟州山野休闲农业区（见图 4–1）。

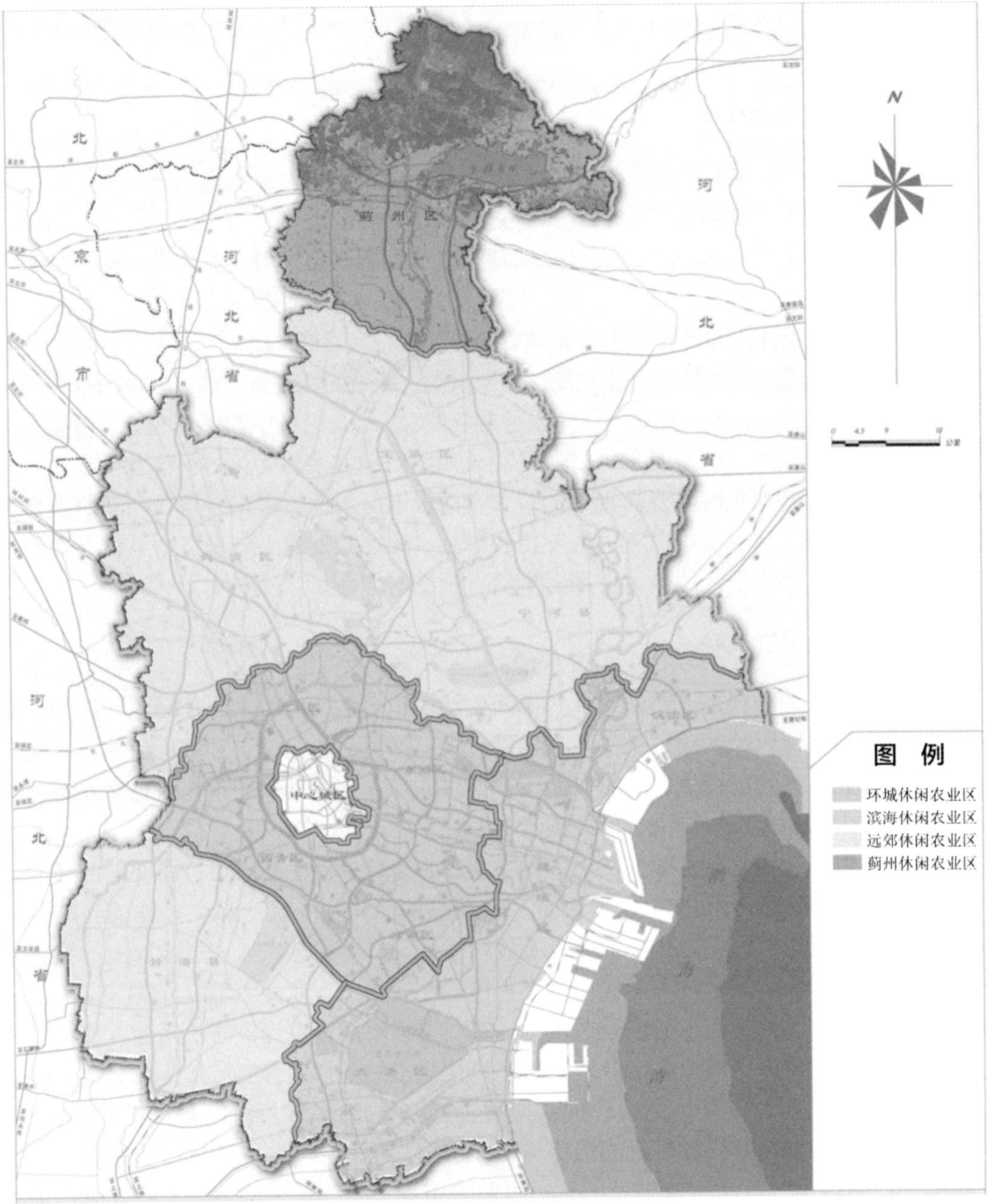

图例
环城休闲农业区
滨海休闲农业区
远郊休闲农业区
蓟州休闲农业区

图 4–1　天津市休闲农业资源开发空间战略布局

（一）环城都市休闲农业区

包括东丽、西青、津南、北辰四区。截至 2018 年，环城四区总计有 30 个休闲农业示范村点，8 个休闲农业示范园区。该区域在地理位置上紧紧围绕中心市区，交通路网发达，东丽、津南两区系双城管控绿色生态屏障建设重点地区，由最边缘地带到市中心的距离均不超过 35 公里，行车时间不超过 1 小时，对于吸引市区游客具有得天独厚的优势。该区域经济发达，人口稠密，农业规模相对较小，但农业产业类型多样、特色明显，已形成以花卉、观赏鱼、淡水鱼、果品、特色蔬菜以及农产品物流配送和农业休闲观光等为主导产业的现代都市型农业体系。

环城四区重要的休闲农业资源包括以天嘉湖、东丽湖、鸭淀水库、永金水库等为主的生态水域资源，以小站练兵、崇文尚武、天穆清真、杨柳青年画、赶大营、葛沽宝辇等为主的民俗文化资源，以及以众多农业园区为主的特色农产品资源。目前，该区已建成的休闲农业项目以现代农业园区、休闲度假庄园、花卉交易市场和特色品牌农业为主，突出农业的科技展示、文化传承和休闲观光功能。在对休闲农业资源的开发利用中，该区始终发挥区位交通优势和经济发展优势，依托花卉、沙窝萝卜、食用菌、观赏鱼、小站稻、特色蔬菜和优质果品等产品资源，重点发展现代农业展示、市民农事参与、休闲度假娱乐和乡村民俗文化等休闲农业模式，形成了以采摘体验、休闲垂钓、花卉观赏、科普教育、文化创意、市民农园和休闲庄园为主的休闲农业体系。

（二）滨海渔农休闲农业区

包括滨海新区的塘沽、汉沽、大港三个区域，其核心区是与天津市中心城区并列的城市发展核心。该区地处东部沿海，战略地位显要，交通路网发达，系双城管控绿色生态屏障建设重点地区，最远端距离市中心约 75 公里，行车时间不足 1.5 小时。该区经济正处于高速发展阶段，引领全市经济发展的作用日益凸显。该区农业资源特色鲜明，特别是海域滩涂资源丰富，为发展特色农业和休闲农业奠定了良好基础，已形成以海水养殖、耐盐碱植物、葡萄、冬枣、蔬菜、食用菌以及高科技农业等为主导产业的滨海都市型现代农业体系。截至 2018 年拥有 4 个休闲农业示范园区，20 个休闲农业示范村点。

滨海新区重要的休闲农业资源包括以海水养殖池塘、浅海滩涂、北大港水库、北塘水库等为主的生态水域资源，以妈祖文化等为代表的民俗文化资源，以及以冬枣、葡萄、食用菌、蔬菜、海珍品等为主的特色农产品资源。目前，该区已建成的休闲农业项目以滨海农业科技园区、休闲渔业园区、渔家乐型特色村为主，突出农业的科技展示、都市农业示范、休闲观光和生态保护功能。在对休闲农业资源的开发利用中，该区依托便捷的交通条件、特殊的海洋资源条件、特色鲜明的农渔产品条件以及良好的农业科技创新条件，重点发展现代农业展示、生态旅游观光和休闲度假娱乐（渔家乐）等休闲农业模式，形成了以海上垂钓、渔家餐饮、采摘观光、创意展示、科技示范为主的休闲农业体系。

（三）远郊田园休闲农业区

包括静海、武清、宝坻、宁河四区。该区在地理位置上处于天津、北京与河北省的交界处，虽距天津市中心距离相对较远，但对北京和河北等地游客具有较强的吸引力。该区目前已构建起完善的交通路网体系，距天津市中心最远约 95 公里，行车时间不到 2 小时；最西部距北京市中心仅 45 公里，最东部距唐山市中心仅 23 公里，驾车 1 小时即可抵达，对于吸引周边区域游客具有天然优势。该区人口众多，农业资源丰富多样，规模相对较大，是天津“菜蓝子”“米袋子”农产品的主要生产和供应基地，已形成以水稻、林木、果品、蔬菜、食用菌、特色粮食作物、畜禽养殖、水产养殖以及农产品加工等为主导产业的现代农业体系。截至 2018 年，拥有 110 个休闲农业示范村点，9 个休闲农业示范园区。

该区重要的休闲农业资源包括以七里海、大黄堡、团泊洼、黄庄洼为主的生态湿地资源，以港北森林公园、静海林海、青龙湾固沙林、青南万亩生态林等为主的生态林地资源，以宁河天尊阁、《红旗谱》影视基地、七里海湿地走廊、宝坻玉佛宫、广济寺、秦城遗址等为主的民俗文化资源，以及以津沽小站米、七里海河蟹、田水铺萝卜、金丝小枣、宝坻三辣、黄庄洼稻米、八门城稻蟹立体种养等为主的特色农产品资源。目前，该区已建成的休闲农业项目以特色旅游村、现代农业园区、温泉度假庄园、特色小镇和三产融合示范基地为主，突出农业的产品供给、文化传承和休闲观光功能。在对休闲农业资源的开发利用中，该区不断发挥特色农业资源优势和农村传统文化优势，依托湿地、林地、农田、地热等特殊资源，重点发展生态旅游观光、乡村民俗文化和农家生活体验等休闲农业模式，形成了以农事参与、生态观光、文化传承、农情体验为主的休闲农业体系。

（四）蓟州山野休闲农业区

蓟州区地处天津市最北部，是天津唯一的有山地的涉农区，南距天津市区 110 公里，西距北京 65 公里，东距唐山 80 公里，津蓟、蓟平高速以及京秦、塘承高速使蓟州区融入了京津冀一小时经济圈。蓟州区有山有水，有平原有洼地，土地总面积的 2/3 为山区和库区，土壤肥沃，山清水秀，空气清新，水质优良，气候宜人，被列为全国生态示范县和全国首家绿色食品示范区，素有“天津后花园”和“京津绿心”之称。同时，蓟州区境内自然风光秀丽，名胜古迹众多，现已形成盘山风景名胜、黄崖关长城、翠屏湖度假区、县城古文物、中上元古界标准地层剖面和八仙山原始次生林自然保护区六大旅游景区，主动融入北京沟域经济旅游线路，积极打造特色中等规模现代化旅游城市，为发展休闲农业提供了得天独厚的条件。

蓟州区已被国家农业农村部和国家文化和旅游部评定为全国 32 个休闲农业与乡村旅游示范县，其重要的休闲农业旅游资源包括历史文化古迹、六大旅游景区以及丰富的山野资源和特色农产品。截至 2018 年，蓟州区有 83 个休闲农业示范村点，1 个休闲农业示范园区，已建成的休闲农业项目以农家乐为主，还包括民俗村、精品民宿、生态农庄和现代农业园区，其中农家乐、民俗村和生态农庄分布在北部山区和库区，现代农业园区多集中在南部平原地区，突出农业的文化传承、生态保护、休闲观光和文旅康养功能。在对休闲农业旅游资源的开发利用中，该区以休闲农业和乡村旅游发展作为区域经济的主导产业，在已有发展基础上努力提升水平和档次，以农家生活体验和生态旅游观光为主要发展模式，深挖文化内涵，完善公共设施，着力提升品质，推进“一家一户”式农家院旅游向全景式乡村旅游转变，形成“一村一品，一域一俗”的发展格局，开发形成各类主题农庄、乡村俱乐部、乡村营地、高端民宿、企业会所等休闲旅游产品，不断撬动高端客源市场。

七、政策建议

（一）健全组织结构体系，完善行业管理

1. 建立和完善领导体制

各级政府要建立以农业部门牵头，相关部门参与的休闲农业行业管理体系，强化与发改、财政、国土、文旅、卫健、税务、科技、金融、保险等有关部门的协调与合作，建立由农业、文化、旅游和其他有关部门参与的管理机制。积极争取休闲农业扶持政策措施，并合力推动落实，共同促进休闲农业持续健康发展。市级农业农村主管部门把休闲农业由一般工作安排转化为重点工作部署，基层农业农村行政主管部门应安排专人从事休闲农业管理工作，确保规划引领行业发展。

2. 培育新型经营主体

根据国家政策导向，结合天津实际，大力支持家庭农场、种养大户、农民合作社、务工返乡人员牵头领办休闲农业和乡村旅游合作社，培育有活力、有实力的行业龙头企业，提高行业组织化程度，规范行业健康发展。市、区两级相关部门鼓励经营者不断创新，融入文化创意和经营者个人审美情趣，突出休闲农业个性化与多样化，强化农业产品、农事景观、环保包装、乡土文化和休闲农业经营场所的创意设计，推进农业与文化、科技、生态、旅游、康养等元素的深度融合。

3. 发挥中介服务组织功能

加大对行业协会和中介服务组织的管理支持，引导休闲农业有序发展和规范经营，为休闲农业发展提供组织保障。首先是发挥市休闲农业协会的行业引导作用，做好信息服务、协调服务、规范服务质量、资源交流共享等工作；其次是引导鼓励成立各类休闲农业合作社，逐步实行专业化生产、功能化开发、市场化运营、企业化管理、社会化服务的休闲农业经营机制。

（二）出台财税优惠政策，拓宽融资渠道

1. 财政补贴

设立市级休闲农业发展专项资金，重点扶持休闲农业协会、合作社、重点项目经营企业的发展，对协会及合作社的建立及人员培训等提供资金扶持，对重点项目经营企业

提供基础设施建设扶持。每年拨发5000万元的休闲农业和三产融合项目专项基金，用于休闲农业和三产融合项目的基础设施改造、人员培训和产品推介等工作。对评审通过的休闲农业和三产融合项目，市财政给予每个项目资金额度不等的专项扶持资金，用于休闲农业和三产融合重点项目培育。

2. 贷款优惠

鼓励农户以土地使用权、固定资产、资金、技术、劳动力等多种生产要素投资休闲农业和三产融合项目，以互助联保方式实现小额融资。鼓励金融机构对信用状况好、资源优势明显的休闲农业和三产融合项目适当放宽担保抵押条件，并在贷款利率上给予优惠；同时，鼓励将休闲农业列入农业产业化龙头企业贷款贴息、中小企业创业贷款、扶贫开发贷款范畴，满足发展过程中的融资需求。

3. 税务减免

加大相关政策衔接力度，地税部门出台减免经营者营业税、增值税等政策。休闲农业场所销售自产的初级农产品及初级加工品享受减免增值税政策，休闲农业用电享受农业用电收费政策；经营休闲农业的企业，经主管税务机关的批准，可考虑减征或免征所得税。

（三）完善用地管理政策，实现堵疏结合

1. 加强宣传，提高认识

作为国土资源部门要加强合法用地、依法用地的宣传教育，特别是在当前严格土地管理、严查违规违法用地的新形势下，国土资源部门更应该严格保护耕地特别是基本农田这条底线，密切注意违规违法用地新动向，不能让“休闲农业”变成违规违法用地的新发地和土地管理的盲区。要充分利用广播、电视、报纸等新闻媒体，大力宣传有关土地管理的法律、法规，不断提高各类开发业主和农村创业者以及乡（镇）、村干部依法用地的意识。对“休闲农业”要明确相关的审批制度，并规定经营的范围、面积、内容和用地要求等，切实把“休闲农业”用地管理工作纳入法制化、规范化轨道，并真正落到实处。

2. 强化规划，集约利用

各级政府及有关部门要进一步加强对“休闲农庄”“农家乐”“园区”等项目的规划和引导，避免盲目发展、无序发展，要坚持与区域范围内的经济社会发展总体规划、土地利用总体规划、现代农业发展规划、城乡建设规划等相衔接。对重点发展休闲农业的地区，在符合相关规划的基础上，国土资源部门要采取定量与定位相结合的办法，确定一定数量的休闲农业旅游发展建设用地。休闲农业发展过程中确实需要适当的建设用地，可由经营主体提出申请，经国土资源部门审核后，在区域建设用地指标中予以解决，从而进一步集约利用土地，促进休闲农业的健康有序发展。

3. 健全制度，严格管理

政府要在政策扶持的同时加强用地管理，严格用地报批制度，不得以发展休闲农业为借口，破坏耕作层或擅自改变用地性质，在农用地上进行非农建设。认真落实土地

巡查制度，充分利用土地监管网络，加强动态巡查和静态监管，切实把休闲农业类建设用地纳入到日常的土地监察范围，一旦发现未经批准擅自占用农用地建造永久性建筑物的，要及时严肃查处，坚决遏制任何形式的违规违法用地行为。对造成耕地破坏的，特别是造成基本农田破坏的，要严格按照《土地管理法》依法查处，对责任人进行严肃处理；对规避农用地转用和具体建设项目用地审批，擅自建设农庄、别墅、公寓、饭店、茶楼等进行经营甚至转让赢利等违法行为必须坚决制止和严肃查处；对以发展休闲农业为名进行违法占用土地的典型案件要进行公开曝光，严肃处理。

（四）制定行业发展标准，确保规划引领

1. 加强规划引导

结合各区域实际，切实做好休闲农业顶层设计和系列专项规划，积极与城乡建设规划、土地利用总体规划、现代农业发展规划、旅游发展规划等相关规划相衔接，纳入天津和各区经济社会发展总体规划，做到科学规划、合理布局。将休闲农业开发纳入城市旅游大系统中，因地制宜、统一规划，合理开发建设休闲农业旅游项目，提高城乡旅游资源整体开发与利用效果，使城乡之间资源和旅游产品优势互补、市场共享、互助共赢，推进休闲农业健康发展。

依据《天津市乡村振兴战略规划（2018~2022 年）》，编制全市休闲农业和乡村旅游产业发展规划，各涉农区也分别制定休闲农业和乡村旅游产业发展规划，创新规划理念，放大规划格局，突出问题导向，加强与各类规划的统筹管理和系统衔接。充分利用市休闲农业协会专家咨询委员会力量，发挥规划引领作用，科学合理布局休闲农业和乡村旅游产业，构建现代都市型农业产业体系，突出特色化、差异化、效益化，精准划定各涉农区农业产业功能，规划高端特色产业发展片区，打造以精品化、品牌化、定制化为主要特征的高端都市农业，使农业生产结构更加合理，三次产业深度融合，特色品牌更加突出，产业效益不断扩大。对接国土空间规划，统筹好农业农村资源配置，在国土空间规划修编中科学预留休闲农业和乡村旅游产业发展用地空间。

2. 建立健全休闲农业发展标准

贯彻《农业部关于进一步促进休闲农业持续健康发展的通知》，加大休闲农业标准的制定和宣传力度，因地制宜分层次制定相关标准，逐步推进管理规范化和服务标准化。从资源、环境、市场、服务、交通、效益等多方面进行规范管理，通过自我服务、管理和约束，规范竞争行为，营造公平环境。引导各休闲农业经营主体树立开发与保护并举的理念，走资源节约型和环境友好型的发展道路。加大对认定的休闲农业示范园区、村点、休闲农业星级企业、最佳休闲农庄等景点的动态管理，确保服务质量和水平。依据《天津市农（渔）家乐发展导则》和《天津市休闲农业示范园区、村（点）认定标准》，对全市农（渔）家乐、休闲农业示范园区、休闲农庄的基础设施和公共服务设施进行规范，促进内部的专业分工，提升软、硬件服务标准，实现统一采购食材、统一订立服务标准和规范、统一主要菜品和住宿价格、统一指路牌和门头牌匾。

3. 严格执行相关行业管理规范

建立和完善休闲农业旅游相关行业规范和运行规则，加强对休闲农业项目经营场地、接待设施、活动项目以及食品卫生、环境保护、服务质量的安全规范管理，推进休闲农业标准化建设。对海上、水上以休闲渔船为载体的项目，要明确管理主体，严格审批制度，落实业主的安全责任，配备必要的安全设施器材，严禁不符合安全要求的渔船从事休闲农业经营活动。严格依照生态环境功能区规划等要求，以区域环境承载力和环境功能区达标为前提，通过建立健全环境管理机制、完善环保措施、控制区域污染排放总量等措施，确保休闲农业可持续发展。

（五）加强对外交流合作，推进协同发展

1. 打造跨地区产业发展平台

打造京津冀三地跨地区休闲农业产业联盟，联合推出一体化休闲旅游路线，串联特色项目，构建产业合作联合体，增强天津市休闲农业市场的核心竞争力。以农产品流通、科技与人才共享平台建设为切入点，推动天津与外部地区休闲农业特色产品、生态环境资源、休闲旅游项目等信息的充分公开、流动和共享，奠定合作基础环境。不断健全区域合作手段与模式，加快休闲农业旅游市场主体和客源互动融合，积极以联手开发休闲项目、旅游线路以及节庆活动等形式，提升合作水平。积极推进多地、多部门间战略合作，与相关科研院所进行战略合作，着力在适合休闲农业和创意农产品生产的动植物新品种、新技术引进推广、农业废弃物综合治理、精致农产品保鲜加工、休闲旅游项目主题形象策划、营销网络搭建等领域进行科技合作，助推休闲农业发展提档升级。

2. 联合推出精品旅游线路

面向京津冀休闲农业一体化趋势，明确天津市休闲农业资源的特色和优势，按照错位对接的构想，明确天津休闲农业发展定位和方向，树立品牌形象和营造休闲农业旅游氛围，打造区域差异化的休闲空间和旅游线路。区域资源、客源市场相互带动、相互补充，进行“点、线、面”串联营销，形成产业集聚效应，并借区域大旅游发展之力，由旅行社包装为不同的旅游线路，串联不同的区域，最终促进天津与京冀休闲农业融合发展。近期，由天津市休闲农业协会发起倡议，北京观光休闲农业行业协会、河北省农业生态环境与休闲农业协会积极响应，联袂推出 5 条京津冀休闲农业精品带——长城沿线休闲农业带、太行老区休闲农业带、运河湿地休闲农业带、冰雪草原休闲农业带和山海风情休闲农业带。推动社会公众参与，建立公众服务、政务信息公开和公众参与交流的综合服务平台，做好信息咨询、发布及公开办理等工作，提高京津冀城乡居民对于天津休闲农业品牌的认知度和响应度。

3. 促进休闲农业与非农旅游协同发展

立足城市旅游资源，突出全市范围内国家 3A 级以上旅游景区的知名度和游客聚集优势，发挥工业旅游、红色旅游、文化旅游等其他旅游形式的特色和带动优势，将休闲农业游与现代工业游、特色乡村游、田园观光游、海港休闲游等项目深度融合，联合打造城市旅游聚集区，完善全市休闲旅游产业空间布局，增强旅游业发展动力，推动天津

旅游产业不断升级。

（六）强化改革驱动创新，注重宣传督导

1. 强化改革驱动

推进农村承包地“三权分置”改革，进一步巩固农村土地所有权、承包权、经营权三权分置格局，鼓励农户以承包土地经营权参与休闲农业产业化经营。推进农村集体产权制度改革，建立健全农村集体经济组织运行机制，重点探索股份经济合作社运行机制，搭建全市统一的农村集体资产股权托管与交易平台、农村社会化服务平台。推进农村宅基地管理与改革，健全宅基地分配、使用、流转、纠纷仲裁管理等制度机制，研究提出闲置宅基地、农房开发利用的政策措施。推进新型农业经营主体创新发展，建立健全政策扶持体系和管理制度，为休闲农业产业发展增添新生动力。

2. 强化政策保障

用足用好农业和农村建设相关扶持政策，推动休闲农业产业开发项目与各种支农资金挂钩，发挥好财政资金的撬动作用，吸引社会资金和民间资本、城乡人才参与产业开发和经营。结合支农资金整合的有利时机，进一步加大投入，全面提升基础设施完备率，更好地适应休闲农业产业化发展的需要。落实金融政策，健全风险分担和补偿机制，建立投保贷一体化的现代农业金融体系，对政策性担保给予担保费补贴和奖励补贴。设立农业发展基金，重点支持农业新品种、新流通、新金融、新科技以及新服务类项目。引导各涉农区与市级各部门加强沟通，与现有政策做好衔接，在财政、金融、税收、土地、基础设施建设等方面加大扶持和保障力度。特别是在土地政策方面，指导各涉农区研究政策、把握政策、运用政策，将政策作为行业可持续发展的根基和保障，加强政策传导和监督，指导规范产业项目的开发及运营，扩大政策效应。

3. 强化宣传督导

充分利用各种新闻媒介和阵地平台，大力宣传休闲农业助力乡村振兴的新理念、新模式、新做法、新经验，重点推出具有天津特色的系列节庆活动、系列产品展会，扩大休闲农业产业展会的知名度和影响力。总结推广一批典型经验，凝练一批典型模式，为大力推进乡村产业兴旺营造良好氛围。加大对乡村休闲产业发展重点项目的督查考核，完善督查机制和考核办法，将考核结果作为选拔任用领导干部的重要依据。市级成立专项督查组，对重点工作进展情况持续追踪督查，对政治站位不高、推动落实工作不力的涉农区、乡镇街及相关责任人严肃追责问责。

执笔人：徐虹，李瑾，史佳林，李永森

第五部分

郊区实践篇

蓟州区

Jizhouqu

蓟州区位于天津市最北部，地处京、津、唐、承四市腹心，是天津市唯一的半山区，也是天津市的“后花园”，自然风光秀丽，名胜古迹众多，生态环境优越，境内古城、名山、雄关、碧水、奇石、幽林融为一体，构成了古老的风韵和丰富的内涵，形成了独具特色的美。

根据农村不同的旅游资源特征，蓟州区突出体现乡村环境特色、建筑特色、产业特色和文化特色，坚持龙头带动，注重产业协调，强化科技支撑，以“五大乡村旅游聚集区”为主体，深入挖掘和利用山、水、林、田、湖等自然资源和农耕文化、人文历史、传统民俗等人文资源，大力发展民宿产业，推进乡村旅游供给侧结构性改革，逐步形成山里人家、水岸人家、牡丹人家、稻香人家等蓟州民宿品牌体系，促进农村一、二、三产业深度融合。

景区依托型

国色天香牡丹园→常州村→蜜塘且慢精品民宿→紫云水岸香草园→郭家沟→众耕农庄

01. 国色天香牡丹园

蓟州区杨津庄镇

园区依托盘山景区，育有九大色系、十大花型等各类牡丹百余万株，是中国北方最大的以牡丹为主题的生态植物园，城市游客可以体验垂钓、户外骑行等休闲旅游活动。

02. 常州村

蓟州区下营镇常州村

常州村作为蓟州区第一个山区农家院发源地，周边有九山顶景区及红色文化遗址，依托特色旅游资源，乡村旅游得到蓬勃发展，天津市第一个农家院——高翠莲家的临泉别墅，就位于此地。干净、安静、绿色、美食、美景、慢节奏的生活方式，正在推动常州村成为一个北方旅游度假基地。

03. 蜜塘且慢精品民宿

蓟州区下营镇船舱峪村

依托梨木台风景区，对原有民居进行改造，在建筑外部原有不变的基础上，内部软装以北欧简约风格为主，简约而不失韵味，时尚并融合乡趣，让住客居住在纯山村乡野的同时，能够体验静谧、舒适的环境。

04. 紫云水岸香草园

蓟州区穿芳峪镇大巨各庄村

紫云水岸香草园是以自然湿地景观与西方薰衣草文化为资源基础，实现设施农业与景观农业相互融合，集生态湿地保护、农业科普、旅游休闲于一体的综合农业主体公园。

05. 郭家沟

蓟州区下营镇东部

郭家沟依山傍水、山湖相依，风景秀丽，附近有八仙山、梨木台、九山顶等风景名胜区，优美的生态环境和自然景观，伴随旅游业的开发，成为山村风貌凸现、生态特色鲜明、人居环境最佳的旅游专业村。

06. 众耕农庄

蓟州区下营镇盘营寨村

依托附近的景区资源，众耕农庄以华北传统民居为主要特色，打造以石头、青砖、灰瓦、茅草等为主要建筑元素的创意文化园，将山居民宿与特色餐饮、情怀酒吧、修心茶社、手工作坊、耕读学堂融于一体，成为独具特色的传统工坊和耕读农庄。

特色农产品带动

绿安泰四季采摘园→津玖红火龙果种植基地→团山子梨园→蓝莓产业园→桑梓西瓜产业园→北方草帽农场→西葛岑采摘园→将军岭蜜蜂香草园→安坪桃花源→罗庄子红香酥梨基地

01. 绿安泰四季采摘园

蓟州区上仓镇南孙各庄村东

绿安泰四季采摘园拥有十栋现代温室大棚资源，以设施农业为基础，实现农产品的全年生产，满足游客休闲采摘体验的需求。

02. 津玖红火龙果种植基地

蓟州区上仓镇东塔庄乡

基地依托 22 座现代设施温室开展南果北种，主要经营火龙果种植、火龙果种苗培育以及新品种研发，满足游客求新求异、采摘体验的需求。

03. 团山子梨园

蓟州区下营镇马营公路

团山子梨园依托蓟州北部山区梨树最集中、面积最大、花期最长、场面最壮观的梨树资源，每年 4 月中旬梨花盛开之际，举办梨花节，吸引了大量游客来此赏花踏青。

04. 蓝莓产业园

蓟州区马伸桥镇

蓝莓产业园依托马伸桥镇的蓝莓资源，包括温室 360 栋，冷棚 1200 亩。目前，“地之蓝”蓝莓产品已享誉京津冀及周边地区，大量京津游客可以在蓝莓产业园观光、品尝蓝莓，体验采摘乐趣。

05. 桑梓西瓜产业园

蓟州区桑梓镇后辛庄村北侧

依托特殊的沙土土质，加之水源丰富，水质甘甜，桑梓西瓜产业园拥有得天独厚的西瓜栽培条件。桑梓镇精品西瓜产业园全方位展示国际、国内西瓜种植高新科技成果，示范桑梓西瓜新品种、新技术、新模式，全力打造国内一流、国际知名的西瓜新品种展示、新技术示范、合作交流基地。

06. 北方草帽农场

蓟州区东施古镇咀吧庄村南

农场以生产牛奶草莓、牛奶甜瓜、韭菜、红薯、娃娃菜、散养鸡蛋为主，已形成集农业生产技术研发、农产品生产销售配送、农业休闲观光为一体的现代化农场。

07. 西葛岑采摘园

蓟州区马伸桥镇东北部

采摘园周边生态资源丰富，卧龙山山场森林覆盖率达到75%，天然负氧离子浓度高。同时，该村优质果品资源丰富，拥有“世界一”苹果200亩、中华寿桃150亩，其他果品650亩，可以满足游客采摘体验需求。

08. 将军岭蜜蜂香草园

蓟州区穿芳峪镇东水厂村

将军岭蜜蜂香草园位于蓟州东北部，毗邻八仙山、梨木台、清东陵、黄花山等景区，内部有蜜蜂养殖厂和蜜蜂体验园，不仅能品尝纯正的蜂蜜，还可以参与摇蜜，了解蜜蜂历史文化。

09. 安坪桃花园

蓟州区出头岭镇安坪桃花园

安坪桃花园享有“清代皇家仙桃御苑”美誉，桃园占地面积1500多亩，年产鲜桃50万公斤，吸引了大量游客前来观赏桃花，采摘大桃。

10. 罗庄子红香酥梨基地

蓟州区罗庄子镇红香酥梨基地

罗庄子红香酥梨基地依托红香酥梨资源，举办梨王争霸赛的赛事活动，扩大产品的影响力，吸引游客采摘，并通过电商扩大产品的销售范围。

民俗文化型

小穿芳峪村→西井峪村

01. 小穿芳峪村

蓟州区穿芳峪镇小穿芳峪村

小穿芳峪村主打返璞归真的乡土文化、隐逸文化，借用社科院的智库力量，不断挖掘、激活历史文化资源，以民俗文化产业带动乡村旅游产业开发。

02. 原乡西井峪村

蓟州区渔阳镇西井峪村

西井峪村依托保留下来的较为完整的石街石巷、石屋石院等民居资源以及几近失传的民间手工技艺资源，凭借其独特的石材民居和醇厚的民俗民风，成为著名的民俗文化体验基地。

OK

宝坻区

Baodiqu

宝坻区位于天津市中北部、华北平原北部、燕山山脉南麓，地处京、津、唐三角地带，临近渤海湾，区位条件优越。

宝坻区围绕特色民俗、历史、文化等资源，打造形成了多个特色旅游村，主要有以“蓟运河畔的抗战旗帜”为主题的东走线窝村、与天津市非物质文化遗产“葫芦庐”联手打造的牛庄子村、依托萧太后运粮河和古石桥旧址等辽代历史文化遗存打造的耶律各庄、以“宝坻境内第一个党支部”红色主题为特色的冯家庄村、以潮白渔家为主题的河北屯村、以稻耕文化和漕运文化为特色的小辛码头村、以样板戏和知青为主题的小靳庄村等。

景区依托型

晶宝温泉农庄→鲁文庄

01. 晶宝温泉农庄

宝坻区里自沽农场

农庄拥有得天独厚的地热资源，是一个以设施蔬菜、花卉、果树为主，观赏鱼为辅的农业主题公园，已开发温泉体验、农业高新技术展示及青少年科普教育等活动项目。

02. 鲁文庄

宝坻区口东街道鲁文庄村

鲁文庄毗邻潮白河，是宝坻区一个极富水乡特色的小渔村。近年来，依托潮白河生态旅游所带来的客源，鲁文庄村积极打造以“香米基地，潮白渔家”为主题的旅游特色村，大力发展渔业相关产业，包括手工造船业，并开创“潮白渔家”菜系品牌。

文创体验型

葫芦庐小镇

葫芦庐小镇

宝坻区大钟庄镇牛庄子村

小镇以葫芦文化为主体，通过葫芦文化延伸，开设葫芦主题博物馆、葫芦市集、葫芦采摘区等项目，实现了非遗文化、农耕文化和旅游文化的巧妙融合。

民俗文化型

小辛码头村→小靳庄旅游村→冯家庄旅游村

01. 小辛码头村

宝坻区黄庄镇小辛码头

小辛码头村紧邻潮白河，自然环境优美，历史文化悠久，文化底蕴深厚，形成了以农事体验、农家美食、休闲娱乐、了凡文化为特色的生态文化旅游特色村。

02. 小靳庄旅游村

宝坻区林亭口镇小靳庄村

以“水陆大生态、印象小靳庄”为主题定位，依托“文革”时期所形成的样板戏资源，村民的砖墙上彩绘着京剧现代戏、村庄历史老照片的图画，建设历史文化公园，每年举办蒜香节、美食节、自行车比赛等节庆活动。

03. 冯家庄旅游村

宝坻区尔王庄镇冯家庄村

冯家庄是天津市第一个村建革命传统教育、爱国主义教育、警示激励教育基地，目前正在统筹推进休闲观光、农事体验、民俗展示、农产品销售等特色项目。

特色农产品带动

欢喜庄园→士国庄园→玫瑰庄园→林海龙湾菊花基地

01. 欢喜庄园

宝坻区八门城镇欢喜庄

依托大洼地区优越的生态资源，以水稻立体种养为产业基础，游客可以亲近自然，采摘蔬果以及钓蟹捕鱼，正逐步形成集休闲娱乐、旅游观光为一体的多功能现代农业示范园区。

02. 士国庄园

宝坻区黄庄镇李官庄村

士国庄园依托潮白河的生态水域资源，以渔业生产为基础，为游客提供竞技垂钓、摸鱼体验、水上娱乐、露天游泳、观光采摘等体验活动。

03. 玫瑰庄园

宝坻区大口屯镇西刘举人庄村

依托村内规模种植的花卉产业，在花卉观赏基础上，延长产业链，游客可以体验特色餐饮、会议会展、捕鱼垂钓、果蔬采摘等活动。

04. 林海龙湾菊花基地

宝坻区大口屯镇庞家湾村

基地占地面积近 200 亩，种植观赏菊、鲜切菊、饮用菊等各用途菊花 100 多个品种，吸引了众多游客前来看花、赏秋。

武清区

Wuqingqu

武清区位于京、津两大直辖市的中心点，素有“京津走廊”“京津明珠”美誉，是京津冀三省市的交汇点，是国家“京津冀协同发展”战略的重要核心区和桥头堡，国家智慧城市试点区。

武清区将发展休闲旅游业作为推动农业高质量发展的重要抓手，抢抓京津冀协同发展重大战略机遇。以休闲农业带动旅游经济，实现生态环境与经济发展的双赢，围绕“京津市民近郊休闲游目的地”的发展定位，武清区实施了一批重大旅游建设项目，加快推动休闲旅游业蓬勃发展。以津溪桃源、玫瑰庄园等为代表的农业观光游成为周边市民出游的重要选择。

景区依托型（运河旅游带动）

北运河休闲驿站→南辛庄→丸九垂钓园→定福农庄→潞水樱花园

01. 北运河休闲驿站

武清区徐官屯街八孔闸路北侧

位于武清城区北部、北运河与龙凤河交汇处，项目依托周边河道纵横、绿树成荫、野趣横生的生态优势，开展了游船观光、乡村风情体验、儿童室外游乐、户外自助烧烤等娱乐项目，吸引城市游客。

02. 南辛庄

武清区大碱厂镇

依托运河资源以及知名的石磨香油加工资源，特别是当前京杭大运河通航工程正在实施，村内开设农家餐饮、农产品采摘、游船观光等体验活动，成为运河乡村旅游新亮点，逐步成为集休闲、观光、采摘、度假为一体的运河沿岸休闲旅游基地。

03. 丸九垂钓园

武清区八孔闸坝旁

垂钓园利用北运河水源，浑然天成，三面环水、绿树成荫，鸟语花香、环境优雅，可以同时接待 480 人的大型竞技赛和 350 人的休闲垂钓活动。

04. 定福农庄

武清区南蔡村镇

依托武清本地特色美食资源，八大碗、羊肉炒嘎吱、素席豆腐、菜团子等，提升本地特色农产品的附加值。

05. 潞水樱花园

武清区南蔡村镇三里浅村的村滨镇河区域

潞水樱花园依托运河文化和生态资源，不断开发樱花、玫瑰等花卉资源价值，满足游客的审美需求，打造河畔观光新亮点。

特色农产品带动

田水铺萝卜基地→津北森林公园→金锅生态园→津溪桃源→杨村糕干体验→京滨玫瑰庄园→金果梨采摘园→北国之春生态园→东马坊豆腐村

01. 田水铺萝卜基地

武清区大良镇田水铺村

该村是青萝卜生产专业村，自然条件优越，青萝卜的种植已初具规模，成为“一村一品”的典型，2007 年底获得国家绿色食品认证，成为广大市民假日休闲采摘的好去处。

02. 津北森林公园

武清区武香路附近

依托丰富的森林资源，以生态价值发挥为导向，以枫林园区为核心，大力发展森林生态康养、度假等旅游活动。

03. 金锅生态园

武清区梅厂镇灰锅口村

充分依托葡萄、桃等农产品资源，将农业与旅游有机结合，打造农业采摘、生态休闲、农家乐、垂钓、餐饮、动物互动等多种活动项目。

04. 津溪桃源

武清区汉沽港镇

占地3000余亩，是京津冀地区面积规模最大的桃园之一，同时也是武清区大力发展“桃”文化特色的农业园区，津溪桃园兼有农业生产、休闲观光和娱乐服务三重功能，每年举办津溪桃花节、津溪采摘节，吸引城市游客前来踏青赏花、采摘娱乐。

05. 杨村糕干体验

武清区徐官屯街江源道南侧9号

杨村糕干是典型的运河文化的产物，源于云片糕，以优质大米为原料，制作工艺入选天津市首批非物质文化遗产项目，开放观光工厂，供城市游客参观体验。

06. 京滨玫瑰庄园

武清区城王路路西

依托玫瑰等花卉资源，以发展生态观光旅游为目标，开发建设集休闲度假养生、农耕文化体验、玫瑰花海游览、果木林下休闲、室内植物观赏等功能为一体的田园综合体。

07. 金果梨采摘园

武清区石各庄镇敖嘴村

依托特色金果梨资源，注册“雍贝”商标，创新销售模式，通过包树众筹、采摘体验与线下销售相结合的形式进行营销，提升产品的影响力，吸引游客前来采摘游玩。

08. 北国之春生态园

武清区高村高王路西侧

园内建有高效二代节能温室700栋，是华北地区建设面积最大、生产品种最多的农业园区。在此基础上，园区不断拓展电子商务、休闲采摘等活动，集吃、住、游于一体。

09. 东马坊豆腐村

武清区白古屯镇东马坊

东马坊豆腐丝历史悠久，以独特的工艺和传统配方而享誉京津地区，目前围绕豆制品产业，东马坊村已形成种植生产、加工、销售、研发、休闲旅游、采摘、农产品手工制作体验于一体的休闲乡村。

科普体验型

一芳田童趣农庄

一芳田童趣农庄

武清区南蔡村镇砖厂村对面运河西侧

农庄占地357亩，以为会员提供绿色、优质农产品为基础，同时主打亲子农业品牌，通过体验农业生产过程，面向小朋友开展生命教育。孩子在大自然中观察学习植物生长知识、认知林下散养鸡鸭鹅的生活习性、观察酵素的制作过程；刨花生、做酵素，体验石磨豆浆，孩子们在农事体验中学到知识，体验到城市繁华没有的自然乐趣。

宁河区

Ninghequ

宁河区有丰富的自然资源，粮食、蔬菜以及动植物资源种类丰富。其中银鱼、紫蟹、芦苇称为宁河“三宝”。境内有丰富的地热资源，还有文物古迹 100 多处，开发利用前景广阔。近年来，宁河区稳步发展休闲农业，传承农耕文明，满足居民健康生活需求，依托七里海河蟹、宁河稻米、齐心菌类、林下鸡蛋、葡萄、无公害蔬菜等优质、丰富的农副产品资源及陶艺、年画、版画、芦苇画、芦绣、剪纸、烙画等传统民间手艺，围绕“食、住、行、游、购、娱”六要素，重点打造基础设施完善、环境景观优美、文化主题突出的休闲观光农业园，鼓励开展前店后厂式的游客参与体验式销售，延长产业链，提高附加值，推进美丽田园建设。

特色农产品带动

瑞丰现代农业园→天祥休闲渔业示范区→小沙窝精品葡萄园

01. 瑞丰现代农业园

宁河区丰台镇西赵村村南

园区以精品果蔬种植为基础，通过绿色果蔬生产为游客提供果蔬采摘、定制等服务。

02. 天祥休闲渔业示范区

宁河区苗庄镇天祥公司总厂

景区以北方水乡为特色，以渔业资源为基础，集观光、休闲、饲料加工、捕捞垂钓、科普宣传、美食采摘为一体。

03. 小沙窝精品葡萄园

宁河区北部滨玉公路西侧

依托特色葡萄资源，开展农业观光、葡萄采摘、亲子教育等活动，游客在亲自体验葡萄生产过程的同时，可以品尝农家美食、欣赏绿色景观、放松休憩。

科普教育模式

天津兴宁农业园→天津和谐荣达观赏鱼基地→天津百利种苗基地→蓝添绮彩植物园

01. 天津兴宁农业园

宁河区造甲城镇造甲城村西

通过休闲观光服务带动特色产品生产，打造包含植物景观园、CSA 种植园、乐活采摘园、动物饲养园、亲子活动园的多重科普体验与休闲空间。

02. 天津和谐荣达观赏鱼基地

宁河区北淮淀乡

依托观赏鱼资源，主要经营范围包括观赏鱼研发、繁育、养殖、交易、示范推广和科普教育培训。

03. 天津百利种苗基地

宁河区苗庄镇枣庄村

百利种苗是一家集种植、采摘、科技、观光为一体的休闲旅游基地，内部有高标准连栋温室育苗区，日光温室实验、种植展示区和冷棚及陆地实验种植展示区，适合中小学生开展科普教育活动。

04. 蓝添绮彩植物园

宁河区七里海镇兰台村西

园区采用新品种、新农艺、新材料、新的种植模式，集中试验示范、培训展示花卉和蔬菜的种植，可以针对青少年开展科普教育。

文创体验型

齐心现代农业园→柴火妞农耕文化见习乐园

01. 齐心现代农业园

宁河区潘庄镇齐心庄村外南侧

园区依托良好的农业资源、深厚的文化资源及庞大的食用菌种植基地，以“农业 + 人文 + 旅游”的一体化休闲农业为发展模式，以蘑菇文化和黑陶文化为主题，以亲子市场为依托，打造集农业休闲度假、文创体验、科普教育等功能于一体的国家级休闲农业示范点。

02. 柴火妞农耕文化见习乐园

宁河区廉庄镇大于村西河营

柴火妞农耕文化见习乐园在农业种植、养殖基础上，开展美食品鉴、石磨碾玉米、石磨豆浆、大米粗加工等体验活动，同时举办插秧节、开镰节、螃蟹节等特色农事节庆，吸引游客来参加体验。

北辰区

Beichenqu

北辰区是天津环城四区之一，位于中心城区北部，2016 年入选首批国家级产城融合示范区序列。北辰区以促进农民就业增收、满足人民美好生活需要、建设美丽宜居乡村为目标，重点培育一批绿色、安居、乐业的休闲乡村和布局合理、设施完善、带动力强的休闲农业园区，举办具有地方特色的旅游农业节庆活动，有效提高了北辰区休闲农业的知名度和美誉度。

农产品带动型

龙顺庄园→双街草莓园→世外萄源

01. 龙顺庄园

北辰区双街镇京津公路龙顺道西口

庄园以“高产、高效、高质”的生态园林式农业为基础，将果蔬采摘与现代化酒店设施相结合，充分体现了津郊农村特有的乡土风情与人文景观。

02. 双街草莓园

北辰区双街镇双街村

目前，园区内建有 244 栋新型节能温室大棚进行设施农业种植，以黄瓜、西红柿、草莓、葡萄、火龙果、灵芝等果蔬、药材种植为主，满足游客体验农田采摘的乐趣。

03. 世外萄源

双街镇双新大道与京津快速交叉口

主要建有 197 栋联动大棚，种植维多利亚、夏黑等葡萄品种，满足游客体验采摘的乐趣。

市民农园型

春田花花柚子园

春田花花柚子园

北辰区东堤头村

以农产品的绿色生产为基础，实行会员制，发展社区支持农业，目前已有 300 家会员，菜地完全由园区负责种植养护，会员负责采收，享受农趣。

文创体验型

鼎牛采摘园→北辰休闲渔业主题公园

01. 鼎牛采摘园

北辰区大张庄镇下殷庄蔬菜基地

立足农业现有种植、采摘等基础功能，游客可以制作各种简加工的农产品；同时通过优势资源整合与创意规划，开发各种动漫和农产品的衍生品，形成国内独特的动漫旅游基地。

02. 北辰休闲渔业主题公园

北辰区西堤头镇赵庄子村

西堤头镇是全市重要的蔬菜和淡水水产品供应基地，被誉为津沽“鱼米之乡。以丰富的渔业资源为基础，渔业公园将休闲度假、垂钓体验与康体养生相结合，特别是依托富有地域特色的运河渔家文化遗产，吸引着越来越多的创客人才开展文创活动。

滨海新区

Binhaixinqu

滨海新区位于天津东部沿海地区，环渤海经济圈的中心地带，是我国北方对外开放的门户，高水平的现代制造业和研发转化基地，北方国际航运中心和国际物流中心，逐步成为经济繁荣、社会和谐、环境优美的宜居生态型新城区。

目前，滨海新区依托海洋资源，茶淀葡萄、太平冬枣、龙达温泉、北塘渔乡等特色农产品资源，以及独特的历史文化资源，建设了一批高档次的休闲体验型生态农业庄园和农业产业园区，包括龙达都市农业公园、四季生态田园、滨海茶淀葡萄科技园、皇家枣园等园区，带动滨海新区休闲农业旅游持续健康发展。

景区拓展型

龙达都市农业公园

龙达都市农业公园

滨海新区新城镇（天津大道28公里处）

龙达都市农业公园隶属龙达集团，在原有温泉旅游景区带动下，建立地热水资源阶梯循环利用系统，进一步拓展现代都市农业观光活动内容，以丰富景区的产品体系；并专门成立天津滨城天龙农业科技有限公司，供应自瓶苗、小苗、中苗、大苗到抽梗株等各规格蝴蝶兰种苗，开展代工蝴蝶兰分生培养及无菌播种业务；同时，积极发展农业旅游观光等业务，目前已开发形成了集温泉养生、生态美食、SPA保健、商务会议、礼仪庆典、农业观光于一体的产业链条。

特色农产品型

皇家枣园→滨海茶淀葡萄科技园→四季生态田园→大神堂渔村→清华庄园→杨家泊水产养殖科技园→滨海中心生态科技园

01. 皇家枣园

滨海新区太平镇崔庄村

滨海皇家枣园以具有 600 年历史的古冬枣珍品资源，以及相关历史文化资源为依托，围绕冬枣的营养价值和历史文化价值，皇家枣园开始发展休闲旅游，打造集休闲、观光、采摘、度假、旅游、文化为一体的特色旅游基地。

02. 滨海茶淀葡萄科技园

滨海新区中信路东 50 米

园区是滨海新区重点开发建设的六个农业科技园区项目之一，以茶淀葡萄资源为主要依托，培育种植葡萄 180 余种，已形成集科技研发、旅游观光、文化教育等功能于一体的农业旅游景区。

03. 四季生态田园

滨海新区港西街沙井子三村

园区依托丰富的农业种植养殖资源，开发形成集农业科技展示与科普教育、现代化高科技农业示范、农业农村传统文化观光休闲、农耕民俗文化体验于一体的综合性、多功能农业示范观光园区。

04. 大神堂渔村

滨海新区汉沽渤海湾边上

大神堂渔村是天津渤海湾海岸线上最后一个渔村，保留了较好的渔村风情和渔业文化，村民们依托村里的“神港”进行着传统的打鱼作业，游客可以体验渔家美食、渔家文化。

05. 清华庄园

天津市滨海新区中塘镇工业园区中源路88号

清华庄园以赛鸽寄养、承办赛鸽比赛以及与赛鸽项目有关的饲料、鸽药、纪念品等销售为基础，同时提供儿童游艺、特色餐饮、垂钓、珍稀动物观赏、骑马射箭、民俗娱乐、植物观赏等休闲娱乐活动。

06. 滨海中心生态科技园

滨海新区杨家泊镇高庄村北

园区现有标准化示范园区800亩，以农业科技研发、种植为主。在此基础上，已形成集设施农业规模化、旅游观光等产、销、研、游于一体的农业科技园区。

东丽区

Dongliqu

东丽区是天津环城四区之一，位于天津市中心市区和滨海新区之间，辖区内的东丽湖温泉度假旅游区是国家 3A 级旅游景区和中国温泉之乡。东丽区休闲农业主要载体是设施农业园区，涉及花卉、蔬菜果品、苗木、观赏鱼等特色产业，以华明复垦农业园区、无瑕生态园、滨海国际花卉科技园区等农业特色景区为载体，依托农业生产和生态环境，注入休闲垂钓、观光采摘、餐饮、购物等娱乐要素，发展以旅游观光、休闲体验和科普教育为主的特色旅游；重点打造北部科技生态区、外环线垂钓休闲养生带、南部体验观光园三条精品农业旅游线路，实现由生产功能向生产、生态、休闲多功能转型。

特色农产品型

华明复垦农业园区→傲绿农业科技园区→滨海宽达生态农业科技园区→无瑕生态园→华泰现代农业示范园区

01. 华明复垦农业园区

东丽湖温泉旅游度假区东侧

园区依托高效设施农业资源，生产绿色、无公害农产品，突出精品生产、示范推广、生态保护、就业增收、休闲观光的功能，成为东丽区发展设施农业和休闲农业的重要基地。

02. 傲绿农业科技园区

东丽区金钟路

园区拥有现代化智能温室 100 座，智能温室 17700 平方米，依托农业生产功能，建设科技展示与培训区、蔬菜工厂化育苗区、蔬果高新技术示范区、贮藏加工区、农业休闲观光区五大功能区，构建了从有机蔬果种苗繁育、设施栽培、贮藏加工到产品流通完整的产业链条，形成集农业种植、科技开发、农业观光旅游于一体的绿色农业科技园区。

03. 滨海宽达生态农业科技园区

东丽区华明街富民路 163 号

园区主要依托设施水产资源，延长产业链，开展设施化养殖、休闲垂钓、农事体验、农家餐饮、淡水鱼科普展示等多个项目。

04. 无瑕生态园

东丽区津塘公路大无缝立交桥西侧 200 米

以火龙果、蓝莓、西瓜、桃子、葡萄等 10 多种特色果蔬种植为基础，开展采摘体验、休闲观光以及农产品配送等服务。

05. 华泰现代农业示范园区

东丽区津北公路9669号

园区以地热资源的开发利用为基础，是天津市最大的蝴蝶兰种苗种植区、生态农业观光点和科普示范基地，游客可以赏蝴蝶兰花海、品热带水果、观鳄鱼等特色动物。

科普教育型

滨海国际花卉科技园区

滨海国际花卉科技园区

东丽区东丽湖赤欢路 6901 号

园区以提升花卉产业链科技水平为重点，积极引进国内外新品种、新技术、新设施进行试验示范，是天津市高档花卉的物流基地、科普教育基地、旅游观光景点，也是我国北方最大的高档花卉种植基地。

萝卜文化展览馆
DISH CULTURE EXHIBITION CENTER

西青区

Xiqingqu

西青区位于天津市西南部，是环城四区之一，是中国四大木版年画之一杨柳青年画的原产地和清末爱国武术家“精武大侠”霍元甲的故乡。西青区依托悠久的农业生产历史和规模化的现代设施农业，发挥资源优势，将农业与休闲、观光相结合，延伸产业链，增加产业附加值，做大做强农业休闲旅游品牌，已经成为天津市重点农业休闲旅游区。

目前，西青区确立了以东淀都市型现代农业示范区为代表的现代都市型休闲农业为核心，重点打造以“万亩果园、乡村体验”为主题的杨柳青镇休闲农业旅游区，以“生态菜园、现代农业”为主题的辛口镇休闲农业旅游区，以“花卉之乡、都市商旅”为主题的中北镇休闲农业旅游区，以“百年枣乡、特色菌菇”为主题的张家窝镇休闲农业旅游区，以“水产养殖、特色观光”为主题的精武镇休闲农业旅游区，以“循环经济、绿色农业”为主题的大寺镇休闲农业旅游区，以“农产荟萃、消闲娱乐”为主题的李七庄街休闲农业旅游区 7 大聚集区，形成布局合理、规模适当、特色鲜明、效益可观的休闲农业发展格局。

旅游带动型

水高庄园→杨柳青庄园→宏宇休闲采摘园

01. 水高庄园

西青区辛口镇水高庄村

水高庄园紧邻历史古镇杨柳青，与亚洲最大的玉佛禅寺相邻，依托旅游资源带动，最早开展采摘观光、温室栽培展示等农业项目，吸引大量城市游客。

02. 杨柳青庄园

西青区杨柳青津同线 20 公里处

杨柳青庄园位于杨柳青镇，旅游资源丰富，依托子牙河和大柳滩生态园的生态资源，针对青少年群体开设素质拓展训练基地，是近郊知名的休闲、度假旅游景区。

03. 宏宇休闲采摘园

西青区杨柳青东淀设施园

依托临近杨柳青庄园的区位优势，建有102个温室大棚，50个春秋冷棚，形成瓜果蔬菜齐全的农业示范园区，主要以游客采摘为主，外加农产品配送业务，逐步成为综合性的农业生态主题园区。

特色农产品型

沙窝萝卜精品产业园→益利来农业休闲庄园→金三农休闲度假农庄

01. 沙窝萝卜精品产业园

西青区辛口镇小沙窝

产业园依托沙窝萝卜这一国家地理标志产品，充分挖掘沙窝萝卜历史渊源，积极拓展沙窝萝卜文化功能，已初步建立了集良种繁育、标准化与绿色化生产、加工采摘、文化展示、科普教育、休闲采摘等于一体的沙窝萝卜产业。

02. 益利来农业休闲庄园

西青区杨柳青镇东淀内

庄园主要从事优质种猪和淡水产品的养殖生产，目前已形成集优质种猪扩繁、名优淡水鱼虾孵化、果蔬种植、观光农业为一体的现代农业发展基地。

03. 金三农休闲度假农庄

西青区大寺镇津青农场西

农庄用循环经济指导现代农业的发展，以肉牛养殖为资源基础，不断拓展产业链，形成以休闲垂钓、果蔬采摘、自助烧烤、新疆特色烧烤、亲子体验犊牛岛、房车住宿、鲜品奶吧、水上乐园、会议服务等多种休闲活动为一体的农业休闲旅游度假园区。

科普教育型

曹庄花卉→热带植物园 → 张家窝现代农业产业园→梨园花卉

01. 曹庄花卉

西青区中北镇曹庄村东侧

曹庄花卉依托特色花卉资源以及设施农业资源，拥有亚洲最大的室内热带植物观光温室，是华北地区最大的花卉集散地，吸引大量游客。

02. 热带植物园

西青区曹庄花卉市场

天津热带植物观光园拥有国内外300余种各式各样的热带植物资源，建成钢结构全透明大联体式植物温室，成为集观赏娱乐、休闲购物、科普教育于一体的特色农业观光园。

03. 张家窝现代农业产业园

西青区张家窝镇

产业园通过流转土地实现规模经营，以设施农业为基础，主要发展花卉、食用菌、草莓、园林园艺等主导产业，已经成为集设施生产、果蔬采摘、农事体验、旅游观光为一体的综合性农业现代产业园区。

04. 梨园花卉

西青区卫津南路与外环线交口东南200米处

梨园花卉市场依托优越的区位优势和花卉资源优势，集花卉盆栽、绿植、鲜切、宠物水族、工艺木雕、玉石瓷器、古玩字画等于一体。

津南区

Jinnanqu

津南区位于天津市东南部，海河下游南岸，是天津市四个环城区之一，素有天津“金三角”之称。津南处于天津市经济发展的主轴上，是承接中心城区城市功能和滨海新区产业功能的重要地区。围绕小站稻、葛沽萝卜、南义葡萄等知名农产品，发挥迎新合作社农业园、名洋湖农业园、月坛农业园等休闲农业龙头的带动作用，推动葛沽镇民俗文化游、海河文化民俗游、小站近代史文化游、农业休闲观光游、津南郊野公园游、海世界米立方亲水游等特色旅游，引导休闲农业和乡村旅游产业向一、二、三产业融合方向发展，延伸产业链，提升价值链，提高农业综合效益。

旅游产业带动型

小站迎新合作社→明洋湖庄园

01. 小站迎新合作社

津南区小站镇

园区依托水立方、练兵园等旅游资源，以精品设施果蔬生产为依托，瞄准城市居民需求，提供精品蔬菜水果销售，并配合观光、休闲、采摘等服务，已发展成为集观光旅游、休闲度假、采摘垂钓、婚庆基地为一体的国家级设施蔬菜水果基地。

02. 明洋湖庄园

津南区小站镇

园区依托水立方、练兵园等旅游资源，在小站稻种植的基础上，通过生态改善、环境美化和活动设计，着重体现鱼米之乡的稻耕文化风情与特色，将农业生产与观光服务、休闲度假、科普教育、文化传承等元素紧密结合，成为富含创意、生动活泼、动静结合、老少皆宜的休闲度假基地。

静海区

Jinghaiqu

静海区位于天津西南部、北京东南部，素有“津南门户”之称，是“京沪走廊”重镇，河湖林泉等自然资源丰富，运河文化、团泊洼文化资源底蕴深厚。目前，静海以循环经济、健康产业、现代物流、先进制造、都市农业、文化旅游为主导的“六大产业”体系初具规模。近年来，静海区把现代产业发展理念和组织管理方式引入农业及农村，大力发展新产业、新业态、新模式，把优势农产品做大做强，加快构筑农业全产业链，实现一、二、三产业融合发展。加快构建集现代农业、生态景观、乡土风情、休闲度假、文化娱乐和农事体验于一体的休闲农业和乡村旅游产业体系，推进农业、林业与旅游、教育、文化、体育等产业深度融合。

民俗文化型

西双塘村

西双塘村

静海区双塘镇

西双塘村依托温泉资源和民俗文化，大力发展文化旅游、养生养老和休闲农业三大产业，开发了明清旅游街、东五台寺、荷塘景区、农家乐、民俗游等旅游项目，成为中国十大魅力乡村。

景区拓展型

光合谷旅游度假区→崇泰农庄

01. 光合谷旅游度假区

静海区团泊新城东区

光合谷景区总占地面积4500亩，划分为青年文化区、温泉度假区、湿地公园区和设施农业区四个板块，同时配套建设有高档温泉度假酒店，打造出独具特色的北方生态文化旅游综合体。

02. 崇泰农庄

静海区林海循环经济示范区

崇泰农庄依托林海循环经济区的生态资源，开发建设集观光度假、生态农业开发、绿色有机蔬菜生产销售为一体的田园综合体，利用农业废弃物，采用独有的专利技术生产基质种植生态草毯，经济效益良好。

农产品驱动型

春光家庭农场→ 犇牛农庄

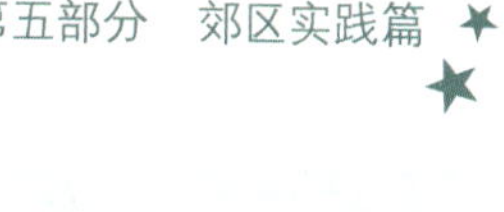

01. 春光家庭农场

静海区独流镇十一堡村西 100 米

春光家庭农场依托坑塘水面以及设施农业资源，已形成集休闲、旅游观光、乡村体验、寓教于乐为一体的美丽乡村“家庭式”休闲农场。

02. 犇牛农庄

静海区台头镇

依托设施果蔬的绿色种植，包括西红柿、甜瓜、黑皮羊角脆等特色产品，面向京津冀游客，使游客既可以欣赏到生机勃勃的田园风光，又可以体验轻松惬意的农家生活。

科普教育型

牛顿庄园

牛顿庄园

静海区普罗路 1 号

庄园以苹果为主题，每年举办各种亲子教育主题活动、乡村旅游节日活动共 400 余场，成为了当地中小学生的第二课堂，将自然教育、农耕教育理念融入亲子游和研学旅行中，成为静海区乡村旅游的一张亮丽名片。

市民农园型

多兴庄园

多兴庄园

静海区良王庄乡徐良路

多兴庄园生产蔬菜、水产、谷物、禽蛋、肉类等多个种类产品，并打造自己的品牌，形成了自给自足的市民家园风格，吸引了大量的市民游客。

执笔人：郭华、刘悦、华仲策、时会芳

附　录

附表 1　天津市休闲农业示范园区

区	2014 年（5 个）	2015 年（5 个）	2016 年（5 个）	2017 年（5 个）	2018 年（2 个）
西青区（3 个）	辛口镇水高庄园		金三农休闲旅游度假园区	绿生园花漾年华爱情主题公园	
东丽区（2 个）		天津滨海国际花卉科技园区			天津滨海宽达生态农业科技园
津南区（2 个）		天津市名洋湖都市农业园区	迎新合作社农业休闲观光园		
北辰区（1 个）	双街都市农业示范园区				
宝坻区（1 个）			晶宝温泉农庄（宝坻区）		
武清区（5 个）	君利现代农业示范园			京滨玫瑰庄园 金锅生态园 津溪桃源	北国之春生态农业旅游（天津）有限公司
蓟州区（1 个）			将军岭蜜蜂香草园		
宁河区（1 个）		天津市齐心现代农业示范园			
静海区（2 个）		林海循环经济示范区		崇泰休闲农业示范园区	
滨海新区（4 个）	滨海生态农业科技园区 四季生态田园	滨海茶淀葡萄科技园区	滨海中新生态农业休闲园区		

资料来源：整理自天津市休闲农业协会发布名单。

附表 2　天津市休闲农业示范村点

区	2014 年（120 个）	2015 年（45 个）	2016 年（35 个）	2017 年（30 个）	2018 年（13 个）
西青区（13 个）	辛口镇第六埠村 李七庄街梨园花卉市场 中北镇天津热带植物观光园 中北镇曹庄花卉市场 张家窝镇现代农业产业园	天津市宏宇蔬菜种植专业合作社 天津市洪年蔬菜种植专业合作社	大壮蔬菜种植专业合作社 精武华盛绿能光伏农业科技产业园 福农蔬菜专业合作社	九百禾葡萄种植园 天然氧园蔬菜种植专业合作社 天兴佳业科技有限公司	

续表

区	2014 年（120 个）	2015 年（45 个）	2016 年（35 个）	2017 年（30 个）	2018 年（13 个）
东丽区（4 个）	无瑕街天津滨海无瑕农业生态园 军粮城街天津市华泰现代农业园区 华明街华明现代农业示范园区	华明一品生态园			
津南区（8 个）	小站镇迎新合作社盛军庄园 小站镇名洋湖都市庄园 八里台镇元旭生态园	天津滨海葛沽农业示范园	月坛农业科技有限公司 跃进农业种植专业合作社	北闸口镇前进村鑫龙盛地果蔬专业合作社	
北辰区（5 个）	双街镇天津万源龙顺度假庄园 双街镇青水源种养植庄园 西堤头镇都市渔业产业园区 西堤头镇春田花花柚子园	天津柳青度假庄园			
滨海新区（20 个）	大沽街天津诺恩渔业生态园 茶淀街天津滨海茶淀葡萄科技园 胡家园街绿地兰天农业生态观光园 太平镇滨海皇家枣园 北塘街宁车沽生态渔业休闲示范区 茶淀街督军园中园 汉沽街小马杓沽村 古林街天津市滨海新区大港海通湖渔村 中塘镇薛卫台村生态休闲园 杨家泊镇汉沽陆强旅游休闲农家院庄园	滨海新区滨港旅游度假中心 滨海新区茶淀街宝田村 滨海新区汉沽英旗葡萄种植专业合作社 天津鸿安家庭农场有限公司 滨海新区浩龙生态休闲农业示范园区	清华庄园 华大绿色食品有限公司	永丰蔬菜种植专业合作社	天津滨海新区清风休闲农业观光示范点 天津盛方家庭农场有限公司
宝坻区（31 个）	周良街樊庄子村 周良街田邢庄村 黄庄镇李宦庄村 黄庄镇小辛码头村 林亭口镇白毛村 牛道口镇云杉农场 尔王庄镇天勘农业园 牛家牌镇霞光农业观光园 大唐庄镇泰泽康休闲农业示范园 周良街里自沽农场晶宝温泉农庄	天津市现代泥鳅水蛭产业园 宝坻区八门城镇东走线窝村 天津润宏休闲农业生态园 宝坻区大唐庄镇南里自沽村休闲农业示范园 宝坻区大唐庄镇董塔庄村休闲农业示范园 宝坻区林亭口镇小靳庄村	大钟庄镇牛庄子村葫芦文化主题公园 大口屯镇林海龙湾菊花示范园 八门城镇双庄休闲旅游村 大口屯镇西刘举人庄村 八门城镇杨岗庄特色旅游村 八门城镇欢喜庄休闲旅游村 民盛设施蔬菜园区	新开口镇江石窝村 林亭口镇东凤窝村 于士顺家庭农场 大口屯镇草坪婚礼广场 雲杉农场	前辛庄村

续表

区	2014 年 （120 个）	2015 年 （45 个）	2016 年 （35 个）	2017 年 （30 个）	2018 年 （13 个）
宝坻区 （31 个）			口东街道八台港特色旅游村 口东街道鲁文庄村		
武清区 （24 个）	梅厂镇灰锅口村 大碱厂镇南辛庄村 大黄堡镇后蒲棒村 大良镇蒙辛庄村 大孟庄镇蒙村店村 大孟庄镇后幼庄村 大黄堡镇东汪庄村 下伍旗镇西王庄村 大良镇田水铺村 高村镇北国之春农业示范园 大良镇宝建农庄	武清区汉沽港镇津溪桃源 天津市君健蔬菜专业合作社（君健有机农庄） 武清区河北屯镇李大人村南仁庄农趣园	漫森活农场 一芳田童趣农庄	和润福德农产品有限公司 文喜家庭农场有限公司 润州农作物种植专业合作社 欣然休闲农业示范园 硕丰园	天津凯耀豆制品休闲观光体验园（武清区白古屯镇） 安然家庭农场有限公司（武清区梅厂镇） 天津市天民蔬果专业合作社（武清区南蔡村镇）
蓟州区 （83 个）	下营镇常州村 下营镇郭家沟村 穿芳峪镇毛家峪村 下营镇大平安村 官庄镇砖瓦窑村 官庄镇联合村 渔阳镇西井峪村 穿芳峪镇小穿芳峪村 下营镇寺沟村 下营镇船舱峪 下营镇东山村 下营镇黄崖关村 下营镇青山岭村 官庄镇莲花岭村 穿芳峪镇东水厂村 穿芳峪镇坝尺峪村 下营镇前甘涧村 下营镇小平安村 渔阳镇桃花寺村 马伸桥镇大峪村 马伸桥镇西葛岑村 下营镇团山子村 下营镇道古峪村 穿芳峪镇英歌寨村 渔阳镇东果园村 官庄镇营房村 下营镇石头营村 下营镇车道峪村 下营镇赤霞峪村 下营镇张家峪村 渔阳镇白庄子村	马伸桥镇蓝莓产业园区 绿普生有机生态园 天津金囤家庭农场 出头岭镇安坪桃花塬 出头岭镇蓟东一号山庄 侯家营镇十里荷海农业观光园 孙各庄满族乡核桃郊野公园 穿芳峪镇大巨各庄 穿芳峪镇坝尺峪村 穿芳峪镇东水厂村 孙各庄满族乡丈烟台村 孙各庄满族乡隆福寺村 众耕农庄 西龙虎峪镇鲁家峪村 上仓镇程家庄村	下窝头镇青甸洼休闲农业观光示范园 智农设施农业发展中心 快活林山庄 宜辉家庭农场 佳源苗木种植专业合作社 马伸桥镇锦绣牡丹观光园 下营镇优质梨采摘园 马伸桥镇育英洼休闲农业精品观光园 罗庄子镇青山村 白涧镇天平庄休闲农业观光园	双河湾农业精准扶贫试验示范园 宏奇果蔬种植园区	京津国色天香牡丹园 芳草园草莓采摘基地 燕居休闲山庄 百龄谷生态庄园 赵家峪民俗村

续表

区	2014 年（120 个）	2015 年（45 个）	2016 年（35 个）	2017 年（30 个）	2018 年（13 个）
蓟州区（83 个）	下营镇西大峪村 下营镇下营村 官庄镇石佛村 官庄镇玉石庄村 下营镇石炮沟村 下营镇小港村 下营镇苦梨峪村 下营镇段庄村 下营镇太平沟村 下营镇桑树庵村 罗庄子镇杨家峪村 官庄镇盘谷蜜蜂园 孙各庄乡将军岭山庄 官庄镇智利风情园 下营镇团山子梨园 罗庄子镇红香酥梨园 渔阳镇白庄子河塘湿地公园 下营镇郭家沟金银花观光园 许家台镇生态公园 上仓镇瑞年生态农场				
宁河区（28 个）	岳龙镇小闫村 潘庄镇齐心食用菌观光园 潘庄镇亨达庄园 北淮淀乡信泽生态园 七里海镇蟹源休闲渔业园 七里海镇奥博七里农业养殖园 七里海镇芦花香海城生态园 俵口乡东海万亩生态旅游观光农业示范园区 苗庄镇贵达卧牛湖度假村 丰台镇东盛生态农业示范园区	天津市津兴绿丰农业生态园 七里海镇北移民村 天津七里海和谐荣达都市渔业示范园 天祥休闲渔业示范园区 天津百利种苗培育有限公司	七里海休闲娱乐园 大王台村垂钓休闲农业园 造甲城村葡萄休闲农业园	兴宁农场 蓝添绮彩植物园 瑞丰现代农业园区 柴火妞农耕文化见习乐园 小沙窝现代都市观光生态葡萄园 吉瑞达生态园 康澜庄园 芦丰休闲农业园 丰顺农作物种植专业合作社	天津市金鼎时代农作物种植专业合作社
静海区（27 个）	双塘镇西双塘村 静海镇范庄子村 陈官屯镇胡辛庄村 陈官屯镇西钓台村 大邱庄镇岳家庄村 台头镇绿源生态园 团泊镇天津光合谷旅游度假区 大邱庄镇津美设施农业园区 大邱庄镇生宝谷物种植农业园区 静海镇龙海现代农业示范园	天津市德利泰农业发展专业合作社 天津市易丰源谷物种植专业合作社 天津市瑞峰祥农业技术开发专业合作社 天津市四小屯农业旅游合作社	牛顿庄园 满意庄设施农业观光园 绿谷都市生态农业示范园 林海嘉园	静海镇小高庄村 靖伟林木种植家庭农场 陈官屯镇吕官屯村	天津四海畜牧养殖专业合作社

续表

区	2014 年（120 个）	2015 年（45 个）	2016 年（35 个）	2017 年（30 个）	2018 年（13 个）
	蔡公庄镇周家湾绿土地休闲观光园 独流镇春光休闲农业园区 良王庄乡多兴庄园	天津市禾晟蔬菜种植专业合作社 现代农业精品春雪桃示范园			

附表 3 天津市各涉农区各镇闲置资源情况汇总（2018）

区	街镇	村庄总面积（亩）	闲置经营性用地面积（亩）	闲置公益性公共设施用地（亩）	闲置农宅（平方米）	闲置农房（平方米）
蓟州区	渔阳镇	39905	420	66	17309	13164
	洇溜镇	10677	97	14	5798	2636
	官庄镇	13630	9	12	2683	6435
	马伸桥镇	21399	0	2	37054	2800
	罗庄子镇	0	0	0	32871	0
	别山镇	1876	0	10	860	300
	礼明庄镇	9609	13	0	13893	1584
	上仓镇	16343	18	6	23388	2735
	东施古镇	7429	330	1	33975	3045
	下窝头镇	65879	0	30	11187	4120
	邦均镇	12110	214	5	0	0
	尤古庄镇	16122	6	12	65796	29412
	侯家营镇	10745	40	15	45142	8283
	桑梓镇	2967	0	0	2260	5187
	下仓镇	103640	0	0	32130	8050
	出头岭镇	10874	233	37	63113	6644
宝坻区	朝霞街道	3910	0	0	5157	1250
	尔王庄镇	12433	74	32	32686	22256
	郝各庄镇	10635	0	5	14109	10308
	林亭口镇	17456	49	57	87125	25379
	霍各庄镇	480			760	2600

续表

区	街镇	村庄总面积（亩）	闲置经营性用地面积（亩）	闲置公益性公共设施用地（亩）	闲置农宅（平方米）	闲置农房（平方米）
宝坻区	口东街道	23215	4	8	4188	7426
	八门城镇	14082	210	48	147433	50351
	王卜庄镇	16470	3	4931	148966	35106
	新开口镇	11701	226	9	17710	6950
	牛道口镇	27219	0	4	46808	27837
	新安镇	13336	43	10	85921	22210
	周良街道	2213	2	5	0	5450
	大口屯镇	15540	341	14	120938	32464
	黄庄镇	9902	0	2	41255	41413
	大唐镇	7640	109	7	14075	2400
	牛家牌镇	3040	33	21	17851	5828
	大白街道	10120	0	24	18240	3225
	大钟庄镇	19795	94	67	138305	42366
	潮阳街道	5705	0	17	1860	24847
武清区	白古屯镇	8144	0	0	0	0
	陈咀镇	6145	167	0	0	0
	崔黄口镇	8052	0	0	0	0
	大碱厂镇	7771	0	0	0	0
	大良镇	12844	45	26	123114	34304
	黄庄镇	2245	0	0	0	0
	南蔡村镇	10210	58	0	0	0
	泗村店镇	6959	0	0	8448	2816
	下伍旗镇	8424	32	25	59739	12194
	徐官屯镇	2934	0	0	0	0
	黄花店镇	8528	201	42	16040	12482
	石各庄镇	12719	0	0	0	0
	豆张庄镇	7478	100	10	2640	1310

续表

区	街镇	村庄总面积（亩）	闲置经营性用地面积（亩）	闲置公益性公共设施用地（亩）	闲置农宅（平方米）	闲置农房（平方米）
武清区	大王古镇	7214	0	0	0	5070
	城关镇	11487	257	2	12530	7431
	高村镇	5392	90	6	5177	4283
	梅厂镇	9689	0	0	0	0
	河北屯镇	8784	40	33	172812	50866
	大黄堡镇	10449	215	3	6430	2765
	汉沽港镇	8486	0	0	0	0
	王庆坨镇	14567	0	0	0	0
	东马圈镇	8691	0	0	0	0
	河西务镇	39155	0	0	0	0
	上马台镇	4582	0	0	0	0
	大孟庄镇	9615	13	0	5668	0
	曹子里镇	38664	0	0	0	0
宁河区	丰台镇	12725	2	1	116093	35089
	芦台镇	3900	197	3	13668	3202
	东棘坨镇	26558	19	2	69592	16653
	廉庄镇	4384	0	0	44051	4955
	板桥镇	4046	5	16	4363	7950
	大北镇	4170	0	0	0	0
	宁河镇	1575	13	3	20420	3190
	潘庄镇	177547	635	78	87366	68448
	俵口镇	0	0	0	0	0
	岳龙镇	0	0	0	0	0
	七里海镇	0	0	0	0	0
	淮淀镇	0	0	0	0	0
	造甲镇	0	0	0	0	0
	苗庄镇	0	0	0	0	0

续表

区	街镇	村庄总面积（亩）	闲置经营性用地面积（亩）	闲置公益性公共设施用地（亩）	闲置农宅（平方米）	闲置农房（平方米）
静海区	西翟庄镇	2100	213	2	0	0
	杨成庄乡	1211	0	4	3520	5000
	蔡公庄镇	11216	282	4	9871	0
	双塘镇	3717	30	0	0	1800
	中旺镇	23413	9	214	89941	36922
	王口镇	11857	312	16	131187	40740
	子牙镇	17755	559	5	78292	2640
	梁头镇	7011	0	0	22789	31240
	良王庄乡	46198	389	4	3200	3300
	静海镇	27312	1029	24	360	7680
	沿庄镇	96804	39	4	48440	63190
	陈官屯镇	8730	190	30	34558	24481
滨海新区	胡家园街	51452	5	8	0	0
	汉沽街	1344	0	0	3340	464
	茶淀街	35171	0	0	10300	0
	海滨街	4699	2125	30	51769	11973
	杨家泊镇	9266	715	90	98389	5240
	小王庄镇	21991	1712	70	69076	20587
	太平镇	10201	490	427	223504	156574
	中塘镇	15893	156	13	30500	112455
	古林街	1153	1280	289	24216	5420
	北塘街	0	0	0	0	0
	新城镇	0	0	0	0	0
	寨上街	0	0	0	0	0
东丽区	华明街	36931	235.71	1.7	0	17113.96
津南区	北闸口镇	1850	153	0	0	0
	小站镇	7892	7	21	354	0

续表

区	街镇	村庄总面积（亩）	闲置经营性用地面积（亩）	闲置公益性公共设施用地（亩）	闲置农宅（平方米）	闲置农房（平方米）
西青区	辛口镇	2878	198	2	597	68
	精武镇	9517	532	0	4000	800
	张家窝镇	3600	0	0	0	0
	王稳庄镇	0	890	0	0	0
	李七庄街	7676	672	0	66700	0
	杨柳青镇	50	472	2	0	0
北辰区	宜兴埠镇	16935	0	0	0	0
	北仓镇	16283	0	0	0	0
	双街镇	43322	1	0	264	0
	小淀镇	72665	5	0	0	0
	西堤头镇	107761	120	0	5174	1049
	大张庄镇	89348	0	0	0	0
	天穆镇	20782	0	0	0	0
	双口镇	83925	497	23	4705	192
合计		2012138	17971	6998	3114044	1285996

数据来源：市农业农村委员会关于农村闲置资源的初步数据统计。

参考文献

［1］宝坻县志编修委员会．宝坻县志（1990—2001）［M］．天津：天津社会科学院出版社，2010.

［2］池敏青，曾玉荣．休闲农业资源及经营关键因素探讨 — 基于台湾头城休闲农场和福建上金贝休闲农业的对比分析［J］．台湾农业探索，2016（05）.

［3］戴美琪，游碧竹．国内休闲农业旅游发展研究［J］．湘潭大学学报（哲学社会科学版），2006，30（4）：144-148.

［4］戴旭明．应重视家养畜禽在休闲农业中的作用［J］．中国牧业通讯，2010（6）：19-19.

［5］戴莹．农村休闲农业资源产业开发在社会主义新农村建设中的运用分析［J］．赤峰学院学报（自然科学版），2015（14）.

［6］段兆麟．休闲农场运用农业与农村资源营造特色［J］．北京农业职业学院学报，2007（6）：14-17.

［7］方世敏，周荃，苏斌．休闲农业品牌化发展初探［J］．北京第二外国语学院学报，2007（1）：72-76.

［8］方颖．福州市山地资源型休闲农业开发研究［D］．福州：福建农林大学，2014.

［9］冯建国，陈奕捷．以休闲农业为核心，带动都市农业产业融合［J］．中国农业资源与区划，2011，32（4）：62-65.

［10］付俊红．"十二五"初期天津农业科技取得的成就与展望［J］．天津农业科学，2015（06）：126-129.

［11］郭华，董霞，郁斌赫．天津市休闲农业人才创新创业困难剖析及政策建议［J］．农村经济与科技，2017.

［12］郭焕成．休闲农业与乡村旅游发展［C］// 海峡两岸休闲农业发展学术研讨会．2008.

［13］郭焕成，吕明伟．我国休闲农业发展现状与对策［J］．经济地理，2008（4）：640-645.

［14］郭一新．休闲农业旅游开发探讨［J］．地域研究与开发，1999，18（2）：63-65.

［15］黄爱萍，郑少泉，陈雅英．台湾发展休闲农业对大陆当前农业结构调整的启

示［J］. 福建农业科技，2000（6）：28–29.

［16］黄河啸，费建庆，朱奇彪 . 浙江省民宿经济与特色农业资源开发利用研究［J］. 科技通报，2016，32（9）.

［17］静海县志编纂委员会 . 静海县志（1979—2008）［M］. 天津：天津社会科学院出版社，2013.

［18］赖巧晖，胡竞恺，容伊梨 . 休闲农业资源开发及产业化发展研究［J］. 乡村科技，2018（22）：49–50.

［19］林国华，曾玉荣，刘荣章，等 . 台湾休闲农业发展模式与经验探讨［J］. 台湾农业探索，2007（4）：16–21.

［20］刘思萌，马丽卿 . 休闲农业资源开发与经营策略 — 基于台湾宜兰香格里拉农场与浙江舟山茶人谷休闲农业对比［J］. 天水行政学院学报，2016，17（1）：122–124.

［21］马振兴 . 中国自然资源通典天津卷［M］. 内蒙古：内蒙古教育出版社，2015.

［22］任祥钰 . 休闲农业与农村体育资源融合发展［J］. 农业工程，2018，8（9）：155–158.

［23］孙进群，雷娜 . 我国农业资源评价与利用研究［J］. 安徽农业科学，2010，38（36）：403–405+409.

［24］天津市北辰区地方志编修委员会 . 北辰区志［M］. 天津：天津古籍出版社出版发行，2000.

［25］天津市滨海新区人民政府 . 2017 滨海新区年鉴［M］. 天津：天津社会科学院出版社，2017.

［26］天津市水务局 . 天津市水系规划（2008—2020 年）［R］. 天津：2009.

［27］天津市统计局 . 2018 年天津统计年鉴［M］. 北京：中国统计出版社，2018.

［28］王圣军，张宇 . 休闲农业与社会主义新农村建设［J］. 农村经济，2007（2）：22–25.

［29］卫云芳 . 浅谈休闲农业资源的发展进程［J］. 吉林农业科技学院学报，2018.

［30］徐保根，雷锦霞，李艾兰 . 农业资源利用方式评估理论、方法及其应用研究—以山西省耕地利用方式评估为例［J］. 中国人口·资源与环境，2001（s2）：97–98.

［31］徐虹，李瑾等 . 双创环境下京津冀休闲农业与乡村旅游可持续发展研究［M］. 北京：中国旅游出版社，2018.

［32］徐虹，李瑾等 . 天津市休闲农业与乡村旅游发展报告（第一卷）［M］. 北京：中国旅游出版社，2017.

［33］徐虹，王彩彩 . 包容性发展视域下京津冀休闲农业与乡村旅游协同发展研究［J］. 天津商业大学学报，2018（2）：34–38.

［34］郁滨赫，郭华，董霞 . 天津市休闲农业创新生态体系构建及实施路径［J］. 农业科技管理，2017（04）：20–23+89.

［35］余天艳，杨宁娜，张先甲 . 休闲观光农业资源评价研究述评［J］. 南方农业，2018，12（03）：95–97.

［36］杨玉珍．农户闲置宅基地退出的影响因素及政策衔接—行为经济学视角［J］．经济地理，2015，35（07）：140–147.

［37］余养仕．休闲农业资源基本特征和合理开发利用研究［J］．安徽农学通报，2009，15（24）：7–8.

［38］曾芳芳，朱朝枝．休闲农业视野下闲置宅基地开发合理意蕴探析［J］．东南学术，2013（3）：116–123.

［39］张东梅，张彦，吕良．我国休闲农业中植物休闲活动研究［J］．北方园艺，2010（17）：230–232.

［40］张文莲．农业资源在休闲旅游活动中的应用研究［J］．广东农业科学，2011，38（14）：161–162.

［41］张艳明．我国休闲农业资源开发与产业化发展研究［J］．乡村科技，2017(9)：19–20.

［42］张占耕．休闲农业的对象、本质和特征［J］．中国农村经济，2006（3）：73–76.

［43］中共中央 国务院关于实施乡村振兴战略的意见（2018 年 1 月 2 日）.

［44］仲小敏，李兆江．天津地理［M］．北京：北京师范大学出版社，2011.

［45］周晓红．天津市休闲农业资源空间分布及贡献研究［J］．中国农业资源与区划，2017，38（11）：225–230.

责任编辑：李冉冉
责任印制：冯冬青
封面设计：中文天地

图书在版编目（CIP）数据

天津市休闲农业资源调查评价与发展战略研究 / 李瑾，徐虹，李永森主编. -- 北京 : 中国旅游出版社，2020.4

ISBN 978-7-5032-6395-8

Ⅰ. ①天… Ⅱ. ①李… ②徐… ③李… Ⅲ. ①观光农业—旅游业发展—研究—天津 Ⅳ. ①F592.721

中国版本图书馆CIP数据核字(2019)第258288号

书　　名：天津市休闲农业资源调查评价与发展战略研究

作　　者：李瑾，徐虹，李永森主编
出版发行：中国旅游出版社
（北京建国门内大街甲 9 号　邮编：100005）
http://www.cttp.net.cn　E-mail:cttp@mct.gov.cn
营销中心电话：010-85166536
排　　版：北京旅教文化传播有限公司
经　　销：全国各地新华书店
印　　刷：北京金吉士印刷有限责任公司
版　　次：2020 年 4 月第 1 版　2020 年 4 月第 1 次印刷
开　　本：787 毫米 ×1092 毫米　1/16
印　　张：16.25
字　　数：358 千
定　　价：68.00 元
I S B N　978-7-5032-6395-8